乡村振兴战略

XIANGCUN ZHENGXING ZHANLÜE FUDAO DUBEN

辅导读本

本书编写组

中国农业出版社

目　录

1

把乡村振兴战略作为新时代"三农"工作总抓手
促进农业全面升级农村全面进步农民全面发展

新华社北京9月22日电 中共中央政治局9月21日下午就实施乡村振兴战略进行第八次集体学习。中共中央总书记习近平在主持学习时强调，乡村振兴战略是党的十九大提出的一项重大战略，是关系全面建设社会主义现代化国家的全局性、历史性任务，是新时代"三农"工作总抓手。我们要加深对这一重大战略的理解，始终把解决好"三农"问题作为全党工作重中之重，明确思路，深化认识，切实把工作做好，促进农业全面升级、农村全面进步、农民全面发展。

学习开始时，播放了有关乡村振兴战略的专题片。随后，韩长赋、刘永富同志先后发言，他们结合本部门工作实际谈了对实施乡村振兴战略的体会和意见。

中共中央政治局各位同志认真听取了他们的发言，并就有关问题进行了讨论。

习近平在主持学习时发表了讲话。他强调，没有农业农村现代化，就没有整个国家现代化。在现代化进程中，如何处理好工农关系、城乡关系，在一定程度上决定着现代化的成败。我国作为中国共产党领导的社会主义国家，应该有能力、有条件处理好工农关系、城乡关系，顺利推进我国社会主义现代化进程。改革开放以来，我国广大农民为推进工业化、城镇化作出了巨大贡献。农业发展和农村建设也取得了显著成就，为我国改革开放和社会主义现代化建设打下了坚实基础。我国拥有13亿多人口，不管工业化、城镇化进展到哪一步，城乡将长期共生并存。40年前，我

1

们通过农村改革拉开了改革开放大幕。40年后的今天，我们应该通过振兴乡村，开启城乡融合发展和现代化建设新局面。

习近平指出，农业农村现代化是实施乡村振兴战略的总目标，坚持农业农村优先发展是总方针，产业兴旺、生态宜居、乡风文明、治理有效、生活富裕是总要求，建立健全城乡融合发展体制机制和政策体系是制度保障。要坚持农业现代化和农村现代化一体设计、一并推进，实现农业大国向农业强国跨越。要在资金投入、要素配置、公共服务、干部配备等方面采取有力举措，加快补齐农业农村发展短板，不断缩小城乡差距，让农业成为有奔头的产业，让农民成为有吸引力的职业，让农村成为安居乐业的家园。要推动农业农村经济适应市场需求变化、加快优化升级、促进产业融合，加快推进农村生态文明建设、建设农村美丽家园、弘扬社会主义核心价值观、保护和传承农村优秀传统文化、加强农村公共文化建设、提高乡村社会文明程度，推进乡村治理能力和水平现代化、让农村既充满活力又和谐有序，不断满足广大农民群众日益增长的美好生活需要。

习近平强调，实施乡村振兴战略，首先要按规律办事。在我们这样一个拥有13亿多人口的大国，实现乡村振兴是前无古人、后无来者的伟大创举，没有现成的、可照抄照搬的经验。要突出抓好农民合作社和家庭农场两类农业经营主体发展，赋予双层经营体制新的内涵，不断提高农业经营效率。我国农耕文明源远流长、博大精深，是中华优秀传统文化的根，要在实行自治和法治的同时，注重发挥好德治的作用，推动礼仪之邦、优秀传统文化和法治社会建设相辅相成。要走城乡融合发展之路，向改革要动力，加快建立健全城乡融合发展体制机制和政策体系，健全多元投入保障机制，增加对农业农村基础设施建设投入，加快城乡基础设施互联互通，推动人才、土地、资本等要素在城乡间双向流动。要建立健全城乡基本公共服务均等化的体制机制，推动公共服务向农村延伸、社会事业向农村覆盖。打好脱贫攻坚战是实施乡村振兴战略的优先任务。贫困村和所在县乡当前的工作重点就是脱贫攻坚，要保持目标不变、靶心不散、频道不换。

习近平指出，实施乡村振兴战略，各级党委和党组织必须加强领导，汇聚起全党上下、社会各方的强大力量。要把好乡村振兴战略的政治方向，坚持农村土地集体所有制性质，发展新型集体经济，走共同富裕道路。要充分发挥好乡村党组织的作用，把乡村党组织建设好，把领导班子建设强。人才振兴是乡村振兴的基础，要创新乡村人才工作体制机制，充分激发乡村现有人才活力，把更多城市人才引向乡村创新创业。

习近平强调，在实施乡村振兴战略中要注意处理好以下关系。一是长期目标和短期目标的关系，要遵循乡村建设规律，坚持科学规划、注重质量、从容建设，一件事情接着一件事情办，一年接着一年干，切忌贪大求快、刮风搞运动，防止走弯路、翻烧饼。二是顶层设计和基层探索的关系，党中央已经明确了乡村振兴的顶层设计，各地要制定符合自身实际的实施方案，科学把握乡村的差异性，因村制宜，发挥亿万农民的主体作用和首创精神，善于总结基层的实践创造。三是充分发挥市场决定性作用和更好发挥政府作用的关系，要进一步解放思想，推进新一轮农村改革，发挥政府在规划引导、政策支持、市场监管、法治保障等方面的积极作用。四是增强群众获得感和适应发展阶段的关系，要围绕农民群众最关心最直接最现实的利益问题，加快补齐农村发展和民生短板，让亿万农民有更多实实在在的获得感、幸福感、安全感，同时要形成可持续发展的长效机制，坚持尽力而为、量力而行，不能提脱离实际的目标，更不能搞形式主义和"形象工程"。

（《人民日报》2018年9月23日）

习近平总书记在正定工作期间对推动"三农"发展的思考与实践

中央农村工作领导小组办公室
河北省委省政府农村工作办公室

1982年3月至1985年5月，习近平同志在河北省正定县工作期间，高度重视"三农"工作，发表了一系列关于农业农村发展的重要论述，就发展现代农业、加快农村改革、扩大对外开放、促进农村全面发展等重大问题进行了深入思考和实践探索。重温习近平总书记对河北正定"三农"工作的重要论述和实践探索，对我们科学把握其关于"三农"工作重要论述的形成脉络和理论精髓，学以践行推动新时代农业农村发展具有重大意义。

（一）在农村经济发展战略上，习近平同志强调"搞经济，搞大农业，都需要多一些战略眼光，从时间上看得远一些，从空间上看得宽一些"（1984年3月2日在全县传达省委召开的地市县委书记会议精神会议上的讲话），在深入调研基础上，提出正定县"要积极研究探索发展'半城郊型'经济的新路子。一方面要把我县毗连城市的各种优势充分挖掘出来，利用起来，依托城市，服务城市，起到为城市拾遗补缺的作用，促进经济发展；另一方面要立足本地资源和条件，搞好农工商综合经营，获取较高的经济效益。不丢城，不误乡，利城富乡"（1984年2月8日在县委工作会议上的讲话）。在发展"半城郊型"经济的实践中，习近平同志总结出"投其所好，供其所需，取其所长，补其所短，应其所变"的"二十字经"。这充分体现了系统思维和战略眼光，体现了对农村经济的功能定位和发展路径的深入思考与科学谋划，有着很强的前瞻性和指导性。正定县大力发展"半城郊型"经济，1984年全县经济实现了"九翻""十超"，工农业总产值、农民人均收入等九项指标比1980年翻一番，粮食总产、社会商品零售总额等十项指标超历史。

（二）在促进农民增收和发展现代农业上，针对正定县"高产穷县"、农民收入低问题，习近平同志提出"治国之道首先裕民，民富才能国强"（1984年2月），"要继续放宽政策，搞活农村经济，使农民有更多的发展余地，这是时代的要求、党的要求、农民的希望"（1984年12月22日在全县"放宽政策、振兴经济"三级干部会议上的讲话），强调"绝不能光讲粮食生产、光讲高产粮，不讲经济效益""大搞农工商、农民变工人、离土不离乡"（1984年3月2日在全县传达省委召开的地市县委书记会议精神会议上的讲话）。习近平同志带领全县调整农业结构、扩大经济作物种植面积，大力发展农工商综合经营，积极探索让群众生活好起来、富起来的路子。这是突破"以粮为纲"束缚、突出效益导向、促进农民增收的探索与创新，充分体现了把百姓的事放在心里的为民情怀。

针对农业结构单一、农业和农村经济效益不高等问题，习近平同志强调"农业和农村经济健康发展必须走农林牧副渔全面发展和农工商综合经营的道路"（1984年3月2日在全县传达省委召开的地市县委书记会议精神会议上的讲话），"必须摆脱'小农业'思想的局限和束缚，充分发挥优势，逐步形成合理的生产和经营结构"（1984年2月8日在县委工作会议上的讲话），指出"从单一的种植业的小农业，到农林牧副渔全面发展的立体化大农业，这是认识上的一个飞跃，也是一个突破性的战略转变""农业不再是自给自足的小农经济，也不再是仅仅提供原料的传统农业，而已升华为商品化生产的现代农业。从发展趋势看，乡村工业和商业将在农村经济孕育中迅速发展起来，使农业生产资料供应—农业生产—农产品加工、贮藏、运输、销售联成一体，形成中国式的农工商一体化"（1984年3月2日在全县传达省委召开的地市县委书记会议精神会议上的讲话）。这突破了农业单一种植模式的传统观念束缚，是对现代农业发展内涵和农村经济发展规律的深刻认识，对于树立大农业发展导向、加快推进农业结构调整、促进农村经济蓬勃发展具有重要的指导意义。正定县不断强化"大农业"理念，全力打造产加销游全产业链农业，惠康食品、正先食品等农业产业化龙头企业快速发展，农村一二三产业融合水平显著提升。

（三）在重视科技人才上，习近平同志针对农村科技落后、人才短缺的问题，主持制定了《树立新时期的用人观点 广招贤才的九条措施》，强调"建设现代化大农业，靠什么？很关键的一条就是靠现代科学技术的推广和应用，靠掌握这些科学技术的专门人才"（1983年12月18日给河北农业大学正定籍同学的信），指出"发展经济一靠政策，二靠科技，这好比是推动经济发展的两个车轮。而要使车轮运转自如，稳步前进，就需要靠人去驾驶，要靠人的聪明才智，要靠有较多知识、较高技能水平的技术人才和管理人才，归根结底离不开人才的积极作用"（1983年4月25日在全县"放宽政策、振兴经济"三级干部会议上的讲话），强调"要积极创造条件，和全国的大专院校、科研机构、学术团体、重点厂家、学者名流挂钩，实现智力延伸，开发我县经济。经济起飞离不开人才。要树立新时期的用人观点，搞好人才的挖掘、引进、培训和使用"（1984年2月8日在县委工作会议上的讲话）。这指明了科技与人才是发展现代农业、繁荣农村经济的重要支撑，对强化科技创新驱动、引领现代农业发展有着深远的指导意义。正定县与中国农业大学等高校院所建立全方位合作关系，引进顶尖专家组成专家顾问团，大力开展新型职业农民培育工程，深入推进农村创业创新行动，被评为全国科技进步先进县。

（四）在生态文明建设上，习近平同志就合理利用自然资源、保持良好生态环境，指出"农业经济已不仅是农业生产本身，而是由农业经济系统、农业技术系统与农业生态系统组合而成的复合系统，是人类的技术经济活动与生物系统和环境系统联结而成的网络结构。人类从水土流失、肥力下降、土壤沙化、环境污染、海洋毒化、气候变坏、灾害频繁的严重后果中,越来越认识到生态问题的重要,农业经济早已超出自为一体的范围,只有在生态系统协调的基础上,才有可能获得稳定而迅速的发展",提出"把我县建设成为一个具有多种生产门类,能满足多种目标要求,物质循环和能量转化效率高,生态和经济都呈良性循环,商品经济占主导地位,开放式的农业生态——经济系统"。这是对绿色、生态、可持续发展的科学论述,指明了生态文明建设的发展方向。正定县大力实施两河滩综合治理,着力打造滹沱河流域生态休闲农业示范区,在全市率先实现环省会经济林、美丽乡村环村林、县域所有道路绿化、高铁两侧绿化"四个闭合",被评为全国生态示范县。

(五)在促进农村全面发展上,习近平同志针对农村长期以来的落后面貌,指出"建设科学化生活的现代农村,逐步把农村建成高度精神文明和高度物质文明的高水平的文明村,使农村成为优良传统、先进思想、现代文明的集合体,使千家万户成为小康之家"(1984年3月2日在全县传达省委召开的地市县委书记会议精神会议上的讲话),强调"教育关系着子孙后代,要做到全村最好的房子是学校""要舍得在精神文明建设上花点钱、投点资,实实在在地为群众办几件长精神、长志气的好事"(1982年12月27日在全县精神文明建设先进集体和先进个人代表会议上的讲话)。这充分体现了以人民为中心的发展思想,指明了加快社会主义新农村建设、促进农村全面发展的方向和路径。近年来,正定县按照环境美、产业美、精神美、生态美"四美"要求,全县域推进美丽乡村建设,大力实施村内道路硬化、厕所改造、垃圾治理、民居改造、安全饮水、污水治理、村庄绿化等12个专项行动,着力打造宜居宜业宜游美丽乡村,农村面貌发生了历史性的巨变。

(六)在深化农村改革上,习近平同志强调"改革戏必须大家唱,依靠群众是搞好改革的基本方法""要把对待改革的态度如何、改革工作搞得好坏,作为检验和考核各级领导干部是否称职的一个重要标准"（1985年3月6日在全县乡镇党委书记、乡镇长会议上的讲话）。就坚持农村基本经营制度，他指出"统分结合这种经营方式是中国农民的杰出创造，它有广泛的适应性和强大的生命力"（1984年2月8日在县委工作会议上的讲话）。在这一思想指导下，大包干在正定全面推广，在河北省开创了先河。他强调"重点扶持'两户一体'（专业户、重点户和经济联合体）经济""'两户一体'是解放生产力、发展生产力的好形式，是当前农村先进生产力的代表，是广大农民共同富裕起来的先行者"（1984年2月8日在县委工作会议上的讲话）。针对农村服务流通体系落后问题，他强调"要搞好供销社体制改革，真正办成农民集体所有的合作商业，成为农村经济的综合服务中心"（1984年2月8日在县委工作会议上的讲话）。他的这些重要论述，为稳定和完善农村基本经营制度指明了方向。正定县不断深化农村改革，农村土地确权基本完成，家庭农场、农民合作社、农业企业等新型经营主体蓬勃发展，农业农村发展活力不断增强。

（七）在扩大对外开放上，习近平同志指出"要开阔视野看世界，摆脱小农意识，树立改革开放新风，激发经济发展活力""商品经济是一种开放性的经济，要加快其发展，必须实行开放性的政策，把内部和外部的各种有利条件都充分利用起来"（1983年12月22日在全县"放宽政策、振兴经济"三级干部会议上的讲话），强调"要通过多种渠道，扩大和争取市场，主攻石市，挤入京津，咬住晋蒙，冲向全国"（1984年2月8日在县委工作会议上的讲话）。1985年5月习近平同志率石家庄地区玉米加工技术考察团赴美国艾奥瓦州实地考察、推进合作。这充分展现出超前的开放意识和面向未来的战略眼光，是引入先进生产要素、全方位改造传统农业农村经济的率先实践。正定县积极融入京津冀协调发展，着力优化发展环境，构建全方位融合开放发展格局，连续十一年被评为全国最具投资潜力中小城市百强。

（八）在加强基层党组织建设上，习近平同志针对农村基层干部队伍老化、工作能力差等问题，指出"搞好农村基层班子建设，充分发挥它的职能作用,是搞好农村各项工作的保证",强调"提高班子的战斗力,使之成为一支带领群众搞好两个文明建设的坚强堡垒""一定要挑选那些拥护和执行党的路线、方针、政策,党性强、作风正派、秉公办事的人进班子,把好政治质量关。同时,要注意选拔那些有文化、有知识、懂经济、有工作能力的年轻人进班子,把德与才结合起来,综合考察,以利于实现班子的革命化、年轻化、知识化、专业化"(1983年11月1日在全县安排今冬明春农村工作会议上的讲话)。这明确指出了基层党组织在农村各项工作中的领导核心地位,对加强新时期农村基层党组织建设、增强战斗堡垒作用有着重要指导作用。近年来,正定县严格落实党委抓农村基层党建工作责任制,以农村基层服务型党组织建设为抓手,深入推进乡镇党委书记、村党组织书记、农村致富带头人"三支队伍"建设,大力实施农村党组织书记全员培训计划,农村党组织书记高中及以上学历达到83%,民营企业家和农村致富带头人达到46%,农村基层党组织战斗堡垒作用得到显著增强,进一步夯实了党在农村的执政基础。

习近平总书记在福建工作期间
对推动"三农"发展的思考与实践

中央农村工作领导小组办公室
福建省委农村工作领导小组办公室

习近平同志1985年到福建工作，先后在特区厦门、山区宁德、省会福州和省委省政府工作了17年半。在闽工作期间，他深入开展调查研究、致力谋划改革发展，提出了一系列符合科学发展规律，具有战略性、前瞻性的工作思路和重大举措，为福建发展打下了坚实基础，也为福建留下了宝贵的思想和精神财富。在"三农"领域，他提出"滴水穿石""弱鸟先飞"的扶贫开发精神，在全国率先组织实施扶贫搬迁"造福工程"；组织推动山海协作、闽宁对口帮扶，促进沿海与山区、东部与西部经济社会协调发展；在全国率先谋划生态省建设，倡导经济社会在资源的永续利用中良性发展。他到中央工作后，始终关心支持福建，2014年11月在福建调研时指出，要围绕建设特色现代农业，努力在提高粮食生产能力上挖掘新潜力，在优化农业结构上开辟新途径，在转变农业发展方式上寻求新突破，在促进农民增收上获得新成效，在建设新农村上迈出新步伐，为福建"三农"发展描绘新的蓝图、提出新的要求。深入学习习近平总书记在福建对"三农"工作的一系列重要论述、思想，对我们当前深入学习贯彻习近平新时代中国特色社会主义思想，落实党中央关于实施乡村振兴战略的重大决策部署具有十分重大的意义。

（一）关于"三农"工作的战略思想。习近平同志在不同时间、不同场合反复强调"三农"工作的战略地位，高度重视农业的基础作用，他指出"农业兴、百业兴；农业衰、百业衰；农业萎缩、全局动摇"（1996年8月20日在全省农办（农委）主任会议上的讲话），"经济越发展就越要稳定农业、加强农业"（1998年2月10日在全省农村工作会议上的总结讲话）。他十分重视城乡协调发展和新农村建设，提出"在发展现代农业过程中必须重视农村城镇化的同步推进，尤其要重视探索多渠道就业门路，合理引导农村劳动力转移，把发展现代农业与推进城乡一体化进程有机地结合起来的途径"（1998年《加快福建现代农业发展步伐》），"在着力抓好'五通''五改'和绿化的基础上，要注意通过多种形式培育农民讲卫生、学科学、树新风的文明习惯"（1997年11月27日在全省农村小康建设工作会议上的讲话），将农业发展、农村繁荣、农民增收通盘谋划、同步推进，强调"如果在农业和农村经济发展中农民不能增收入、集体不能增实力，这种经济增长就是无效益的和虚假的"（1998年8月18日在全省农村"双增"工作会议上的讲话）。这些年，福建始终坚持强农惠农富农政策不减弱、推进农村全面建成小康社会不松劲，"三农"工作不断取得新成效。茶叶、食用菌、水产品等特色产业产值居全国前列，"清新福建·绿色农业"成为福建亮丽的"名片"，农民收入持续较快增长，城乡居民收入差距不断缩小，2016年农村居民人均可支配收入14 999元。

（二）关于特色现代农业建设。针对福建人多地少、农业多样性资源丰富的特点，习近平同志提出福建要发展特色农业、大农业，搞好农业多种功能开发。他指出"大农业是朝着多功能、开放式、综合性方向发展的立体农业。它区别于传统的、主要集中在耕地经营的、单一的、平面的小农业。"（1992年《摆脱贫困》），"要根据市场需要，紧紧依靠科技，调整种养业结构，大力发展名特优新产品和绿色食品，提高农业的综合效益"（2001年2月7日福建省九届人大四次会议政府工作报告）。他指出，"我们发展现代农业，不能沿用西方国家的发展模式。""要积极探索一条适合国情、省情、县情，依靠科技进步和提高农民素质，花钱省、多办事和集中力量办大事的现代农业发展路子"（1998年《加快福建现代农业发展步伐》），同时强调要发挥各类市场主体的作用，"发展现代农业仅靠国有经济、集体经济是发展不起来的，只有充分调动和发挥国有、集体、个体、私营、外资等不同所有制市场主体的积极性、主动性和创造性，才能形成推动现代农业发展的强大合力"（1998年《加快福建现代农业发展步伐》），要"两手抓""必须懂得市场，特别是要懂得市场经济条件下的农产品市场。各级政府和农村基层组织不能只抓生产、不抓市场"（1998年2月10日在全省农村工作会议上的总结讲话）。他始终关注并高度重视农产品质量安全，2001年2月在新华社刊发省外餐桌污染的报道上批示，"餐桌污染是一个事关人民群众身体健康和生活安全，关系我省农产品能否扩大国内外市场和不断增加农民收入的大问题，应引起我们的高度重视"，随即在全国率先打响治理餐桌污染的第一枪，在全省开展"治理餐桌污染、建设食品放心工程"，并在2002年中央电视台《经济半小时》栏目《整顿市场经济秩序，我们在行动》节目上，对福建和全国观众承诺，"用三年时间在全省23座城市基本消除主要食品的'餐桌污染'、五年在全省范围基本实现治理'餐桌污染'的目标。"这些都为福建建设特色现代农业指明了方向。这些年，福建大力发展高产、优质、高效、生态、安全的特色现代农业，推进品牌农业、生态农业、智慧农业发展，打造7个全产业链总产值超千亿元的优势特色产业，目前十大特色农产品产值占农林牧渔业总产值的87%以上，十多年来全省食品安全工作形势不断趋好，没有发生重大食品安全事故。

（三）**关于扶贫开发。**20世纪80年代，习近平同志在宁德工作期间，就对农村扶贫开发工作提出许多新观点、新理念。他强调"扶贫先扶志"，人穷不能志短，更要振奋精神往前奔，"锲而不舍""久久为功"，要有"滴水穿石"的精神；扶贫要找准路子，"要使弱鸟先飞，飞得快，飞得高，必须探讨一条因地制宜发展经济的路子"（1992年《摆脱贫困》）。1996年4月，习近平同志到福建省委工作，在半年时间内先后用50多天时间到9个地（市）42个不同类型的县（市、区）60多个乡镇调研，他在调研报告中指出，"扶贫攻坚与奔小康，是实现共同富裕目标的两个并行不悖、互相促进的任务""要从制度上研究一套办法""要制定必要的经济政策措施，支持贫困县、贫困乡（包括已摘帽）的经济开发，以增强贫困县乡的自我发展能力"。他高度重视扶贫措施的落实和成效，他强调"贫困县、贫困乡要把扶贫攻坚的目标任务落实到贫困村、贫困户""逐村逐户制定脱贫计划，一个村一个村、一个户一个户地落实下去，把有限的人力、物力、财力集中用到贫困村贫困户的脱贫致富上，真正做到'真扶贫、扶真贫'"（1996年11月14日在全省农村扶贫开发暨小康建设工作会议上的总结讲话），"脱贫致富奔小康是一项功在当代、利在千秋的伟业，只有脚踏实地、真抓实干，才能取得经得起历史与实践检验的成就"（1998年5月5日在全省农村脱贫致富奔小康工作总结表彰大会上的讲话）。他在福建工作期间，亲自探索实践扶贫开发的路子和途径，解决了"茅草房"和"连家船"问题，组织实施"造福工程"，创新形成了一套行之有效的扶贫开发办法，福建成为他"精准扶贫、精准脱贫"扶贫思想的发源地。福建省连续23年把"造福工程"列入省委、省政府为民办实事项目，到2017年累计搬迁7 000多个自然村，支持建设了3 400多个集中安置点。2010年以来，全省扶贫开发对象从140万人减少到目前的4 000人，到2020年现行国定、省定扶贫标准贫困人口将如期脱贫，23个省级扶贫开发工作重点县和2 201个贫困村将如期摘帽。

（四）关于水土流失治理与生态建设。习近平同志十分关注生态环境和可持续发展问题，他曾5次到长汀调研，要求长汀"治理水土流失，建设生态农业"（1998年元旦为长汀水土流失治理题词），"锲而不舍地抓下去，认真总结经验，对全省水土保持工作起到典型示范作用"（2001年10月13日在长汀县调研水土流失治理工作时的讲话）。世纪之交，他提出"生态省"建设战略构

13

想，2001年成立了福建省生态建设领导小组，他亲自担任组长。他强调"建设生态省，大力改善生态环境，是促进我省经济社会可持续发展的战略举措，是一项造福当代、惠及后世的宏大工程"（2002年1月23日福建省九届人大五次会议政府工作报告），提出要"通过以建设生态省为载体，转变经济增长方式，提高资源综合利用率，维护生态良性循环，保障生态安全，努力开创'生产发展、生活富裕、生态良好的文明发展道路'，把美好家园奉献给人民群众，把青山绿水留给子孙后代"（2002年8月25日在《福建生态省建设总体规划纲要》论证会上的讲话）。习近平同志的这些论述和实践，科学回答了生态环境为什么要保护以及怎么保护等重大战略问题，包含着尊重自然、谋求人与自然和谐共生的价值观和发展理念，为我们推进生态文明建设指明了方向。多年来，福建按照习近平同志绘就的生态省建设蓝图和"要把福建的生态环境保护好，让老百姓切身感受到城市美好的环境"（2010年9月习近平同志来闽考察时指出）的要求，坚持绿色发展理念，加大造林绿化和水土流失治理，开展畜禽养殖污染防治、化肥农药使用量零增长减量化等行动，健全生态保护补偿机制，全面实施河长制，使福建成为中央批准的首个国家生态文明试验区，全省森林覆盖率达65.95%，居全国首位，水、大气、生态环境质量保持全优。

（五）关于推进社会主义新农村建设。早在20世纪90年代，习近平同志就提出，"整治村容村貌、建设社会主义新农村，是农村经济社会发展水平的综合标志，也是彻底改变农村落后面貌的重要途径，也是农村小康建设成果的直接体现"（1997年11月27日在全省农村小康建设工作会议上的讲话），强调农村建设是一个系统工程，要重视规划和建设，处理好四项关系：高起点规划与分阶段实施的关系，建新、改旧和整治的关系，硬件建设和软件建设的关系，政府引导和发动群众的关系（1997年11月27日在全省农村小康建设工作会议上的讲话）。针对农村建设中集体经济薄弱的问题，他要求：要大力组织推广群众创造的清产核资办实体、依靠积累办实体、围绕服务办实体、立足资源办实体、股份合作办实体等行之有效的办法，壮大集体经济（1996年《全省农村小康建设调研报告》）。习近平同志的这些论述和实践，是对工业化城镇化过程中农村建设价值的正确认识，是对城乡一体化发展、走符合我国实际的新农村建设路子等重大战略问题的先行探索。多年来，福建大力推进城乡公共资源均衡配置和基本公共服务均等化，陆续组织实施"年万里"农村路网工程、农村水利"六千"工程、"农村家园清洁行动"等一系列惠民工程和项目，推进美丽乡村建设。目前，全省实现村村通硬化公路、有安全饮水、3G信号和20M宽带全覆盖，87%的乡镇建成生活垃圾转运系统，65%的行政村采取生活垃圾"村收集、镇中转、县处理"的城乡一体化处理方式，农村生产生活条件不断改善。

（六）关于推动区域协调发展。习近平同志指出，"缩小沿海和山区发展差距，促进沿海和山区协调发展，是全面实现小康的必然要求"（1998年5月5日在全省农村脱贫致富奔小康工作总结表彰大会上的讲话），针对福建山区沿海发展不平衡问题，提出"推进山海协作，在发展中努力缩小山区和沿海地区之间差距"（1998年10月29日在中共福建省委六届九次全会上的讲话），实现区域经济协调发展，提高全省的综合实力。习近平同志亲力亲为推动山海协作，成立全省山海协作联席会议制度并担任召集人，建立全省山海协作对口帮扶制度，并强调"沿海和山区都要树立全省'一盘棋'的思想"（1999年4月7日在全省山海协作第一次联席会议上的讲话）。他还要求"山区和沿海地区都要充分发挥自身优势，找准经济发展的着力点和突破点，依靠自身的力量，抢抓发展机遇，加速发展自己。""形成互帮互补、互促共进的经济发展新格局"（1998年5月5日在全省农村脱贫致富奔小康工作总结表彰大会上的讲话）。他高度重视东西部合作，1997年4月在宁夏固原考察时指出，"闽宁对口扶贫协作是一项政治任务，我们要坚决完成"，提出建设闽宁村的设想，建议搞一个试点，打造成具有样板意义的闽宁协作示范村，"鼓励我省企业到宁夏等中西部地区投资兴业，达到'东西合作，优势互补，长期合作，共同发展'的目的"（1998年2月10日在全省农村工作会议上的总结讲话）。习近平同志的这些论述，体现了站位全局的"一盘棋"发展思想，对促进地区经济合理布局和协调发展、实现共同富裕具有很强指导意义。多年来，福建持续推进山海协作，每年实施一批山海协作重点项目，累计建成山海协作共建产业园区27个，有力地推动沿海地区产业向山区梯度转移，山区劳动力向沿海合理配置，实现了山区与沿海协调发展。闽宁协作开展20多年来，两省区党委政府按照"联席推进、结对帮扶、产业带动、互学互助、社会参与"的闽宁对口扶贫协作机制，统筹推进各项工作，构建了以解决贫困人员温饱为重点、以产业协作为基础、互惠互利、联动发展的工作格局，实现了从"输血"到"造血"，从单向的扶贫解困，到经济合作、产业对接、互利共赢的重大转变，形成的政府、企业、社会共同参与的"闽宁模式"，成为全国东西扶贫协作典范。

（七）关于深化农村改革。习近平同志指出，"革命是解放生产力，改革也是解放生产力"（1996年8月20日在全省农办（农委）主任会议上的讲话），并强调"在现代农业发展中，必须坚定不移地贯彻中央关于以家庭承包经营为基础、统分结合的双层经营体制长期稳定的政策"（1998年《加快福建现代农业发展步伐》），针对农业和农村发展中的体制机制问题，他提出"要推行股份合作制，深化农村产权制度改革，促进农村分散的生产要素优化组合，培育和构造各类市场主体"（1996年8月20日在全省农办（农委）主任会议上的讲话），指出"建立国家、集体和农民及其合作组织相结合的服务体系，是深化农村改革的一个重点"（1999年1月22日在全省农村工作会议上的讲话）。他深入开展调研，总结提升南平选派干部驻村的经验，强调"开创农业和农村发展新局面，必须在继承的基础上创新农村工作机制""从农村工作的领导方式、目标任务、运行方式、制度管理等多方面加强建设"（2002年《福建省南平市向农村选派干部的调查与思考》）。他高度重视农村集体林权制度改革，率先推动开展试点，2002年6月在龙岩武平县调研农业农村工作时强调,"林改的方向是对的,关键是要脚踏实地向前推进,让老百姓真正受益。集体林权制度改革要像家庭联产承包责任制那样从山下转向山上"。他十分关注供销合作社发展,要求"把供销社体制改革放在深化农村改革的全局位置上统筹考虑,把它真正办成农民集体所有制的合作商业,以发挥其在农村商品流通中的特有作用"(1996年《全省农村小康建设调研报告》)。习近平同志的这些论述,为福建深化农村改革指明了方向。多年来,福建坚持把深化农村改革创新作为推进农业农村发展的重要抓手,按照统筹城乡发展和"四化同步"的要求,着力推进农村各项改革。发端于武平县的农村集体林权制度改革经验,为全国集体林权制度改革作出重要贡献,武平县被誉为全国"林改第一县"。党的十八大以来,福建农村金融体系、精准扶贫机制、农村产权制度等重点领域改革取得重大突破,国家级农村改革试验区成效显著,一批改革试验成果为中央决策提供了重要依据。

(八)关于全面加强农村党的建设。习近平同志高度重视农村党的建设,指出"农村基层组织是党在农村全部工作和战斗力的基础,也是保持农业、农村经济发展和农村社会稳定的组织保证"(1999年1月22日在全省农村工作会议上的讲话),要"把加强村级组织建设作为农村小康建设的一项根本性措施来抓"(1996年《全省农村小康建设调研报告》),增强党的基层组织的战斗力和发展能力,"在指导思想上、组织保证上使党组织在农村的社会主义建设中真正能站到前台,真正能居于'第一线',切实发挥党组织的核心作用"(1992年《摆脱贫困》)。他大力推动调整不适宜、不协调、不健全"三不"班子,实施党的"堡垒工程"。习近平同志的这些论述和实践,回答了加强农村党建的必要性和重大战略意义,是对农村党的建设、基层组织管理的加强、创新和提升,是福建加强农村党建、提升乡村治理水平的宝贵财富。多年来,福建不断加强农村党的建设,持续推行"168"农村基层党建工作机制、"六要"群众工作法和乡村干部服务群众做群众工作制度,选派五批1.8万名机关党员干部到"双薄弱"村担任党组织第一书记，全面落实保障村级组织运转经费，为做好"三农"工作提供了坚强的组织保障。

习近平总书记关于"三农"工作重要论述来自实践、根植于基层，科学回答了"三农"发展的许多重大理论与现实问题，是做好新时代农村工作的根本遵循。我们要深入学习贯彻落实习近平总书记关于"三农"工作的重要论述，用习近平总书记关于"三农"工作的重要论述武装头脑，指导乡村振兴实践，为建设"机制活、产业优、百姓富、生态美"的新福建作出新贡献！

习近平总书记在浙江工作期间
对推动"三农"发展的思考与实践

中央农村工作领导小组办公室
浙江省农业和农村工作办公室

习近平同志在浙江工作期间，高度重视"三农"工作。早在2003年2月，他在省委党校作专题报告时就指出："要深入研究一些根本性的问题，认真把握一些规律性的要求，积极探索一些政策性的导向，加快推进农业产业化、农村城镇化、农民非农化。"之后，他又主持制定了《统筹城乡发展推进城乡一体化纲要》等一系列推动"三农"加快发展的重要文件，亲自部署了"千村示范万村整治"等一系列统筹城乡发展的重要工程，探索推进了"三位一体"合作经济发展等一系列农业农村重大改革，作出了一系列关于"三农"发展的重要论述，对从根本上解决城乡二元体制和"三农"问题进行了深入思考和实践探索，直接推动了浙江省强农惠农富农政策体系和城乡一体化制度框架的构建和完善，使浙江城乡发展一体化步伐走在了前列。重温习近平总书记对浙江"三农"工作的一系列重要论述，总结浙江这些年来的探索实践，对于新时代实施乡村振兴战略，更好地开辟"三农"工作新局面，具有重要指导意义。

（一）在"三农"发展战略上，习近平同志站在全局和战略的高度，按照统筹城乡经济社会发展的战略思想，以城乡关系认识"三农"问题，提出"农业兴才能百业兴、农民富才能全省富、农村稳才能全局稳"（2003年4月15日在杭州市余杭区"三农"工作座谈会上的讲话），作出"浙江已全面进入以工促农、以城带乡的新阶段"的重要判断，强调"要切实做到执政为民重'三农'、以人为本谋'三农'、统筹城乡兴'三农'、改革开放促'三农'、求真务实抓'三农'"（2005年1月7日在全省农村工作会议上的讲话）。这是认识"三农"问题思维方式的重大变革，深刻揭示了"三农"问题是工业化城镇化进程中城乡关系失衡的本质，全面阐述了解决好"三农"问题在现代化全局和长远发展中的根本地位，为浙江省大力实践统筹城乡发展奠定了思想基础，推动了"三农"工作思路的大创新、内容的大拓展和机制的大变革。这些年来，浙江全面落实"'三农'重中之重"的战略思想，正确把握现代化进程中城乡关系的变迁规律，大力度推进统筹城乡发展，城乡发展一体化水平不断提高，率先进入城乡融合发展阶段。2015年，浙江农村全面小康实现度97.2%，为全国各省区最高。

（二）在发展现代农业上，习近平同志针对工业化城镇化快速推进中农业发展滞后并被忽视的问题，强调"无论经济发展到什么水平，无论农业在国民经济中的比重下降到什么程度，农业的基础地位都不会变"（2003年1月13日在全省农村工作会议上的讲话），并抓住新世纪初农业市场化国际化进程加快的机遇，顺应传统农业向现代农业转变的趋势和经济社会可持续发展的要求，审时度势地作出了大力发展高效生态农业的重大决策，强调"以绿色消费需求为导向，以农业工业化和经济生态化理念为指导，以提高农业市场竞争力和可持续发展能力为核心，深入推进农业结构的战略性调整"（2005年1月7日在全省农村工作会议上的讲话），提出"大幅度提高农业的土地产出率、劳动生产率和市场竞争力，推动农业全面走上新型农业现代化的路子"（2007年1月18日在全省农村工作会议上的讲话）。这是对农业现代化发展规律的深刻认识，推动了浙江省农业现代化内涵的重大拓展、导向的重大提升和实践的重大创新。这些年来，浙江进一步强化农业在全局中的基础地位，以高效生态农业为目标模式，坚定不移推进农业供给侧结构性改革,果断打出现代生态循环农业、畜牧业绿色发展、化肥农药减量增效、渔业转型促治水、海上"一打三整治"、农业"两区(粮食生产功能区、现代农业园区)"土壤污染防治等农业生态建设组合拳,不断深化农业"两区"建设,大力培育农业新型经营主体、农业品牌,加快推进农业产业化、信息化、农产品电商化,农业市场竞争力迅速增强,实现了从资源小省向农业强省的跃升。2016年,全省农林牧渔业增加值突破2 000亿元,农业产业化组织突破5.5万家。

(三)在推进农村建设上,习近平同志针对新世纪初浙江省不断富足起来的农民群众对人居条件越来越不满意的状况,作出了大力实施"千村示范万村整治"工程的前瞻性重大决策,强调"要把'千村示范万村整治'工程作为推动农村全面小康建设的基础工程、统筹城乡发展的龙头工程、优化农村环境的生态工程、造福农民群众的民心工程"(2004年7月26日在全省"千村示范万村整治"现场会上的讲话),"有效促进城市基础设施向农村延伸、城市公共服务向农村覆盖、城市现代文明向农村辐射"(2004年7月26日在全省"千村示范万村整治"工作现场会上的讲话)。这是统筹城乡发展战略思想的率先实践,是加快缩小城乡差距的实际行动。这些年来,浙江持续实施"千万工程"这一改善农村人居环境大行动,与时俱进地推进美丽乡村建设、打造美丽乡村升级版,坚决打出农村生活污水治理、农村生活垃圾处理、平原绿化、河长制等农村环境建设组合拳,农业面源污染状况明显改善,农村脏乱差现象得到根本性改变,美丽乡村成为一张金名片,人民群众得到了巨大实惠。至2017年年底,全省2.7万多个村实现村庄整治全覆盖,农村生活污水治理规划保留村覆盖率100%、农户受益率74%,农村生活垃圾集中收集有效处理基本覆盖,农村生活垃圾减量化资源化无害化分类处理建制村覆盖率40%。

(四)在促进农民增收上,习近平同志针对新世纪初城乡居民收入差距持续扩大的问题,强调"必须坚持富民为本、富民为先,切实把增加农民收入、提高农民生活质量作为新阶段'三农'工作的出发点和落脚点"（2003年1月13日在全省农村工作会议上的讲话），提出"要充分挖掘农业内部增收潜力""继续加快发展农村二、三产业，拓宽农民外出务工经商的转移渠道""解决农民收入问题，既要鼓励农民走出去，又要引导农民留下来，还要支持出去的农民回乡创业"（2006年3月23日在省委建设社会主义新农村专题学习会上的讲话），并全面建立科技特派员制度。这是以人为本发展理念的全面实践，是缩小社会群体收入差距、构建和谐社会的根本举措，推动了浙江省农民收入持续普遍较快增长。这些年来，浙江把增加农民收入作为"三农"工作的中心任务，加快转变增收方式，不断拓宽增收渠道，着力挖掘增收潜力，逐渐形成了"以能人创业为先导，能人创业带动农民就业、农民就业促进农业劳动生产率提高"的"共创共富"的农民持续增收机制，农民收入呈现水平高、速度快、差距小的特点。2016年，全省农村常住居民人均可支配收入22 866元，连续32年居全国省区第一，党的十八大以来年均增长12%；城乡居民收入比值为2.066，为全国各省区最小；11个地级市中有7个市城乡居民收入比值缩小到2以内，农民收入最高的嘉兴市和最低的丽水市比值为1.76，区域间农民收入差距逐步缩小。

（五）在推动扶贫开发上，习近平同志针对当时欠发达地区发展滞后和仍有大量贫困人口的问题，提出"努力使欠发达地区的发展成为全省经济新的增长点""不能把贫困村、贫困人口带入全面小康社会"的战略要求，强调"现代化建设不能留盲区死角，实现全面小康一个乡镇也不能掉队"（2003年1月13日在全省农村工作会议上的讲话），强调"把扶贫这件事扎扎实实做好。勿以善小而不为，虽然比例是小的，人口是少的，好像无关浙江省大局，错了，一个也不能少"（2007年1月23日在加快实施"欠发达乡镇奔小康工程"座谈会上的讲话），指出"现在的贫困问题不是块状贫困，而是星星点点的点状贫困，这要求我们扶贫工作观念要明晰，定位要准确，要做到因地制宜'真扶贫，扶真贫'"（2003年1月20日在浙江"两会"期间参加省人大温州代表团讨论时的讲话），要求"欠发达地区广大干部群众要继续发扬自力更生、艰苦奋斗的精神，进一步增强自我发展能力，尽快改变落后面貌"（2003年1月13日在全省农村工作会议上的讲话），主持制定了推进欠发达地区加快发展的政策文件，部署实施了欠发达乡镇奔小康、山海协作、百亿帮扶致富建设等扶贫工程，亲自创立了结对帮扶制度。这是扶贫开发战略、路径、方式的重大变革，是对欠发达地区和低收入农户的深切关怀，为推进浙江欠发达地区加快发展、提前消除绝对贫困指明了前进方向、奠定了坚实基础。这些年来，浙江牢固树立精准扶贫、精准脱贫的战略思想，坚持把扶贫开发融入"四化同步"进程，坚持消除绝对贫困与减缓相对贫困并重、区域发展与群体增收并重、搬迁集聚与就地发展并重、造血扶贫与输血扶贫并重，坚持专项扶贫、行业扶贫、社会扶贫"三位一体"大扶贫格局，大力实施低收入农户奔小康工程、低收入农户收入倍增计划、重点欠发达县特别扶持计划、山海协作工程、山区经济发展等一系列扶贫工程，扶贫开发取得历史性成就。2015年，全省家庭人均收入4 600元以下绝对贫困现象全面消除，26个欠发达县一次性摘帽；2016年，全省低收入农户人均可支配收入突破万元，达到10 169元，与全省农民人均可支配收入倍差缩小至2.25。

（六）在生态文明建设上，习近平同志针对浙江先期遇到保护生态环境与加快经济发展的尖锐矛盾和激烈冲突，强调"过去讲既要绿水青山，也要金山银山，其实绿水青山就是金山银山""要坚定不移地走这条路"（2005年8月15日在安吉县天荒坪镇余村考察时的讲话），指出"绿水青山可带来金山银山，但金山银山却买不到绿水青山""如果能够把这些生态环境优势转化为生态农业、生态工业、生态旅游等生态经济的优势，那么绿水青山也就变成了金山银山"（2005年8月24日在《浙江日报》"之江新语"栏目评论），作出了建设生态省、打造"绿色浙江"的战略决策。这是人类文明发展理念的嬗变和升华，是经济社会发展方式的认识飞跃，是走向社会主义生态文明新时代的重要理论遵循和实践指南，有力推动了浙江省生态文明建设。这些年来，浙江坚定不移沿着

"绿水青山就是金山银山"的路子走下去，大力实施"811"美丽浙江建设行动，果断打出"五水共治"等转型升级组合拳，深入推进"千万工程"、美丽乡村建设，大力发展乡村旅游、养生养老、运动健康、文化创意、电子商务等美丽经济，率先实施生态保护补偿机制、与污染物排放总量挂钩的财政收费制度、与出境水质和森林覆盖率挂钩的财政奖惩制度，生态文明建设迈向更高水平。全省生态环境发生优质水提升、劣质水下降，蓝天提升、PM2.5下降，绿化提升、森林火灾下降的"三升三降"的明显变化。2016年，全省森林覆盖率61%，平原林木覆盖率19.8%。

（七）在公共服务供给上，习近平同志针对农民公共服务需求日益增长而农村公共服务发展明显滞后的问题，强调"要加大公共财政向农村倾斜的力度，把基础设施建设和发展教科文卫体等社会事业的重点放到农村，全面改善农村的供水、供电、环保、交通、通讯、广播电视、信息网络等公共服务的基础条件，继续大力实施城乡教育均衡工程、农民健康工程、农村文化建设工程、小康健身工程，全面提高农村社会事业发展水平；建立健全多层次、普惠性的农村社保体系，不断提高农村社保水平，逐步缩小城乡公共服务的差距"（2006年3月23日在省委建设社会主义新农村专题学习会上的讲话），在2004年率先建立为民办实事长效机制，每年办好10方面民生实事。这是对统筹城乡发展和统筹经济社会发展战略思想的生动诠释，是调整国民收入分配格局的率先探索，推动了浙江省农村公共服务的加快发展和城乡一体公共服务制度体系的加快构建。这些年来，浙江坚持把基本公共服务均等化作为统筹城乡发展的战略重点，完善城乡一体公共服务体制机制，加快城乡公共服务制度接轨、质量均衡、水平均等。2015年年底，全省基本公共服务均等化实现度为90.7%，5年提高8个百分点。2016年，县县建成国家义务教育发展基本均衡县，国家卫生城市、卫生县城实现全覆盖，全省农村基础养老金每月135元，城乡基本医疗保险人均筹资标准每年859元，农村低保平均标准每月631元，68个县（市、区）实现城乡低保同标。

（八）在农村基层党建和乡村社会治理上，习近平同志针对农村社会结构变动、价值观念多元、民主意识增强等新情况新问题，指出"农村基层党组织是党在农村全部工作的基础""要把农村基层党组织建设成为带领农民建设社会主义新农村的坚强战斗堡垒，使农村基层党员和干部成为建设社会主义新农村的排头兵"（2006年3月23日在省委建设社会主义新农村专题学习会上的讲话），强调"确保农村稳定，为农民群众营造良好的生产生活环境，是实现好、维护好、发展好最广大农民根本利益的必然要求，也是统筹城乡发展的必然要求"（2004年1月4日在全省农村工作会议上的讲话），建立推行了农村工作指导员制度，总结提炼了"后陈经验"（建立村务监督委员会），创新发展了"枫桥经验"（矛盾不上交、问题不出村），提升实践了"新仓经验"（生产供销联合与合作）。这是对农村基层党建、基层民主、基层管理和新型联合与合作的创新实践，是完善乡村治理机制的有效探索。这些年来，浙江把加强基层党建作为推进党的建设伟大工程的重要基础，推行农村基层党建"整乡推进、整县提升"和"浙江二十条"，创新推出乡村"四大平台"、三多清理（机构牌子多、考核评比多、创建达标多）、农村小微权力清单制度、村民说事制度、法治德治自治"三治融合"、新乡贤治村等一系列举措，强化了农村党的领导，保障了农民民主权益，丰富了基层民主形式，优化了基层公共服务，有力促进了农村社会和谐稳定。

（九）在深化农村改革上，习近平同志着眼于构建城乡一体化制度体系，大力推进统筹城乡发展工程建设，着力改革城乡二元体制机制，指出"改革是解决农业农村发展中各种矛盾和问题的根本出路"（2004年1月4日在全省农村工作会议上的讲话），"深化改革是新农村建设的体制保障和动力源泉"（2006年3月23日在省委建设社会主义新农村专题学习会上的讲话），强调"要致力于突破城乡二元结构，深化征地、户籍、就业、社保等城乡配套改革，消除影响'三农'发展的体制性和政策性障碍，给农民平等的发展机会"（2004年1月4日在全省农村工作会议上的讲话），要求"建立健全有利于促进统筹城乡发展的体制，让一切劳动、知识、技术、管理和资本都能在农村迸发活力、创造财富"（2006年3月23日在省委建设社会主义新农村专题学习会上的讲话），部署实施了县乡财政体制、乡镇机构、征地制度、农村金融、教育卫生等农村综合改革，探索实践了发展"三位一体"合作经济改革试点，并指出"统筹城乡发展最根本的是要消除城乡二元结构，形成以工促农、以城带乡、城乡互动、共同进步的发展格局"（2006年3月23日在省委建设社会主义新农村专题学习会上的讲话）。这是解决"三农"问题的治本之策，是缩小城乡差距的制度创新，推动了浙江省以工促农、以城带乡、工农互惠、城乡一体新型工农城乡关系的加快建立。这些年来，浙江把改革创新作为推进"三农"发展的根本动力，设立农村改革试验区，协调推进"四化同步"，城乡公共资源均衡配置体制基本建立，城乡生产要素平等交换体制加快构建，初步建立起工农互促和城乡统筹的政策体系和制度框架，农民群众获得更多改革红利。至2016年年底，全省符合条件的农村宅基地确权登记颁证率95%，村经济合作社股份合作制改革覆盖率达99.5%，农村产权流转交易市场覆盖率达96%，省市县乡四级生产供销信用"三位一体"农合联组织体系全面构建。

习近平总书记关于"三农"工作的重要论述博大精深，立意深远，视野广阔，内涵丰富，从宏观全局和历史进程，全面阐述了"三农"发展的一系列重大理论问题和现实问题，深刻揭示了现代化进程中城乡关系变迁的一般规律和富民强国之路，提升了农村改革发展经验，丰富了中国特色社会主义"三农"理论，是习近平新时代中国特色社会主义思想的重要组成部分，是新时代做好"三农"工作的强大思想武器和根本遵循。浙江将深入学习、认真贯彻习近平总书记关于"三农"工作的重要论述，坚定不移沿着"八八战略"指引的路子走下去，大力弘扬红船精神和浙江精神，围绕"两个高水平"奋斗目标，按照"产业兴旺、生态宜居、乡风文明、治理有效、生活富裕"的总要求，全面实施乡村振兴战略，加快推进城乡融合，高水平推进农业农村现代化。

习近平总书记在上海工作期间
对推动"三农"发展的思考与实践

中央农村工作领导小组办公室
上海市委农村工作办公室

习近平同志在上海工作期间，高度重视"三农"工作。在短短7个多月的时间内，他深入郊区农村，走田头、访农户、听民生、摸民情、解民忧，足迹遍布上海郊区乡村。在2007年5月24日上海市第九次党代表大会报告中，习近平同志指出："加大城乡统筹力度，加快社会主义新农村建设。更加注重郊区农村发展，坚持工业反哺农业、城市支持农村和多予少取放活的方针，加快转变农村生产生活方式，在解决'三农'问题、破除城乡二元结构上走在前列。"重温习近平总书记对上海"三农"工作的一系列重要论述，总结上海这些年来的探索实践，对于新时代实施乡村振兴战略，更好地开创"三农"工作新局面，具有重要指导意义。

（一）在"三农"发展战略上，习近平同志在不同时间、不同场合强调，"三农"问题是关系国计民生的根本性问题，必须坚持重中之重的战略地位。他指出，"破除二元结构，就是要把农村抓好，新农村建设这个战略任务，一定要在上海得到体现，不能说我们是国际化大都市，就轻农，就忽视农业，忽视'三农'"，"投入上向'三农'的倾斜力度要更加大一点，公共财政支出向'三农'多拨一些"（2007年8月9日在南汇区调研时的讲话）。他指出，"城市与农村、农业与二三产业之间有着非常紧密的依存关系，正确处理城乡关系、工农关系，实现一二三产业协调发展和城乡共同进步，是推动科学发展、促进社会和谐的重要基础"（2007年9月27日在上海市农村党的建设"三级联创"活动工作会议上的讲话）。他指出，上海"具备了全面实现城乡一体化的条件。城乡一体化并不是一样化、一律化、无差别化，还是有差别的，城还是城，乡还是乡，风貌还是不一样的"（2007年8月29日在奉贤区调研时的讲话）。习近平同志在上海市委八届十二次全会结束时的讲话中指出，上海作为特大型城市，虽然农业比重非常小，不到1%，但只要有农业、农村、农民，就要把"三农"工作作为重中之重来抓。这些重要论断，科学回答了如何看待"三农"、对待"三农"、抓好"三农"的问题，全面阐述了解决好"三农"问题在现代化全局和长远发展中的根本地位，把解决"三农"问题的重要性提升到了历史新高度，为上海推进"三农"工作提供了根本遵循。这些年来，上海全面落实"三农"重中之重的战略思想，加大统筹城乡发展力度，实施一系列强农惠农政策，郊区农业农村发展取得显著成绩，城乡一体化水平不断提高，在全国各省区市中率先进入了城乡融合发展新阶段。

（二）在发展现代农业上，习近平同志强调坚持发展高效生态农业，发挥农业多功能性的作用。他指出，"从现代农业发展本身看，上海的农业也大有可为"（2007年5月13日在上海市委八届十二次全会结束时的讲话）。他每到一地调研，都会叮嘱上海农口同志，发展现代农业要学习借鉴"荷兰经验"，将农业搞得很精致、很现代化，具有高附加值，使之成为一个亮点。他在宝山区调研时提出，要依托大都市的综合优势，坚持农业的科技化、集约化发展，大力发展现代、生态、高效、特色农业，全面提升农业的经济功能、生态功能和服务功能。他指出，"农业不求大而求精"，"在现代农业方面起到一个试验田、示范区的作用"（2007年6月19日在闵行区调研时的讲话）。"现代农业，不仅应该体现在设施农业、种源农业、精细农业、高效生态农业上，而且还可以和其他产业融合"，"应该把现代农业发展起来，做精、做优、做强"（2007年7月5日在嘉定区调研时的讲话）。这些重要论断是对农业现代化发展规律的深刻认识，推动了上海都市现代农业内涵的重大拓展、导向的重大提升和实践的重大创新。这些年来，上海都市现代农业发展迈出新步伐，在全国各省区市率先整建制创建国家现代农业示范区，农业可追溯体系保持在90%以上，农业科技进步贡献率达到70%左右。经测评，2017年上海农业的现代化评价指数和都市农业发展指数均名列全国第一。

（三）在推进农村建设上，习近平同志强调坚持遵循乡村发展规律，扎实推进美丽宜居乡村建设。他提出，"不搞大拆大建，分类指导、因地制宜，尊重村民意愿"，"发挥农民的主体作用，使村容整治等方面有明显改变"（2007年8月23日在松江区调研时的讲话）。在考察了嘉定区毛桥村后，习近平同志指出，"这个项目老百姓还是积极拥护的。从改造模式看，没有花多少钱，没有搞强拆强建，是比较自然、比较纯朴的，也是适合当前发展阶段的"，"充分调动广大群众特别是农民群众的积极性，让他们有更大的热情参与社会主义新农村建设"，"很自然的现代化村落，城里人来了，感到很新鲜，感到城里所没有的这样一个氛围"（2007年7月5日在嘉定区调研时的讲话）。对于农村风貌保护，习近平同志强调，"符合农村的自然风貌，具有江南水乡、古城特点的文化风貌要保护下来"（2007年8月9日在南汇区调研时的讲话），"像枫泾古镇以及农村自然村落等，这些都是极为宝贵的历史文脉"，"在推进新农村建设过程中，要倍加珍惜，切实加以保护"（2007年6月12日在金山区调研时的讲话）。在上海推进新农村建设中，习近平同志十分重视解决农村经济发展不平衡问题。他指出，"本市经济薄弱村的面较广、量较大，推进其发展经济的任务很重"（2007年8月8日在上海市农委《情况专报》上的批示）。习近平同志要求农口的同志抓紧落实、务实求效，切实把这项工作当做"三农"工作和新农村建设的一项重要内容来抓。这是城乡融合发展战略思想的率先实践，也是加强综合帮扶缩小城乡差距的实际行动。这些重要论断深刻揭示了乡村经济和社会发展的规律性要求，为上海搞好新农村建设提供了基本指引。这些年来，上海以村庄改造为载体，全面实施农村基础设施建设、村庄环境综合整治等工程，农村人居环境持续改善。到2017年底，全市累计完成30万户村庄改造及20万户农村生活污水设施改造，400多个薄弱村通过综合帮扶，村均增加资产830万元。

（四）在促进农民增收上，习近平同志强调坚持在发展中保障和改善民生，让农民有更多的获得感。"小康不小康，关键看老乡"，习近平同志十分重视农民的收入问题。他指出，"虽然上海农民生活水平在全国最高，但与城市居民相比还有不小差距。只有把这部分群体的民生问题解决好，上海才能真正率先构建社会主义和谐社会"（2007年5月13日在上海市委八届十二次全会上的讲话）。他指出，"'三农'问题的核心是农民问题，农民问题的核心是增进利益和保障权益问题"（2007年9月27日在上海市农村党的建设"三级联创"活动工作会议上的讲话）。他指出，要拓宽渠道增加农民收入。"促进农民非农就业，挖掘农业增收潜力，完善农村社会保障，建立健全农民增收长效机制，不断提高农民收入水平"（2007年5月24日在上海市第九次党代表大会上的报告）。"尽量地转移农民，提高城市化水平，使更多的相对富裕起来的农民、有条件转移的农民，转移到城市去、转移到非农行业上来"（2007年8月23日在松江区调研时的讲话）。他在南汇区调研时指出，通过农业种植业、农业养殖业也能够让农民增收致富。"要发展农村合作社，扶持一批龙头企业，通过能人带头、政府扶持，把设施、技术、市场结合在一起"，"形成联系比较紧密的共同体"（2007年8月9日在南汇区调研时的讲话）。他重视新型农民的培育工作，指出，"培养有知识、有文化、懂得现代技术的现代农民。这个方面，你们的工作条件好一点、基础好一点，应该做得更好一点，可以在上海起示范作用，甚至为全国提供经验"（2007年6月19日在闵行区调研时的讲话）。他在奉贤区调研时要求公共财政加大对经济薄弱村的扶持，在此基础上培育集体经济财力，依靠三产等物业，通过增加一些不动产，提高农民收入。这些重要论断体现了以人民为中心的发展思想，科学回答了农村发展为了谁、发展依靠谁、发展成果由谁享有的根本问题，推动了上海农民收入持续较快增长。这些年来，上海把增加农民收入作为"三农"工作的中心任务来抓，坚持因地制宜，多管齐下，着力创新体制机制，有效促进了农民收入持续增收。近年来，农民收入增幅始终快于城镇居民收入增幅，2017年全市农村居民人均可支配收入27 825元，名列全国各省区市前茅，城乡居民收入比值为2.25。

（五）在深化农村改革上，习近平同志强调坚持不懈推进制度创新，激活农业农村发展新动力。他在上海市第九次党代表大会上的报告中提出，"把增加农民收入、改善农民生活作为农村改革发展的出发点和落脚点"。在农业改革方面，习近平同志希望松江在稳定农村家庭联产承包制的前提下，探索研究家庭经营、土地流转和农业服务主体怎么结合的问题。他提出，松江处于改革的先行先试区，要考虑怎么去推动规模经营，做好土地流转的文章。在农村改革方面，习近平同志强调，不断深化农村综合改革，增强农村发展动力，切实减轻农民负担。他提出，在推进改革过程中，既要稳定好农村基本经营制度，也要保护好农民的利益。这些重要论断是解决"三农"问题的治本之策，也是缩小城乡差距的制度创新，深刻阐明了深化农业农村改革的出发点和落脚点，为上海农业农村改革明确了底线、指明了方向。这些年来，上海松江区在全国率先培育和发展家庭农场，破解了"谁来种田、怎样种田"的问题，松江家庭农场以农户家庭为经营主体，主要依靠本地家庭劳动力，实现了生产规模化、专业化和集约化，提高了农业生产水平，粮食生产经营成为农民家庭收入的主要来源。2013年，家庭农场这一新兴农业经营主体，写进了中央1号文件，在上海乃至全国各地得以迅速推广。同样，上海农村改革持续深化，到2017年底，全市农村土地承包经营权确权登记颁证率达99.6%，提前一年完成确权登记颁证任务。率先全面推进农村集体经济产权制度改革，全市98%的村和51%的镇完成了产权制度改革，走在全国前列。

（六）在生态文明建设上，习近平同志强调坚持绿色生态为导向，推动农业农村可持续发展。习近平同志高度重视农业生态发展，他在金山区调研时提出，金山要建设百里花园、百里果园、百里菜园，成为上海的后花园。"广大农村地区是整个城市不可或缺的生态屏障，是城市的'氧吧'和'绿肺'，这是其他任何产业不能替代的"（2007年9月27日在上海市农村党的建设"三级联创"活动工作会议上的讲话）。"有历史风貌，像江南水乡、小桥流水，那种粉墙黛瓦、徽派建筑，虽然旧了，但还是要修旧如旧，保持它原汁原味的风貌"（2007年8月29日在奉贤区调研时的讲话）。习近平同志在崇明调研时指出，"建设崇明生态岛是上海全面落实科学发展观、加快构建社会主义和谐社会的一个重大举措"，"要坚持高起点、高标准、扎扎实实推进崇明生态岛建设"，"建设成为水清气洁、林茂土净、环境宜人的生态岛屿"（2007年4月12日在崇明县调研时的讲话）。他在青浦调研时指出，要加强环境保护和生态治理，进一步加大污染控制力度，加强水环境治理，做好生态治理工作；要积极探索建立环境保护补偿机制，立足实际，加快建立与周边省市的协同机制，真正形成湖区治理的长效机制。这些重要论断是人类文明发展理念的嬗变和升华，也是经济社会发展方式的认识飞跃，深刻阐明了发展经济和保护生态环境的内在统一性，为上海推进农村经济建设和生态文明建设提供了根本指南。这些年来，上海生态农业发展取得明显成效，全面完成了不规范畜禽养殖场的整治任务，加强养殖业面源污染整治力度，推进中小河道周边畜禽养殖场综合治理计划，探索畜禽养殖废弃物资源化利用新途径，促进种养结合、生态循环，实施农药化肥减量化和农作物秸秆综合利用，有效改善了农业生态环境。到2017年底，全市农村生活垃圾处置设施"一主多点"布局基本形成，建成廊下等6座郊野公园，农村森林覆盖率达16.2%，农村生态环境明显改善。

（七）在公共服务供给上，习近平同志强调让农民共享现代化和改革的成果。他指出，"在公共事业上，要加大对农村基础设施建设和社会事业发展的倾斜力度，切实改善农民生活环境，提高农民生活质量"（2007年6月19日在闵行区调研时的讲话）。习近平同志指出，"基础设施的改善，向一体化方向走，城市向农村延伸，水电路桥将来村村通、户户通"，"垃圾处理要实行村收集、乡镇集中、区县处理"，"改灶、改厕等都应该全面推开"，"在建设物质文明的同时还要加强精神文明建设，要软件和硬件并重"，"软件，就是镇保、社保、合作医疗制度的建立，对于三无人员、五保（户）的集中供养，上海要解决得好一点，力度要再大一些"（2007年8月9日在南汇区调研时的讲话），"在坚持现有行之有效的政策不变、给农民的实惠不减的基础上抓调整，凡是不利于促进城乡统筹的政策体制要及时废除，对有不足之处的政策要加以完善"（2007年9月27日在上海市农村党的建设"三级联创"活动工作会议上的讲话）。这些重要论断为调整国民收入分配格局、推动上海农村公共服务加快发展和城乡一体化公共服务制度体系加快构建提供了基本遵循。这些年来，上海城乡发展一体化迈出新步伐，出台了一系列新举措，居民养老保险、医疗保险、低保等保障制度实现城乡统一，基本服务均等化水平持续提高。到2017年底，新农合人均筹资提高到3 000元，农村低保每人每月970元，农民养老金标准提高到750元，居全国之首。

（八）在农村基层党建上，习近平同志十分重视加强农村党建。他多次强调要加强农村基层党组织建设，引导农村基层组织既要重视抓好经济，又要重视抓好党建和村务管理。"只有农村基层干部队伍坚强有力，农村的基层政权才能得到巩固，中央和市委的重大战略部署才能在农村不折不扣地得到落实，各级党组织在农民群众中的凝聚力和影响力才能不断增强"（2007年9月27日在上海市农村党的建设"三级联创"活动工作会议上的讲话）。他提出，通过加强基层党建，赋予农村基层更强的战斗力。他强调，"要培养好、建设好农村基层领导班子，特别是要结合村党组织换届选举，切实把那些靠得住、有本事、肯带领农民致富、群众公认的优秀人才充实到基层领导岗位。要不断拓展农村干部和人才队伍来源。一方面，要加强本土人才培养，吸引更多的本土人才从城市向农村回流；另一方面，区县党委要通过引进输送、机关下派等途径，选优、配齐、配强村干部。要建立机制，选拔应届毕业大学生和机关干部充实到农村基层。要加强农村基层干部作风建设"，"教育广大农村干部大力弘扬求真务实精神，切实增强忧患意识、公仆意识和节俭意识，大兴调查研究之风，深入基层、深入实际、深入群众，深入田间地头和农民家中，体察民情、倾听民意、关注民生，到困难多的地方去解决最难解决的问题"（2007年9月27日在上海市农村党的建设"三级联创"活动工作会议上的讲话）。这些重要论断回答了加强农村党建的必要性和重大战略意义，是对农村党的建设、基层组织管理的加强、创新和提升，是上海加强农村党建、提升乡村治理水平的宝贵财富。

习近平总书记关于做好"三农"工作的重要论述博大精深，立意深远，视野广阔，内涵丰富，从宏观全局和历史进程，全面阐述了"三农"发展的一系列重大理论问题和现实问题，深刻揭示了现代化进程中城乡关系变迁的一般规律和富民强国之路，提升了农村改革发展经验，是习近平新时代中国特色社会主义思想的重要组成部分，是新时代做好"三农"工作的强大思想武器和根本遵循。上海将认真学习贯彻习近平总书记关于做好"三农"工作的重要论述，按照"产业兴旺、生态宜居、乡风文明、治理有效、生活富裕"的总要求，依托现代化国际大都市优势，建立健全城乡融合发展的体制机制和政策体系，探索走农业持续发展、农村面貌持续改善、农民收入持续增长的新路，实现更高水平的小康社会和更高水平的城乡融合发展，努力在实施乡村振兴战略中做出示范、走在前列。

中共中央　国务院
关于实施乡村振兴战略的意见

（中发〔2018〕1号）

实施乡村振兴战略，是党的十九大作出的重大决策部署，是决胜全面建成小康社会、全面建设社会主义现代化国家的重大历史任务，是新时代"三农"工作的总抓手。现就实施乡村振兴战略提出如下意见。

一、新时代实施乡村振兴战略的重大意义

党的十八大以来，在以习近平同志为核心的党中央坚强领导下，我们坚持把解决好"三农"问题作为全党工作重中之重，持续加大强农惠农富农政策力度，扎实推进农业现代化和新农村建设，全面深化农村改革，农业农村发展取得了历史性成就，为党和国家事业全面开创新局面提供了重要支撑。5年来，粮食生产能力跨上新台阶，农业供给侧结构性改革迈出新步伐，农民收入持续增长，农村民生全面改善，脱贫攻坚战取得决定性进展，农村生态文明建设显著加强，农民获得感显著提升，农村社会稳定和谐。农业农村发展取得的重大成就和"三农"工作积累的丰富经验，为实施乡村振兴战略奠定了良好基础。

农业农村农民问题是关系国计民生的根本性问题。没有农业农村的现代化，就没有国家的现代化。当前，我国发展不平衡不充分问题在乡村最为突出，主要表现在：农产品阶段性供过于求和供给不足并存，农业供给质量亟待提高；农民适应生

产力发展和市场竞争的能力不足，新型职业农民队伍建设亟需加强；农村基础设施和民生领域欠账较多，农村环境和生态问题比较突出，乡村发展整体水平亟待提升；国家支农体系相对薄弱，农村金融改革任务繁重，城乡之间要素合理流动机制亟待健全；农村基层党建存在薄弱环节，乡村治理体系和治理能力亟待强化。实施乡村振兴战略，是解决人民日益增长的美好生活需要和不平衡不充分的发展之间矛盾的必然要求，是实现"两个一百年"奋斗目标的必然要求，是实现全体人民共同富裕的必然要求。

在中国特色社会主义新时代，乡村是一个可以大有作为的广阔天地，迎来了难得的发展机遇。我们有党的领导的政治优势，有社会主义的制度优势，有亿万农民的创造精神，有强大的经济实力支撑，有历史悠久的农耕文明，有旺盛的市场需求，完全有条件有能力实施乡村振兴战略。必须立足国情农情，顺势而为，切实增强责任感使命感紧迫感，举全党全国全社会之力，以更大的决心、更明确的目标、更有力的举措，推动农业全面升级、农村全面进步、农民全面发展，谱写新时代乡村全面振兴新篇章。

二、实施乡村振兴战略的总体要求

（一）指导思想

全面贯彻党的十九大精神，以习近平新时代中国特色社会主义思想为指导，加强党对"三农"工作的领导，坚持稳中求进工作总基调，牢固树立新发展理念，落实高质量发展的要求，紧紧围绕统筹推进"五位一体"总体布局和协调推进"四个全面"战略布局，坚持把解决好"三农"问题作为全党工作重中之重，坚持农业农村优先发展，按照产业兴旺、生态宜居、乡风文明、治理有效、生活富裕的总要求，建立健全城乡融合发展体制机制和政策体系，统筹推进农村经济建设、政治建设、文化建设、社会建设、生态文明建设和党的建设，加快推进乡村治理体系和治理能力现代化，加快推进农业农村现代化，走中国特色社会主义乡村振兴道路，让农业成为有奔头的产业，让农民成为有吸引力的职业，让农村成为安居乐业的美丽家园。

（二）目标任务

按照党的十九大提出的决胜全面建成小康社会、分两个阶段实现第二个百年奋斗目标的战略安排，实施乡村振兴战略的目标任务是：

到2020年，乡村振兴取得重要进展，制度框架和政策体系基本形成。农业综合生产能力稳步提升，农业供给体系质量明显提高，农村一二三产业融合发展水平进一步提升；农民增收渠道进一步拓宽，城乡居民生活水平差距持续缩小；现行标准下农村贫困人口实现脱贫，贫困县全部摘帽，解决区域性整体贫困；农村基础设施建设深入推进，农村人居环境明显改善，美丽宜居乡村建设扎实推进；城乡基本公共服务均等化水平进一步提高，城乡融合发展体制机制初步建立；农村对人才吸引力逐步增强；农村生态环境明显好转，农业生态服务能力进一步提高；以党组织为核心的农村基层组织建设进一步加强，乡村治理体系进一步完善；党的农村工作领导体制机制进一步健全；各地区各部门推进乡村振兴的思路举措得以确立。

到2035年，乡村振兴取得决定性进展，农业农村现代化基本实现。农业结构得到根本性改善，农民就业质量显著提高，相对贫困进一步缓解，共同富裕迈出坚实步伐；城乡基本公共服务均等化基本实现，城乡融合发展体制机制更加完善；乡风文明达到新高度，乡村治理体系更加完善；农村生态环境根本好转，美丽宜居乡村基本实现。

到2050年，乡村全面振兴，农业强、农村美、农民富全面实现。

（三）基本原则

——**坚持党管农村工作**。毫不动摇地坚持和加强党对农村工作的领导，健全党管农村工作领导体制机制和党内法规，确保党在农村工作中始终总揽全局、协调各方，为乡村振兴提供坚强有力的政治保障。

——**坚持农业农村优先发展**。把实现乡村振兴作为全党的共同意志、共同行动，做到认识统一、步调一致，在干部配备上优先考虑，在要素配置上优先满足，在资金投入上优先保障，在公共服务上优先安排，加快补齐农业农村短板。

——**坚持农民主体地位**。充分尊重农民意愿，切实发挥农民在乡村振兴中的主体作用，调动亿万农民的积极性、主动性、创造性，把维护农民群众根本利益、促进农民共同富裕作为出发点和落脚点，促进农民持续增收，不断提升农民的获得感、幸福感、安全感。

——**坚持乡村全面振兴**。准确把握乡村振兴的科学内涵，挖掘乡村多种功能和价值，统筹谋划农村经济建设、政治建设、文化建设、社会建设、生态文明建设和党的建设，注重协同性、关联性，整体部署，协调推进。

——**坚持城乡融合发展**。坚决破除体制机制弊端，使市场在资源配置中起决定性作用，更好发挥政府作用，推动城乡要素自由流动、平等交换，推动新型工业化、信息化、城镇化、农业现代化同步发展，加快形成工农互促、城乡互补、全面融合、共同繁荣的新型工农城乡关系。

——**坚持人与自然和谐共生**。牢固树立和践行"绿水青山就是金山银山"的理念，落实节约优先、保护优先、自然恢复为主的方针，统筹山水林田湖草系统治理，严守生态保护红线，以绿色发展引领乡村振兴。

——**坚持因地制宜、循序渐进**。科学把握乡村的差异性和发展走势分化特征，做好顶层设计，注重规划先行、突出重点、分类施策、典型引路。既尽力而为，又量力而行，不搞层层加码，不搞一刀切，不搞形式主义，久久为功，扎实推进。

三、提升农业发展质量，培育乡村发展新动能

乡村振兴，产业兴旺是重点。必须坚持质量兴农、绿色兴农，以农业供给侧结构性改革为主线，加快构建现代农业产业体系、生产体系、经营体系，提高农业创新力、竞争力和全要素生产率，加快实现由农业大国向农业强国转变。

（一）夯实农业生产能力基础

深入实施藏粮于地、藏粮于技战略，严守耕地红线，确保国家粮食安全，把中国人的饭碗牢牢端在自己手中。全面落实永久基本农田特殊保护制度，加快划定和建设粮食生产功能区、重要农产品生产保护区，完善支持政策。大规模推进农村土地整治和高标准农田建设，稳步提升耕地质量，强化监督考核和地方政府责任。加强农田水利建设，提高抗旱防洪除涝能力。实施国家农业节水行动，加快灌区续建配套与现代化改造，推进小型农田水利设施达标提质，建设一批重大高效节水灌溉工程。加快建设国家农业科技创新体系，加强面向全行业的科技创新基地建设。深化农业科技成果转化和推广应用改革。加快发展现代农作物、畜禽、水产、林木种业，提升自主创新能力。高标准建设国家南繁育种基地。推进我国农机装备产业转型升级，加强科研机构、设备制造企业联合攻关，进一步提高大宗农作物机械国产化水平，加快研发经济作物、养殖业、丘陵山区农林机械，发展高端农机装备制造。优化农业从业者结构，加快建设知识型、技能型、创新型农业经营者队伍。大力发展数字农业，实施智慧农业林业水利工程，推进物联网试验示范和遥感技术应用。

（二）实施质量兴农战略

制定和实施国家质量兴农战略规划，建立健全质量兴农评价

体系、政策体系、工作体系和考核体系。深入推进农业绿色化、优质化、特色化、品牌化，调整优化农业生产力布局，推动农业由增产导向转向提质导向。推进特色农产品优势区创建，建设现代农业产业园、农业科技园。实施产业兴村强县行动，推行标准化生产，培育农产品品牌，保护地理标志农产品，打造"一村一品"、"一县一业"发展新格局。加快发展现代高效林业，实施兴林富民行动，推进森林生态标志产品建设工程。加强植物病虫害、动物疫病防控体系建设。优化养殖业空间布局，大力发展绿色生态健康养殖，做大做强民族奶业。统筹海洋渔业资源开发，科学布局近远海养殖和远洋渔业，建设现代化海洋牧场。建立产学研融合的农业科技创新联盟，加强农业绿色生态、提质增效技术研发应用。切实发挥农垦在质量兴农中的带动引领作用。实施食品安全战略，完善农产品质量和食品安全标准体系，加强农业投入品和农产品质量安全追溯体系建设，健全农产品质量和食品安全监管体制，重点提高基层监管能力。

（三）构建农村一二三产业融合发展体系

大力开发农业多种功能，延长产业链、提升价值链、完善利益链，通过保底分红、股份合作、利润返还等多种形式，让农民合理分享全产业链增值收益。实施农产品加工业提升行动，鼓励企业兼并重组，淘汰落后产能，支持主产区农产品就地加工转化增值。重点解决农产品销售中的突出问题，加强农产品产后分级、包装、营销，建设现代化农产品冷链仓储物流体系，打造农产品销售公共服务平台，支持供销、邮政及各类企业把服务网点延伸到乡村，健全农产品产销稳定衔接机制，大力建设具有广泛性的促进农村电子商务发展的基础设施，鼓励支持各类市场主体创新发展基于互联网的新型农业产业模式，深入实施电子商务进农村综合示范，加快推进农村流通现代化。实施休闲农业和乡村旅游精品工程，建设一批设施完备、功能多样的休闲观光园区、森林人家、康养基地、乡村民宿、特色小镇。对利用闲置农房发展民宿、养老等项目，研究出台消防、特种行业经营等领域便利市场准入、加强事中事后监管的管理办法。发展乡村共享经济、创意农业、特色文化产业。

（四）构建农业对外开放新格局

优化资源配置，着力节本增效，提高我国农产品国际竞争力。实施特色优势农产品出口提升行动，扩大高附加值农产品出口。建立健全我国农业贸易政策体系。深化与"一带一路"沿线国家和地区农产品贸易关系。积极支持农业走出去，培育具有国际竞争力的大粮商和农业企业集团。积极参与全球粮食安全治理和农业贸易规则制定，促进形成更加公平合理的农业国际贸易秩序。进一步加大农产品反走私综合治理力度。

（五）促进小农户和现代农业发展有机衔接

统筹兼顾培育新型农业经营主体和扶持小农户，采取有针对性的措施，把小农生产引入现代农业发展轨道。培育各类专业化市场化服务组织，推进农业生产全程社会化服务，帮助小农户节本增效。发展多样化的联合与合作，提升小农户组织化程度。注重发挥新型农业经营主体带动作用，打造区域公用品牌，开展农超对接、农社对接，帮助小农户对接市场。扶持小农户发展生态农业、设施农业、体验农业、定制农业，提高产品档次和附加值，拓展增收空间。改善小农户生产设施条件，提升小农户抗风险能力。研究制定扶持小农生产的政策意见。

四、推进乡村绿色发展，打造人与自然和谐共生发展新格局

乡村振兴，生态宜居是关键。良好生态环境是农村最大优势和宝贵财富。必须尊重自然、顺应自然、保护自然，推动乡村自然资本加快增值，实现百姓富、生态美的统一。

（一）统筹山水林田湖草系统治理

把山水林田湖草作为一个生命共同体，进行统一保护、统一修复。实施重要生态系统保护和修复工程。健全耕地草原森林河流湖泊休养生息制度，分类有序退出超载的边际产能。扩大耕地轮作休耕制度试点。科学划定江河湖海限捕、禁捕区域，健全水生生态保护修复制度。实行水资源消耗总量和强度双控行动。开展河湖水系连通和农村河塘清淤整治，全面推行河长制、湖长制。加大农业水价综合改革工作力度。开展国土绿化行动，推进荒漠化、石漠化、水土流失综合治理。强化湿地保护和恢复，继续开展退耕还湿。完善天然林保护制度，把所有天然林都纳入保护范围。扩大退耕还林还草、退牧还草，建立成果巩固长效机制。继续实施三北防护林体系建设等林业重点工程，实施森林质量精准提升工程。继续实施草原生态保护补助奖励政策。实施生物多样性保护重大工程，有效防范外来生物入侵。

（二）加强农村突出环境问题综合治理

加强农业面源污染防治，开展农业绿色发展行动，实现投入品减量化、生产清洁化、废弃物资源化、产业模式生态化。推进有机肥替代化肥、畜禽粪污处理、农作物秸秆综合利用、废弃农膜回收、病虫害绿色防控。加强农村水环境治理和农村饮用水水源保护，实施农村生态清洁小流域建设。扩大华北地下水超采区综合治理范围。推进重金属污染耕地防控和修复，开展土壤污染治理与修复技术应用试点，加大东北黑土地保护力度。实施流域环境和近岸海域综合治理。严禁工业和城镇污染向农业农村转移。加强农村环境监管能力建设，落实县乡两级农村环境保护主体责任。

（三）建立市场化多元化生态补偿机制

落实农业功能区制度，加大重点生态功能区转移支付力度，完善生态保护成效与资金分配挂钩的激励约束机制。鼓励地方在重点生态区位推行商品林赎买制度。健全地区间、流域上下游之间横向生态保护补偿机制，探索建立生态产品购买、森林碳汇等市场化补偿制度。建立长江流域重点水域禁捕补偿制度。推行生态建设和保护以工代赈做法，提供更多生态公益岗位。

（四）增加农业生态产品和服务供给

正确处理开发与保护的关系，运用现代科技和管理手段，将乡村生态优势转化为发展生态经济的优势，提供更多更好的绿色生态产品和服务，促进生态和经济良性循环。加快发展森林草原旅游、河湖湿地观光、冰雪海上运动、野生动物驯养观赏等产业，积极开发观光农业、游憩休闲、健康养生、生态教育等服务。创建一批特色生态旅游示范村镇和精品线路，打造绿色生态环保的乡村生态旅游产业链。

五、繁荣兴盛农村文化，焕发乡风文明新气象

乡村振兴，乡风文明是保障。必须坚持物质文明和精神文明一起抓，提升农民精神风貌，培育文明乡风、良好家风、淳朴民风，不断提高乡村社会文明程度。

（一）加强农村思想道德建设

以社会主义核心价值观为引领，坚持教育引导、实践养成、制度保障三管齐下，采取符合农村特点的有效方式，深化中国特色社会主义和中国梦宣传教育，大力弘扬民族精神和时代精神。加强爱国主义、集体主义、社会主义教育，深化民族团结进步教育，加强农村思想文化阵地建设。深入实施公民道德建设工程，挖掘农村传统道德教育资源，推进社会公德、职业道德、家庭美德、个人品德建设。推进诚信建设，强化农民的社会责任意识、规则意识、集体意识、主人翁意识。

（二）传承发展提升农村优秀传统文化

立足乡村文明，吸取城市文明及外来文化优秀成果，在保护传承的基础上，创造性转化、创新性发展，不断赋予时代内涵、丰富表现形式。切实保护好优秀农耕文化遗产，推动优秀农耕文化遗产合理适度利用。深入挖掘农耕文化蕴含的优秀思想观念、人文精神、道德规范，充分发挥其在凝聚人心、教化群众、淳化民风中的重要作用。划定乡村建设的历史文化保护线，保护好文物古迹、传统村落、民族村寨、传统建筑、农业遗迹、灌溉工程遗产。支持农村地区优秀戏曲曲艺、少数民族文化、民间文化等传承发展。

（三）加强农村公共文化建设

按照有标准、有网络、有内容、有人才的要求，健全乡村公共文化服务体系。发挥县级公共文化机构辐射作用，推进基层综合性文化服务中心建设，实现乡村两级公共文化服务全覆盖，提升服务效能。深入推进文化惠民，公共文化资源要重点向乡村倾斜，提供更多更好的农村公共文化产品和服务。支持"三农"题材文艺创作生产，鼓励文艺工作者不断推出反映农民生产生活尤其是乡村振兴实践的优秀文艺作品，充分展示新时代农村农民的精神面貌。培育挖掘乡土文化本土人才，开展文化结对帮扶，引导社会各界人士投身乡村文化建设。活跃繁荣农村文化市场，丰富农村文化业态，加强农村文化市场监管。

（四）开展移风易俗行动

广泛开展文明村镇、星级文明户、文明家庭等群众性精神文明创建活动。遏制大操大办、厚葬薄养、人情攀比等陈规陋习。加强无神论宣传教育，丰富农民群众精神文化生活，抵制封建迷信活动。深化农村殡葬改革。加强农村科普工作，提高农民科学文化素养。

六、加强农村基层基础工作，构建乡村治理新体系

乡村振兴，治理有效是基础。必须把夯实基层基础作为固本之策，建立健全党委领导、政府负责、社会协同、公众参与、法治保障的现代乡村社会治理体制，坚持自治、法治、德治相结合，确保乡村社会充满活力、和谐有序。

（一）加强农村基层党组织建设

扎实推进抓党建促乡村振兴，突出政治功能，提升组织力，抓乡促村，把农村基层党组织建成坚强战斗堡垒。强化农村基层党组织领导核心地位，创新组织设置和活动方式，持续整顿软弱涣散村党组织，稳妥有序开展不合格党员处置工作，着力引导农村党员发挥先锋模范作用。建立选派第一书记工作长效机制，全面向贫困村、软弱涣散村和集体经济薄弱村党组织派出第一书记。实施农村带头人队伍整体优化提升行动，注重吸引高校毕业生、农民工、机关企事业单位优秀党员干部到村任职，选优配强村党组织书记。健全从优秀村党组织书记中选拔乡镇领导干部、考录乡镇机关公务员、招聘乡镇事业编制人员制度。加大在优秀青年农民中发展党员力度。建立农村党员定期培训制度。全面落实村级组织运转经费保障政策。推行村级小微权力清单制度，加大基层小微权力腐败惩处力度。严厉整治惠农补贴、集体资产管理、土地征收等领域侵害农民利益的不正之风和腐败问题。

（二）深化村民自治实践

坚持自治为基，加强农村群众性自治组织建设，健全和创新村党组织领导的充满活力的村民自治机制。推动村党组织书记通过选举担任村委会主任。发挥自治章程、村规民约的积极作用。全面建立健全村务监督委员会，推行村级事务阳光工程。依托村民会议、村民代表会议、村民议事会、村民理事会、村民监事会

等，形成民事民议、民事民办、民事民管的多层次基层协商格局。积极发挥新乡贤作用。推动乡村治理重心下移，尽可能把资源、服务、管理下放到基层。继续开展以村民小组或自然村为基本单元的村民自治试点工作。加强农村社区治理创新。创新基层管理体制机制，整合优化公共服务和行政审批职责，打造"一门式办理"、"一站式服务"的综合服务平台。在村庄普遍建立网上服务站点，逐步形成完善的乡村便民服务体系。大力培育服务性、公益性、互助性农村社会组织，积极发展农村社会工作和志愿服务。集中清理上级对村级组织考核评比多、创建达标多、检查督查多等突出问题。维护村民委员会、农村集体经济组织、农村合作经济组织的特别法人地位和权利。

（三）建设法治乡村

坚持法治为本，树立依法治理理念，强化法律在维护农民权益、规范市场运行、农业支持保护、生态环境治理、化解农村社会矛盾等方面的权威地位。增强基层干部法治观念、法治为民意识，将政府涉农各项工作纳入法治化轨道。深入推进综合行政执法改革向基层延伸，创新监管方式，推动执法队伍整合、执法力量下沉，提高执法能力和水平。建立健全乡村调解、县市仲裁、司法保障的农村土地承包经营纠纷调处机制。加大农村普法力度，提高农民法治素养，引导广大农民增强尊法学法守法用法意识。健全农村公共法律服务体系，加强对农民的法律援助和司法救助。

（四）提升乡村德治水平

深入挖掘乡村熟人社会蕴含的道德规范，结合时代要求进行创新，强化道德教化作用，引导农民向上向善、孝老爱亲、重义守信、勤俭持家。建立道德激励约束机制，引导农民自我管理、自我教育、自我服务、自我提高，实现家庭和睦、邻里和谐、干群融洽。广泛开展好媳妇、好儿女、好公婆等评选表彰活动，开展寻找最美乡村教师、医生、村官、家庭等活动。深入宣传道德模范、身边好人的典型事迹，弘扬真善美，传播正能量。

（五）建设平安乡村

健全落实社会治安综合治理领导责任制，大力推进农村社会治安防控体系建设，推动社会治安防控力量下沉。深入开展扫黑除恶专项斗争，严厉打击农村黑恶势力、宗族恶势力，严厉打击黄、赌、毒、盗、拐、骗等违法犯罪。依法加大对农村非法宗教活动和境外渗透活动打击力度，依法制止利用宗教干预农村公共事务，继续整治农村乱建庙宇、滥塑宗教造像。完善县乡村三级综治中心功能和运行机制。健全农村公共安全体系，持续开展农村安全隐患治理。加强农村警务、消防、安全生产工作，坚决遏制重特大安全事故。探索以网格化管理为抓手、以现代信息技术为支撑，实现基层服务和管理精细化精准化。推进农村"雪亮工程"建设。

七、提高农村民生保障水平，塑造美丽乡村新风貌

乡村振兴，生活富裕是根本。要坚持人人尽责、人人享有，按照抓重点、补短板、强弱项的要求，围绕农民群众最关心最直接最现实的利益问题，一件事情接着一件事情办，一年接着一年干，把乡村建设成为幸福美丽新家园。

（一）优先发展农村教育事业

高度重视发展农村义务教育，推动建立以城带乡、整体推进、城乡一体、均衡发展的义务教育发展机制。全面改善薄弱学校基本办学条件，加强寄宿制学校建设。实施农村义务教育学生营养改善计划。发展农村学前教育。推进农村普及高中阶段教育，支持教育基础薄弱县普通高中建设，加强职业教育，逐步分类推进中等职业教育免除学杂费。健全学生资助制度，使绝大多数农村新增劳动力接受高中阶段教育、更多接受高等教育。把农村需要

的人群纳入特殊教育体系。以市县为单位，推动优质学校辐射农村薄弱学校常态化。统筹配置城乡师资，并向乡村倾斜，建好建强乡村教师队伍。

（二）促进农村劳动力转移就业和农民增收

健全覆盖城乡的公共就业服务体系，大规模开展职业技能培训，促进农民工多渠道转移就业，提高就业质量。深化户籍制度改革，促进有条件、有意愿、在城镇有稳定就业和住所的农业转移人口在城镇有序落户，依法平等享受城镇公共服务。加强扶持引导服务，实施乡村就业创业促进行动，大力发展文化、科技、旅游、生态等乡村特色产业，振兴传统工艺。培育一批家庭工场、手工作坊、乡村车间，鼓励在乡村地区兴办环境友好型企业，实现乡村经济多元化，提供更多就业岗位。拓宽农民增收渠道，鼓励农民勤劳守法致富，增加农村低收入者收入，扩大农村中等收入群体，保持农村居民收入增速快于城镇居民。

（三）推动农村基础设施提档升级

继续把基础设施建设重点放在农村，加快农村公路、供水、供气、环保、电网、物流、信息、广播电视等基础设施建设，推动城乡基础设施互联互通。以示范县为载体全面推进"四好农村路"建设，加快实施通村组硬化路建设。加大成品油消费税转移支付资金用于农村公路养护力度。推进节水供水重大水利工程，实施农村饮水安全巩固提升工程。加快新一轮农村电网改造升级，制定农村通动力电规划，推进农村可再生能源开发利用。实施数字乡村战略，做好整体规划设计，加快农村地区宽带网络和第四代移动通信网络覆盖步伐，开发适应"三农"特点的信息技术、产品、应用和服务，推动远程医疗、远程教育等应用普及，弥合城乡数字鸿沟。提升气象为农服务能力。加强农村防灾减灾救灾能力建设。抓紧研究提出深化农村公共基础设施管护体制改革指导意见。

（四）加强农村社会保障体系建设

完善统一的城乡居民基本医疗保险制度和大病保险制度，做好农民重特大疾病救助工作。巩固城乡居民医保全国异地就医联网直接结算。完善城乡居民基本养老保险制度，建立城乡居民基本养老保险待遇确定和基础养老金标准正常调整机制。统筹城乡社会救助体系，完善最低生活保障制度，做好农村社会救助兜底工作。将进城落户农业转移人口全部纳入城镇住房保障体系。构建多层次农村养老保障体系，创新多元化照料服务模式。健全农村留守儿童和妇女、老年人以及困境儿童关爱服务体系。加强和改善农村残疾人服务。

（五）推进健康乡村建设

强化农村公共卫生服务，加强慢性病综合防控，大力推进农村地区精神卫生、职业病和重大传染病防治。完善基本公共卫生服务项目补助政策，加强基层医疗卫生服务体系建设，支持乡镇卫生院和村卫生室改善条件。加强乡村中医药服务。开展和规范家庭医生签约服务，加强妇幼、老人、残疾人等重点人群健康服务。倡导优生优育。深入开展乡村爱国卫生运动。

（六）持续改善农村人居环境

实施农村人居环境整治三年行动计划，以农村垃圾、污水治理和村容村貌提升为主攻方向，整合各种资源，强化各种举措，稳步有序推进农村人居环境突出问题治理。坚持不懈推进农村"厕所革命"，大力开展农村户用卫生厕所建设和改造，同步实施粪污治理，加快实现农村无害化卫生厕所全覆盖，努力补齐影响农民群众生活品质的短板。总结推广适用不同地区的农村污水治理模式，加强技术支撑和指导。深入推进农村环境综合整治。推进北方地区农村散煤替代，有条件的地方有序推进煤改气、煤改电和新能源利用。逐步建立农村低收入群体安全住房保障机制。

强化新建农房规划管控，加强"空心村"服务管理和改造。保护保留乡村风貌，开展田园建筑示范，培养乡村传统建筑名匠。实施乡村绿化行动，全面保护古树名木。持续推进宜居宜业的美丽乡村建设。

八、打好精准脱贫攻坚战，增强贫困群众获得感

乡村振兴，摆脱贫困是前提。必须坚持精准扶贫、精准脱贫，把提高脱贫质量放在首位，既不降低扶贫标准，也不吊高胃口，采取更加有力的举措、更加集中的支持、更加精细的工作，坚决打好精准脱贫这场对全面建成小康社会具有决定性意义的攻坚战。

（一）瞄准贫困人口精准帮扶

对有劳动能力的贫困人口，强化产业和就业扶持，着力做好产销衔接、劳务对接，实现稳定脱贫。有序推进易地扶贫搬迁，让搬迁群众搬得出、稳得住、能致富。对完全或部分丧失劳动能力的特殊贫困人口，综合实施保障性扶贫政策，确保病有所医、残有所助、生活有兜底。做好农村最低生活保障工作的动态化精细化管理，把符合条件的贫困人口全部纳入保障范围。

（二）聚焦深度贫困地区集中发力

全面改善贫困地区生产生活条件，确保实现贫困地区基本公共服务主要指标接近全国平均水平。以解决突出制约问题为重点，以重大扶贫工程和到村到户帮扶为抓手，加大政策倾斜和扶贫资金整合力度，着力改善深度贫困地区发展条件，增强贫困农户发展能力，重点攻克深度贫困地区脱贫任务。新增脱贫攻坚资金项目主要投向深度贫困地区，增加金融投入对深度贫困地区的支持，新增建设用地指标优先保障深度贫困地区发展用地需要。

（三）激发贫困人口内生动力

把扶贫同扶志、扶智结合起来，把救急纾困和内生脱贫结合起来，提升贫困群众发展生产和务工经商的基本技能，实现可持续稳固脱贫。引导贫困群众克服等靠要思想，逐步消除精神贫困。要打破贫困均衡，促进形成自强自立、争先脱贫的精神风貌。改进帮扶方式方法，更多采用生产奖补、劳务补助、以工代赈等机制，推动贫困群众通过自己的辛勤劳动脱贫致富。

（四）强化脱贫攻坚责任和监督

坚持中央统筹省负总责市县抓落实的工作机制，强化党政一把手负总责的责任制。强化县级党委作为全县脱贫攻坚总指挥部的关键作用，脱贫攻坚期内贫困县县级党政正职要保持稳定。开展扶贫领域腐败和作风问题专项治理，切实加强扶贫资金管理，对挪用和贪污扶贫款项的行为严惩不贷。将2018年作为脱贫攻坚作风建设年，集中力量解决突出作风问题。科学确定脱贫摘帽时间，对弄虚作假、搞数字脱贫的严肃查处。完善扶贫督查巡查、考核评估办法，除党中央、国务院统一部署外，各部门一律不准再组织其他检查考评。严格控制各地开展增加一线扶贫干部负担的各类检查考评，切实给基层减轻工作负担。关心爱护战斗在扶贫第一线的基层干部，制定激励政策，为他们工作生活排忧解难，保护和调动他们的工作积极性。做好实施乡村振兴战略与打好精准脱贫攻坚战的有机衔接。制定坚决打好精准脱贫攻坚战三年行动指导意见。研究提出持续减贫的意见。

九、推进体制机制创新，强化乡村振兴制度性供给

实施乡村振兴战略，必须把制度建设贯穿其中。要以完善产权制度和要素市场化配置为重点，激活主体、激活要素、激活市场，着力增强改革的系统性、整体性、协同性。

（一）巩固和完善农村基本经营制度

落实农村土地承包关系稳定并长久不变政策，衔接落实好第二轮土地承包到期后再延长30年的政策，让农民吃上长效"定心丸"。全面完成土地承包经营权确权登记颁证工作，实现承包土地信息联通共享。完善农村承包地"三权分置"制度，在依法保护集体土地所有权和农户承包权前提下，平等保护土地经营权。农村承包土地经营权可以依法向金融机构融资担保、入股从事农业产业化经营。实施新型农业经营主体培育工程，培育发展家庭农场、合作社、龙头企业、社会化服务组织和农业产业化联合体，发展多种形式适度规模经营。

（二）深化农村土地制度改革

系统总结农村土地征收、集体经营性建设用地入市、宅基地制度改革试点经验，逐步扩大试点，加快土地管理法修改，完善农村土地利用管理政策体系。扎实推进房地一体的农村集体建设用地和宅基地使用权确权登记颁证。完善农民闲置宅基地和闲置农房政策，探索宅基地所有权、资格权、使用权"三权分置"，落实宅基地集体所有权，保障宅基地农户资格权和农民房屋财产权，适度放活宅基地和农民房屋使用权，不得违规违法买卖宅基地，严格实行土地用途管制，严格禁止下乡利用农村宅基地建设别墅大院和私人会馆。在符合土地利用总体规划前提下，允许县级政府通过村土地利用规划，调整优化村庄用地布局，有效利用农村零星分散的存量建设用地；预留部分规划建设用地指标用于单独选址的农业设施和休闲旅游设施等建设。对利用收储农村闲置建设用地发展农村新产业新业态的，给予新增建设用地指标奖励。进一步完善设施农用地政策。

（三）深入推进农村集体产权制度改革

全面开展农村集体资产清产核资、集体成员身份确认，加快推进集体经营性资产股份合作制改革。推动资源变资产、资金变股金、农民变股东，探索农村集体经济新的实现形式和运行机制。坚持农村集体产权制度改革正确方向，发挥村党组织对集体经济组织的领导核心作用，防止内部少数人控制和外部资本侵占集体资产。维护进城落户农民土地承包权、宅基地使用权、集体收益分配权，引导进城落户农民依法自愿有偿转让上述权益。研究制定农村集体经济组织法，充实农村集体产权权能。全面深化供销合作社综合改革，深入推进集体林权、水利设施产权等领域改革，做好农村综合改革、农村改革试验区等工作。

（四）完善农业支持保护制度

以提升农业质量效益和竞争力为目标，强化绿色生态导向，创新完善政策工具和手段，扩大"绿箱"政策的实施范围和规模，加快建立新型农业支持保护政策体系。深化农产品收储制度和价格形成机制改革，加快培育多元市场购销主体，改革完善中央储备粮管理体制。通过完善拍卖机制、定向销售、包干销售等，加快消化政策性粮食库存。落实和完善对农民直接补贴制度，提高补贴效能。健全粮食主产区利益补偿机制。探索开展稻谷、小麦、玉米三大粮食作物完全成本保险和收入保险试点，加快建立多层次农业保险体系。

十、汇聚全社会力量，强化乡村振兴人才支撑

实施乡村振兴战略，必须破解人才瓶颈制约。要把人力资本开发放在首要位置，畅通智力、技术、管理下乡通道，造就更多乡土人才，聚天下人才而用之。

（一）大力培育新型职业农民

全面建立职业农民制度，完善配套政策体系。实施新型职业农民培育工程。支持新型职业农民通过弹性学制参加中高等农业

职业教育。创新培训机制，支持农民专业合作社、专业技术协会、龙头企业等主体承担培训。引导符合条件的新型职业农民参加城镇职工养老、医疗等社会保障制度。鼓励各地开展职业农民职称评定试点。

（二）加强农村专业人才队伍建设

建立县域专业人才统筹使用制度，提高农村专业人才服务保障能力。推动人才管理职能部门简政放权，保障和落实基层用人主体自主权。推行乡村教师"县管校聘"。实施好边远贫困地区、边疆民族地区和革命老区人才支持计划，继续实施"三支一扶"、特岗教师计划等，组织实施高校毕业生基层成长计划。支持地方高等学校、职业院校综合利用教育培训资源，灵活设置专业（方向），创新人才培养模式，为乡村振兴培养专业化人才。扶持培养一批农业职业经理人、经纪人、乡村工匠、文化能人、非遗传承人等。

（三）发挥科技人才支撑作用

全面建立高等院校、科研院所等事业单位专业技术人员到乡村和企业挂职、兼职和离岗创新创业制度，保障其在职称评定、工资福利、社会保障等方面的权益。深入实施农业科研杰出人才计划和杰出青年农业科学家项目。健全种业等领域科研人员以知识产权明晰为基础、以知识价值为导向的分配政策。探索公益性和经营性农技推广融合发展机制，允许农技人员通过提供增值服务合理取酬。全面实施农技推广服务特聘计划。

（四）鼓励社会各界投身乡村建设

建立有效激励机制，以乡情乡愁为纽带，吸引支持企业家、党政干部、专家学者、医生教师、规划师、建筑师、律师、技能人才等，通过下乡担任志愿者、投资兴业、包村包项目、行医办学、捐资捐物、法律服务等方式服务乡村振兴事业。研究制定管理办法，允许符合要求的公职人员回乡任职。吸引更多人才投身现代农业，培养造就新农民。加快制定鼓励引导工商资本参与乡村振兴的指导意见，落实和完善融资贷款、配套设施建设补助、税费减免、用地等扶持政策，明确政策边界，保护好农民利益。发挥工会、共青团、妇联、科协、残联等群团组织的优势和力量，发挥各民主党派、工商联、无党派人士等积极作用，支持农村产业发展、生态环境保护、乡风文明建设、农村弱势群体关爱等。实施乡村振兴"巾帼行动"。加强对下乡组织和人员的管理服务，使之成为乡村振兴的建设性力量。

（五）创新乡村人才培育引进使用机制

建立自主培养与人才引进相结合，学历教育、技能培训、实践锻炼等多种方式并举的人力资源开发机制。建立城乡、区域、校地之间人才培养合作与交流机制。全面建立城市医生教师、科技文化人员等定期服务乡村机制。研究制定鼓励城市专业人才参与乡村振兴的政策。

十一、开拓投融资渠道，强化乡村振兴投入保障

实施乡村振兴战略，必须解决钱从哪里来的问题。要健全投入保障制度，创新投融资机制，加快形成财政优先保障、金融重点倾斜、社会积极参与的多元投入格局，确保投入力度不断增强、总量持续增加。

（一）确保财政投入持续增长

建立健全实施乡村振兴战略财政投入保障制度，公共财政更大力度向"三农"倾斜，确保财政投入与乡村振兴目标任务相适应。优化财政供给结构，推进行业内资金整合与行业间资金统筹相互衔接配合，增加地方自主统筹空间，加快建立涉农资金统筹整合长效机制。充分发挥财政资金的引导作用，撬动金融和社会

资本更多投向乡村振兴。切实发挥全国农业信贷担保体系作用，通过财政担保费率补助和以奖代补等，加大对新型农业经营主体支持力度。加快设立国家融资担保基金，强化担保融资增信功能，引导更多金融资源支持乡村振兴。支持地方政府发行一般债券用于支持乡村振兴、脱贫攻坚领域的公益性项目。稳步推进地方政府专项债券管理改革，鼓励地方政府试点发行项目融资和收益自平衡的专项债券，支持符合条件、有一定收益的乡村公益性项目建设。规范地方政府举债融资行为，不得借乡村振兴之名违法违规变相举债。

（二）拓宽资金筹集渠道

调整完善土地出让收入使用范围，进一步提高农业农村投入比例。严格控制未利用地开垦，集中力量推进高标准农田建设。改进耕地占补平衡管理办法，建立高标准农田建设等新增耕地指标和城乡建设用地增减挂钩节余指标跨省域调剂机制，将所得收益通过支出预算全部用于巩固脱贫攻坚成果和支持实施乡村振兴战略。推广一事一议、以奖代补等方式，鼓励农民对直接受益的乡村基础设施建设投工投劳，让农民更多参与建设管护。

（三）提高金融服务水平

坚持农村金融改革发展的正确方向，健全适合农业农村特点的农村金融体系，推动农村金融机构回归本源，把更多金融资源配置到农村经济社会发展的重点领域和薄弱环节，更好满足乡村振兴多样化金融需求。要强化金融服务方式创新，防止脱实向虚倾向，严格管控风险，提高金融服务乡村振兴能力和水平。抓紧出台金融服务乡村振兴的指导意见。加大中国农业银行、中国邮政储蓄银行"三农"金融事业部对乡村振兴支持力度。明确国家开发银行、中国农业发展银行在乡村振兴中的职责定位，强化金融服务方式创新，加大对乡村振兴中长期信贷支持。推动农村信用社省联社改革，保持农村信用社县域法人地位和数量总体稳定，完善村镇银行准入条件，地方法人金融机构要服务好乡村振兴。普惠金融重点要放在乡村。推动出台非存款类放贷组织条例。制定金融机构服务乡村振兴考核评估办法。支持符合条件的涉农企业发行上市、新三板挂牌和融资、并购重组，深入推进农产品期货期权市场建设，稳步扩大"保险+期货"试点，探索"订单农业+保险+期货（权）"试点。改进农村金融差异化监管体系，强化地方政府金融风险防范处置责任。

十二、坚持和完善党对"三农"工作的领导

实施乡村振兴战略是党和国家的重大决策部署，各级党委和政府要提高对实施乡村振兴战略重大意义的认识，真正把实施乡村振兴战略摆在优先位置，把党管农村工作的要求落到实处。

（一）完善党的农村工作领导体制机制

各级党委和政府要坚持工业农业一起抓、城市农村一起抓，把农业农村优先发展原则体现到各个方面。健全党委统一领导、政府负责、党委农村工作部门统筹协调的农村工作领导体制。建立实施乡村振兴战略领导责任制，实行中央统筹省负总责市县抓落实的工作机制。党政一把手是第一责任人，五级书记抓乡村振兴。县委书记要下大气力抓好"三农"工作，当好乡村振兴"一线总指挥"。各部门要按照职责，加强工作指导，强化资源要素支持和制度供给，做好协同配合，形成乡村振兴工作合力。切实加强各级党委农村工作部门建设，按照《中国共产党工作机关条例（试行）》有关规定，做好党的农村工作机构设置和人员配置工作，充分发挥决策参谋、统筹协调、政策指导、推动落实、督导检查等职能。各省（自治区、直辖市）党委和政府每年要向党中央、国务院报告推进实施乡村振兴战略进展情况。建立市县党政领导班子和领导干部推进乡村振兴战略的实绩考核制度，将考核结果作为选拔任用领导干部的重要依据。

（二）研究制定中国共产党农村工作条例

根据坚持党对一切工作的领导的要求和新时代"三农"工作新形势新任务新要求，研究制定中国共产党农村工作条例，把党领导农村工作的传统、要求、政策等以党内法规形式确定下来，明确加强对农村工作领导的指导思想、原则要求、工作范围和对象、主要任务、机构职责、队伍建设等，完善领导体制和工作机制，确保乡村振兴战略有效实施。

（三）加强"三农"工作队伍建设

把懂农业、爱农村、爱农民作为基本要求，加强"三农"工作干部队伍培养、配备、管理、使用。各级党委和政府主要领导干部要懂"三农"工作、会抓"三农"工作，分管领导要真正成为"三农"工作行家里手。制定并实施培训计划，全面提升"三农"干部队伍能力和水平。拓宽县级"三农"工作部门和乡镇干部来源渠道。把到农村一线工作锻炼作为培养干部的重要途径，注重提拔使用实绩优秀的干部，形成人才向农村基层一线流动的用人导向。

（四）强化乡村振兴规划引领

制定国家乡村振兴战略规划（2018—2022年），分别明确至2020年全面建成小康社会和2022年召开党的二十大时的目标任务，细化实化工作重点和政策措施，部署若干重大工程、重大计划、重大行动。各地区各部门要编制乡村振兴地方规划和专项规划或方案。加强各类规划的统筹管理和系统衔接，形成城乡融合、区域一体、多规合一的规划体系。根据发展现状和需要分类有序推进乡村振兴，对具备条件的村庄，要加快推进城镇基础设施和公共服务向农村延伸；对自然历史文化资源丰富的村庄，要统筹兼顾保护与发展；对生存条件恶劣、生态环境脆弱的村庄，要加大力度实施生态移民搬迁。

（五）强化乡村振兴法治保障

抓紧研究制定乡村振兴法的有关工作，把行之有效的乡村振兴政策法定化，充分发挥立法在乡村振兴中的保障和推动作用。及时修改和废止不适应的法律法规。推进粮食安全保障立法。各地可以从本地乡村发展实际需要出发，制定促进乡村振兴的地方性法规、地方政府规章。加强乡村统计工作和数据开发应用。

（六）营造乡村振兴良好氛围

凝聚全党全国全社会振兴乡村强大合力，宣传党的乡村振兴方针政策和各地丰富实践，振奋基层干部群众精神。建立乡村振兴专家决策咨询制度，组织智库加强理论研究。促进乡村振兴国际交流合作，讲好乡村振兴中国故事，为世界贡献中国智慧和中国方案。

让我们更加紧密地团结在以习近平同志为核心的党中央周围，高举中国特色社会主义伟大旗帜，以习近平新时代中国特色社会主义思想为指导，迎难而上、埋头苦干、开拓进取，为决胜全面建成小康社会、夺取新时代中国特色社会主义伟大胜利作出新的贡献！

中共中央　国务院印发
《乡村振兴战略规划（2018—2022年）》

新华社北京9月26日电　近日，中共中央、国务院印发了《乡村振兴战略规划（2018—2022年）》，并发出通知，要求各地区各部门结合实际认真贯彻落实。

《乡村振兴战略规划（2018—2022年）》主要内容如下。

前　言

党的十九大提出实施乡村振兴战略，是以习近平同志为核心的党中央着眼党和国家事业全局，深刻把握现代化建设规律和城乡关系变化特征，顺应亿万农民对美好生活的向往，对"三农"工作作出的重大决策部署，是决胜全面建成小康社会、全面建设社会主义现代化国家的重大历史任务，是新时代做好"三农"工作的总抓手。从党的十九大到二十大，是"两个一百年"奋斗目标的历史交汇期，既要全面建成小康社会、实现第一个百年奋斗目标，又要乘势而上开启全面建设社会主义现代化国家新征程，向第二个百年奋斗目标进军。为贯彻落实党的十九大、中央经济工作会议、中央农村工作会议精神和政府工作报告要求，描绘好战略蓝图，强化规划引领，科学有序推动乡村产业、人才、文化、生态和组织振兴，根据《中共中央、国务院关于实施乡村振兴战略的意见》，特编制《乡村振兴战略规划（2018—2022年）》。

本规划以习近平总书记关于"三农"工作的重要论述为指导，按照产业兴旺、生态宜居、乡风文明、治理有效、生活富裕的总要求，对实施乡村振兴战略作出阶段性谋划，分别明确至2020年全面建成小康社会和2022年召开党的二十大时的目标任务，细化实化工作重点和政策措施，部署重大工程、重大计划、重大行动，确保乡村振兴战略落实落地，是指导各地区各部门分类有序推进乡村振兴的重要依据。

第　一　篇

党的十九大作出中国特色社会主义进入新时代的科学论断，提出实施乡村振兴战略的重大历史任务，在我国"三农"发展进程中具有划时代的里程碑意义，必须深入贯彻习近平新时代中国特色社会主义思想和党的十九大精神，在认真总结农业农村发展历史性成就和历史性变革的基础上，准确研判经济社会发展趋势和乡村演变发展态势，切实抓住历史机遇，增强责任感、使命感、紧迫感，把乡村振兴战略实施好。

第一章　重大意义

乡村是具有自然、社会、经济特征的地域综合体，兼具生产、生活、生态、文化等多重功能，与城镇互促互进、共生共存，共同构成人类活动的主要空间。乡村兴则国家兴，乡村衰则国家衰。我国人民日益增长的美好生活需要和不平衡不充分的发展之间的矛盾在乡村最为突出，我国仍处于并将长期处于社会主义初级阶段的特征很大程度上表现在乡村。全面建成小康社会和全面建设社会主义现代化强国，最艰巨最繁重的任务在农村，最广泛最深厚的基础在农村，最大的潜力和后劲也在农村。实施乡村振兴战略，是解决新时代我国社会主要矛盾、实现"两个一百年"奋斗目标和中华民族伟大复兴中国梦的必然要求，具有重大现实意义和深远历史意义。

实施乡村振兴战略是建设现代化经济体系的重要基础。农业是国民经济的基础，农村经济是现代化经济体系的重要组成部分。

乡村振兴，产业兴旺是重点。实施乡村振兴战略，深化农业供给侧结构性改革，构建现代农业产业体系、生产体系、经营体系，实现农村一二三产业深度融合发展，有利于推动农业从增产导向转向提质导向，增强我国农业创新力和竞争力，为建设现代化经济体系奠定坚实基础。

实施乡村振兴战略是建设美丽中国的关键举措。农业是生态产品的重要供给者，乡村是生态涵养的主体区，生态是乡村最大的发展优势。乡村振兴，生态宜居是关键。实施乡村振兴战略，统筹山水林田湖草系统治理，加快推行乡村绿色发展方式，加强农村人居环境整治，有利于构建人与自然和谐共生的乡村发展新格局，实现百姓富、生态美的统一。

实施乡村振兴战略是传承中华优秀传统文化的有效途径。中华文明根植于农耕文化，乡村是中华文明的基本载体。乡村振兴，乡风文明是保障。实施乡村振兴战略，深入挖掘农耕文化蕴含的优秀思想观念、人文精神、道德规范，结合时代要求在保护传承的基础上创造性转化、创新性发展，有利于在新时代焕发出乡风文明的新气象，进一步丰富和传承中华优秀传统文化。

实施乡村振兴战略是健全现代社会治理格局的固本之策。社会治理的基础在基层，薄弱环节在乡村。乡村振兴，治理有效是基础。实施乡村振兴战略，加强农村基层基础工作，健全乡村治理体系，确保广大农民安居乐业、农村社会安定有序，有利于打造共建共治共享的现代社会治理格局，推进国家治理体系和治理能力现代化。

实施乡村振兴战略是实现全体人民共同富裕的必然选择。农业强不强、农村美不美、农民富不富，关乎亿万农民的获得感、幸福感、安全感，关乎全面建成小康社会全局。乡村振兴，生活富裕是根本。实施乡村振兴战略，不断拓宽农民增收渠道，全面改善农村生产生活条件，促进社会公平正义，有利于增进农民福祉，让亿万农民走上共同富裕的道路，汇聚起建设社会主义现代化强国的磅礴力量。

第二章　振兴基础

党的十八大以来，面对我国经济发展进入新常态带来的深刻变化，以习近平同志为核心的党中央推动"三农"工作理论创新、实践创新、制度创新，坚持把解决好"三农"问题作为全党工作重中之重，切实把农业农村优先发展落到实处；坚持立足国内保证自给的方针，牢牢把握国家粮食安全主动权；坚持不断深化农村改革，激发农村发展新活力；坚持把推进农业供给侧结构性改革作为主线，加快提高农业供给质量；坚持绿色生态导向，推动农业农村可持续发展；坚持在发展中保障和改善民生，让广大农民有更多获得感；坚持遵循乡村发展规律，扎实推进生态宜居的美丽乡村建设；坚持加强和改善党对农村工作的领导，为"三农"发展提供坚强政治保障。这些重大举措和开创性工作，推动农业农村发展取得历史性成就、发生历史性变革，为党和国家事业全面开创新局面提供了有力支撑。

农业供给侧结构性改革取得新进展，农业综合生产能力明显增强，全国粮食总产量连续5年保持在1.2万亿斤[①]以上，农业结构不断优化，农村新产业新业态新模式蓬勃发展，农业生态环境恶化问题得到初步遏制，农业生产经营方式发生重大变化。农村改革取得新突破，农村土地制度、农村集体产权制度改革稳步推进，重要农产品收储制度改革取得实质性成效，农村创新创业和投资兴业蔚然成风，农村发展新动能加快成长。城乡发展一体化迈出新步伐，5年间8 000多万农业转移人口成为城镇居民，城乡居民收入相对差距缩小，农村消费持续增长，农民收入和生活水平明显提高。脱贫攻坚开创新局面，贫困地区农民收入增速持续快于全国平均水平，集中连片特困地区内生发展动力明显增强，过去5年累计6 800多万贫困人口脱贫。农村公共服务和社会事业达到新水平，农村基础设施建设不断加强，人居环境整治加快推进，教

[①]　1斤＝500克，下同。

育、医疗卫生、文化等社会事业快速发展，农村社会焕发新气象。

同时，应当清醒地看到，当前我国农业农村基础差、底子薄、发展滞后的状况尚未根本改变，经济社会发展中最明显的短板仍然在"三农"，现代化建设中最薄弱的环节仍然是农业农村。主要表现在：农产品阶段性供过于求和供给不足并存，农村一二三产业融合发展深度不够，农业供给质量和效益亟待提高；农民适应生产力发展和市场竞争的能力不足，农村人才匮乏；农村基础设施建设仍然滞后，农村环境和生态问题比较突出，乡村发展整体水平亟待提升；农村民生领域欠账较多，城乡基本公共服务和收入水平差距仍然较大，脱贫攻坚任务依然艰巨；国家支农体系相对薄弱，农村金融改革任务繁重，城乡之间要素合理流动机制亟待健全；农村基层基础工作存在薄弱环节，乡村治理体系和治理能力亟待强化。

第三章　发展态势

从2018年到2022年，是实施乡村振兴战略的第一个5年，既有难得机遇，又面临严峻挑战。从国际环境看，全球经济复苏态势有望延续，我国统筹利用国内国际两个市场两种资源的空间将进一步拓展，同时国际农产品贸易不稳定性不确定性仍然突出，提高我国农业竞争力、妥善应对国际市场风险任务紧迫。特别是我国作为人口大国，粮食及重要农产品需求仍将刚性增长，保障国家粮食安全始终是头等大事。从国内形势看，随着我国经济由高速增长阶段转向高质量发展阶段，以及工业化、城镇化、信息化深入推进，乡村发展将处于大变革、大转型的关键时期。居民消费结构加快升级，中高端、多元化、个性化消费需求将快速增长，加快推进农业由增产导向转向提质导向是必然要求。我国城镇化进入快速发展与质量提升的新阶段，城市辐射带动农村的能力进一步增强，但大量农民仍然生活在农村的国情不会改变，迫切需要重塑城乡关系。我国乡村差异显著，多样性分化的趋势仍将延续，乡村的独特价值和多元功能将进一步得到发掘和拓展，同时应对好村庄空心化和农村老龄化、延续乡村文化血脉、完善乡村治理体系的任务艰巨。

实施乡村振兴战略具备较好条件。有习近平总书记把舵定向，有党中央、国务院的高度重视、坚强领导、科学决策，实施乡村振兴战略写入党章，成为全党的共同意志，乡村振兴具有根本政治保障。社会主义制度能够集中力量办大事，强农惠农富农政策力度不断加大，农村土地集体所有制和双层经营体制不断完善，乡村振兴具有坚强制度保障。优秀农耕文明源远流长，寻根溯源的人文情怀和国人的乡村情结历久弥深，现代城市文明导入融汇，乡村振兴具有深厚文化土壤。国家经济实力和综合国力日益增强，对农业农村支持力度不断加大，农村生产生活条件加快改善，农民收入持续增长，乡村振兴具有雄厚物质基础。农业现代化和社会主义新农村建设取得历史性成就，各地积累了丰富的成功经验和做法，乡村振兴具有扎实工作基础。

实施乡村振兴战略，是党对"三农"工作一系列方针政策的继承和发展，是亿万农民的殷切期盼。必须抓住机遇，迎接挑战，发挥优势，顺势而为，努力开创农业农村发展新局面，推动农业全面升级、农村全面进步、农民全面发展，谱写新时代乡村全面振兴新篇章。

第二篇　总体要求

按照到2020年实现全面建成小康社会和分两个阶段实现第二个百年奋斗目标的战略部署，2018—2022年这5年间，既要在农村实现全面小康，又要为基本实现农业农村现代化开好局、起好步、打好基础。

第四章　指导思想和基本原则

第一节　指导思想

深入贯彻习近平新时代中国特色社会主义思想，深入贯彻党的十九大和十九届二中、三中全会精神，加强党对"三农"工作的全面领导，坚持稳中求进工作总基调，牢固树立新发展理念，落实高质量发展要求，紧紧围绕统筹推进"五位一体"总体布局和协调推进"四个全面"战略布局，坚持把解决好"三农"问题作为全党工作重中之重，坚持农业农村优先发展，按照产业兴旺、生态宜居、乡风文明、治理有效、生活富裕的总要求，建立健全城乡融合发展体制机制和政策体系，统筹推进农村经济建设、政治建设、文化建设、社会建设、生态文明建设和党的建设，加快推进乡村治理体系和治理能力现代化，加快推进农业农村现代化，走中国特色社会主义乡村振兴道路，让农业成为有奔头的产业，让农民成为有吸引力的职业，让农村成为安居乐业的美丽家园。

第二节　基本原则

——坚持党管农村工作。毫不动摇地坚持和加强党对农村工作的领导，健全党管农村工作方面的领导体制机制和党内法规，确保党在农村工作中始终总揽全局、协调各方，为乡村振兴提供坚强有力的政治保障。

——坚持农业农村优先发展。把实现乡村振兴作为全党的共同意志、共同行动，做到认识统一、步调一致，在干部配备上优先考虑，在要素配置上优先满足，在资金投入上优先保障，在公共服务上优先安排，加快补齐农业农村短板。

——坚持农民主体地位。充分尊重农民意愿，切实发挥农民在乡村振兴中的主体作用，调动亿万农民的积极性、主动性、创造性，把维护农民群众根本利益、促进农民共同富裕作为出发点和落脚点，促进农民持续增收，不断提升农民的获得感、幸福感、安全感。

——坚持乡村全面振兴。准确把握乡村振兴的科学内涵，挖掘乡村多种功能和价值，统筹谋划农村经济建设、政治建设、文化建设、社会建设、生态文明建设和党的建设，注重协同性、关联性，整体部署，协调推进。

——坚持城乡融合发展。坚决破除体制机制弊端，使市场在资源配置中起决定性作用，更好发挥政府作用，推动城乡要素自由流动、平等交换，推动新型工业化、信息化、城镇化、农业现代化同步发展，加快形成工农互促、城乡互补、全面融合、共同繁荣的新型工农城乡关系。

——坚持人与自然和谐共生。牢固树立和践行绿水青山就是金山银山的理念，落实节约优先、保护优先、自然恢复为主的方针，统筹山水林田湖草系统治理，严守生态保护红线，以绿色发展引领乡村振兴。

——坚持改革创新、激发活力。不断深化农村改革，扩大农业对外开放，激活主体、激活要素、激活市场，调动各方力量投身乡村振兴。以科技创新引领和支撑乡村振兴，以人才汇聚推动和保障乡村振兴，增强农业农村自我发展动力。

——坚持因地制宜、循序渐进。科学把握乡村的差异性和发展走势分化特征，做好顶层设计，注重规划先行、因势利导，分类施策、突出重点，体现特色、丰富多彩。既尽力而为，又量力而行，不搞层层加码，不搞一刀切，不搞形式主义和形象工程，久久为功，扎实推进。

第五章　发展目标

到2020年，乡村振兴的制度框架和政策体系基本形成，各地区各部门乡村振兴的思路举措得以确立，全面建成小康社会的目标如期实现。到2022年，乡村振兴的制度框架和政策体系初步健全。国家粮食安全保障水平进一步提高，现代农业体系初步构建，农业绿色发展全面推进；农村一二三产业融合发展格局初步形成，乡村产业加快发展，农民收入水平进一步提高，脱贫攻坚成果得到进一步巩固；农村基础设施条件持续改善，城乡统一的社会保障制度体系基本建立；农村人居环境显著改善，生态宜居的美丽乡村建设扎实推进；城乡融合发展体制机制初步建立，农村基本公共服务水平进一步提升；乡村优秀传统文化得以传承和发展，农民精神文化生活需求基本得到满足；以党组织为核心的农村基层组织建设明显加强，乡村治理能力进一步提升，现代乡村治理体系初步构建。探索形成一批各具特色的乡村振兴模式和经验，乡村振兴取得阶段性成果。

专栏1 乡村振兴战略规划主要指标

分类	序号	主要指标	单位	2016年基期值	2020年目标值	2022年目标值	2022年比2016年增加[累计提高百分点]	属性
产业兴旺	1	粮食综合生产能力	亿吨	>6	>6	>6	—	约束性
	2	农业科技进步贡献率	%	56.7	60	61.5	[4.8]	预期性
	3	农业劳动生产率	万元/人	3.1	4.7	5.5	2.4	预期性
	4	农产品加工产值与农业总产值比	—	2.2	2.4	2.5	0.3	预期性
	5	休闲农业和乡村旅游接待人次	亿人次	21	28	32	11	预期性
生态宜居	6	畜禽粪污综合利用率	%	60	75	78	[18]	约束性
	7	村庄绿化覆盖率	%	20	30	32	[12]	预期性
	8	对生活垃圾进行处理的村占比	%	65	90	>90	[>25]	预期性
	9	农村卫生厕所普及率	%	80.3	85	>85	[>4.7]	预期性
乡风文明	10	村综合性文化服务中心覆盖率	%	—	95	98	—	预期性
	11	县级及以上文明村和乡镇占比	%	21.2	50	>50	[>28.8]	预期性
	12	农村义务教育学校专任教师本科以上学历比例	%	55.9	65	68	[12.1]	预期性
	13	农村居民教育文化娱乐支出占比	%	10.6	12.6	13.6	[3]	预期性

（续）

分类	序号	主要指标	单位	2016年基期值	2020年目标值	2022年目标值	2022年比2016年增加[累计提高百分点]	属性
治理有效	14	村庄规划管理覆盖率	%	—	80	90	—	预期性
	15	建有综合服务站的村占比	%	14.3	50	53	[38.7]	预期性
	16	村党组织书记兼任村委会主任的村占比	%	30	35	50	[20]	预期性
	17	有村规民约的村占比	%	98	100	100	[2]	预期性
	18	集体经济强村比重	%	5.3	8	9	[3.7]	预期性
生活富裕	19	农村居民恩格尔系数	%	32.2	30.2	29.2	[−3]	预期性
	20	城乡居民收入比	—	2.72	2.69	2.67	−0.05	预期性
	21	农村自来水普及率	%	79	83	85	[6]	预期性
	22	具备条件的建制村通硬化路比例	%	96.7	100	100	[3.3]	约束性

注：1.本指标体系和规划中非特定称谓的"村"均指村民委员会和涉农居民委员会所辖地域。

2.后续专栏中定量指标未说明年份的均为2022年目标值。

第六章　远景谋划

到2035年，乡村振兴取得决定性进展，农业农村现代化基本实现。农业结构得到根本性改善，农民就业质量显著提高，相对贫困进一步缓解，共同富裕迈出坚实步伐；城乡基本公共服务均等化基本实现，城乡融合发展体制机制更加完善；乡风文明达到新高度，乡村治理体系更加完善；农村生态环境根本好转，生态宜居的美丽乡村基本实现。

到2050年，乡村全面振兴，农业强、农村美、农民富全面实现。

第三篇　构建乡村振兴新格局

坚持乡村振兴和新型城镇化双轮驱动，统筹城乡国土空间开发格局，优化乡村生产生活生态空间，分类推进乡村振兴，打造各具特色的现代版"富春山居图"。

第七章　统筹城乡发展空间

按照主体功能定位，对国土空间的开发、保护和整治进行全面安排和总体布局，推进"多规合一"，加快形成城乡融合发展的空间格局。

第一节　强化空间用途管制

强化国土空间规划对各专项规划的指导约束作用，统筹自然资源开发利用、保护和修复，按照不同主体功能定位和陆海统筹原则，开展资源环境承载能力和国土空间开发适宜性评价，科学划定生态、农业、城镇等空间和生态保护红线、永久基本农田、城镇开发边界及海洋生物资源保护线、围填海控制线等主要控制线，推动主体功能区战略格局在市县层面精准落地，健全不同主体功能区差异化协同发展长效机制，实现山水林田湖草整体保护、系统修复、综合治理。

第二节　完善城乡布局结构

以城市群为主体构建大中小城市和小城镇协调发展的城镇格局，增强城镇地区对乡村的带动能力。加快发展中小城市，完善县城综合服务功能，推动农业转移人口就地就近城镇化。因地制宜发展特色鲜明、产城融合、充满魅力的特色小镇和小城镇，加强以乡镇政府驻地为中心的农民生活圈建设，以镇带村、以村促镇，推动镇村联动发展。建设生态宜居的美丽乡村，发挥多重功能，提供优质产品，传承乡村文化，留住乡愁记忆，满足人民日益增长的美好生活需要。

第三节 推进城乡统一规划

通盘考虑城镇和乡村发展，统筹谋划产业发展、基础设施、公共服务、资源能源、生态环境保护等主要布局，形成田园乡村与现代城镇各具特色、交相辉映的城乡发展形态。强化县域空间规划和各类专项规划引导约束作用，科学安排县域乡村布局、资源利用、设施配置和村庄整治，推动村庄规划管理全覆盖。综合考虑村庄演变规律、集聚特点和现状分布，结合农民生产生活半径，合理确定县域村庄布局和规模，避免随意撤并村庄搞大社区、违背农民意愿大拆大建。加强乡村风貌整体管控，注重农房单体个性设计，建设立足乡土社会、富有地域特色、承载田园乡愁、体现现代文明的升级版乡村，避免千村一面，防止乡村景观城市化。

第八章 优化乡村发展布局

坚持人口资源环境相均衡、经济社会生态效益相统一，打造集约高效生产空间，营造宜居适度生活空间，保护山清水秀生态空间，延续人和自然有机融合的乡村空间关系。

第一节 统筹利用生产空间

乡村生产空间是以提供农产品为主体功能的国土空间，兼具生态功能。围绕保障国家粮食安全和重要农产品供给，充分发挥各地比较优势，重点建设以"七区二十三带"为主体的农产品主产区。落实农业功能区制度，科学合理划定粮食生产功能区、重要农产品生产保护区和特色农产品优势区，合理划定养殖业适养、限养、禁养区域，严格保护农业生产空间。适应农村现代产业发展需要，科学划分乡村经济发展片区，统筹推进农业产业园、科技园、创业园等各类园区建设。

第二节　合理布局生活空间

乡村生活空间是以农村居民点为主体、为农民提供生产生活服务的国土空间。坚持节约集约用地，遵循乡村传统肌理和格局，划定空间管控边界，明确用地规模和管控要求，确定基础设施用地位置、规模和建设标准，合理配置公共服务设施，引导生活空间尺度适宜、布局协调、功能齐全。充分维护原生态村居风貌，保留乡村景观特色，保护自然和人文环境，注重融入时代感、现代性，强化空间利用的人性化、多样化，着力构建便捷的生活圈、完善的服务圈、繁荣的商业圈，让乡村居民过上更舒适的生活。

第三节　严格保护生态空间

乡村生态空间是具有自然属性、以提供生态产品或生态服务为主体功能的国土空间。加快构建以"两屏三带"为骨架的国家生态安全屏障，全面加强国家重点生态功能区保护，建立以国家公园为主体的自然保护地体系。树立山水林田湖草是一个生命共同体的理念，加强对自然生态空间的整体保护，修复和改善乡村生态环境，提升生态功能和服务价值。全面实施产业准入负面清单制度，推动各地因地制宜制定禁止和限制发展产业目录，明确产业发展方向和开发强度，强化准入管理和底线约束。

第九章　分类推进乡村发展

顺应村庄发展规律和演变趋势，根据不同村庄的发展现状、区位条件、资源禀赋等，按照集聚提升、融入城镇、特色保护、搬迁撤并的思路，分类推进乡村振兴，不搞一刀切。

第一节　集聚提升类村庄

现有规模较大的中心村和其他仍将存续的一般村庄，占乡村类型的大多数，是乡村振兴的重点。科学确定村庄发展方向，在原有规模基础上有序推进改造提升，激活产业、优化环境、提振人气、增添活力，保护保留乡村风貌，建设宜居宜业的美丽村庄。鼓励发挥自身比较优势，强化主导产业支撑，支持农业、工贸、休闲服务等专业化村庄发展。加强海岛村庄、国有农场及林场规划建设，改善生产生活条件。

第二节　城郊融合类村庄

城市近郊区以及县城城关镇所在地的村庄，具备成为城市后花园的优势，也具有向城市转型的条件。综合考虑工业化、城镇化和村庄自身发展需要，加快城乡产业融合发展、基础设施互联互通、公共服务共建共享，在形态上保留乡村风貌，在治理上体现城市水平，逐步强化服务城市发展、承接城市功能外溢、满足城市消费需求能力，为城乡融合发展提供实践经验。

第三节　特色保护类村庄

历史文化名村、传统村落、少数民族特色村寨、特色景观旅游名村等自然历史文化特色资源丰富的村庄，是彰显和传承中华优秀传统文化的重要载体。统筹保护、利用与发展的关系，努力保持村庄的完整性、真实性和延续性。切实保护村庄的传统选址、格局、风貌以及自然和田园景观等整体空间形态与环境，全面保护文物古迹、历史建筑、传统民居等传统建筑。尊重原住居民生活形态和传统习惯，加快改善村庄基础设施和公共环境，合理利用村庄特色资源，发展乡村旅游和特色产业，形成特色资源保护与村庄发展的良性互促机制。

第四节　搬迁撤并类村庄

对位于生存条件恶劣、生态环境脆弱、自然灾害频发等地区的村庄，因重大项目建设需要搬迁的村庄，以及人口流失特别严重的村庄，可通过易地扶贫搬迁、生态宜居搬迁、农村集聚发展搬迁等方式，实施村庄搬迁撤并，统筹解决村民生计、生态保护等问题。拟搬迁撤并的村庄，严格限制新建、扩建活动，统筹考虑拟迁入或新建村庄的基础设施和公共服务设施建设。坚持村庄搬迁撤并与新型城镇化、农业现代化相结合，依托适宜区域进行安置，避免新建孤立的村落式移民社区。搬迁撤并后的村庄原址，因地制宜复垦或还绿，增加乡村生产生态空间。农村居民点迁建和村庄撤并，必须尊重农民意愿并经村民会议同意，不得强制农民搬迁和集中上楼。

第十章　坚决打好精准脱贫攻坚战

把打好精准脱贫攻坚战作为实施乡村振兴战略的优先任务，推动脱贫攻坚与乡村振兴有机结合相互促进，确保到2020年我国现行标准下农村贫困人口实现脱贫，贫困县全部摘帽，解决区域性整体贫困。

第一节　深入实施精准扶贫精准脱贫

健全精准扶贫精准脱贫工作机制，夯实精准扶贫精准脱贫基础性工作。因地制宜、因户施策，探索多渠道、多样化的精准扶贫精准脱贫路径，提高扶贫措施针对性和有效性。做好东西部扶贫协作和对口支援工作，着力推动县与县精准对接，推进东部产业向西部梯度转移，加大产业扶贫工作力度。加强和改进定点扶贫工作，健全驻村帮扶机制，落实扶贫责任。加大金融扶贫力度。健全社会力量参与机制，引导激励社会各界更加关注、支持和参与脱贫攻坚。

第二节　重点攻克深度贫困

实施深度贫困地区脱贫攻坚行动方案。以解决突出制约问题为重点，以重大扶贫工程和到村到户到人帮扶为抓手，加大政策倾斜和扶贫资金整合力度，着力改善深度贫困地区发展条件，增强贫困农户发展能力。推动新增脱贫攻坚资金、新增脱贫攻坚项目、新增脱贫攻坚举措主要用于"三区三州"等深度贫困地区。推进贫困村基础设施和公共服务设施建设，培育壮大集体经济，确保深度贫困地区和贫困群众同全国人民一道进入全面小康社会。

第三节　巩固脱贫攻坚成果

加快建立健全缓解相对贫困的政策体系和工作机制，持续改善欠发达地区和其他地区相对贫困人口的发展条件，完善公共服务体系，增强脱贫地区"造血"功能。结合实施乡村振兴战略，压茬推进实施生态宜居搬迁等工程，巩固易地扶贫搬迁成果。注重扶志扶智，引导贫困群众克服"等靠要"思想，逐步消除精神贫困。建立正向激励机制，将帮扶政策措施与贫困群众参与挂钩，培育提升贫困群众发展生产和务工经商的基本能力。加强宣传引导，讲好中国减贫故事。认真总结脱贫攻坚经验，研究建立促进群众稳定脱贫和防范返贫的长效机制，探索统筹解决城乡贫困的政策措施，确保贫困群众稳定脱贫。

第四篇　加快农业现代化步伐

坚持质量兴农、品牌强农，深化农业供给侧结构性改革，构建现代农业产业体系、生产体系、经营体系，推动农业发展质量变革、效率变革、动力变革，持续提高农业创新力、竞争力和全要素生产率。

第十一章　夯实农业生产能力基础

深入实施藏粮于地、藏粮于技战略，提高农业综合生产能力，保障国家粮食安全和重要农产品有效供给，把中国人的饭碗牢牢端在自己手中。

第一节　健全粮食安全保障机制

坚持以我为主、立足国内、确保产能、适度进口、科技支撑的国家粮食安全战略，建立全方位的粮食安全保障机制。按照"确保谷物基本自给、口粮绝对安全"的要求，持续巩固和提升粮食生产能力。深化中央储备粮管理体制改革，科学确定储备规模，强化中央储备粮监督管理，推进中央、地方两级储备协同运作。鼓励加工流通企业、新型经营主体开展自主储粮和经营。全面落实粮食安全省长责任制，完善监督考核机制。强化粮食质量安全保障。加快完善粮食现代物流体系，构建安全高效、一体化运作的粮食物流网络。

第二节　加强耕地保护和建设

严守耕地红线，全面落实永久基本农田特殊保护制度，完成永久基本农田控制线划定工作，确保到2020年永久基本农田保护面积不低于15.46亿亩。大规模推进高标准农田建设，确保到2022

---

① 1亩≈667平方米，下同。

年建成10亿亩高标准农田，所有高标准农田实现统一上图入库，形成完善的管护监督和考核机制。加快将粮食生产功能区和重要农产品生产保护区细化落实到具体地块，实现精准化管理。加强农田水利基础设施建设，实施耕地质量保护和提升行动，到2022年农田有效灌溉面积达到10.4亿亩，耕地质量平均提升0.5个等级（别）以上。

第三节　提升农业装备和信息化水平

推进我国农机装备和农业机械化转型升级，加快高端农机装备和丘陵山区、果菜茶生产、畜禽水产养殖等农机装备的生产研发、推广应用，提升渔业船舶装备水平。促进农机农艺融合，积极推进作物品种、栽培技术和机械装备集成配套，加快主要作物生产全程机械化，提高农机装备智能化水平。加强农业信息化建设，积极推进信息进村入户，鼓励互联网企业建立产销衔接的农业服务平台，加强农业信息监测预警和发布，提高农业综合信息服务水平。大力发展数字农业，实施智慧农业工程和"互联网+"现代农业行动，鼓励对农业生产进行数字化改造，加强农业遥感、物联网应用，提高农业精准化水平。发展智慧气象，提升气象为农服务能力。

专栏2　农业综合生产能力提升重大工程

（一）"两区"建管护

率先在"两区"建立精准化建设、管护、管理和支持制度，构建现代农业生产数字化监测体系，建立生产责任与精准化补贴相挂钩的管理制度。

（二）高标准农田建设

优先建设确保口粮安全的高标准农田，开展土地平整、土壤改良、灌溉排水、田间道路、农田防护以及其他工程建设，大规模改造中低产田。建设国家耕地质量调查监测网络，推进耕地质量大数据应用。

（三）主要农作物生产全程机械化

建设主要农作物生产全程机械化示范县，推动装备、品种、栽培及经营规模、信息化技术等集成配套，构建全程机械化技术体系，促进农业技术集成化、劳动过程机械化、生产经营信息化。

（四）数字农业农村和智慧农业

制定实施数字农业农村规划纲要。发展数字田园、智慧养殖、智能农机，推进电子化交易。开展农业物联网应用示范县和农业物联网应用示范基地建设，全面推进村级益农信息社建设，改造升级国家农业数据中心。加强智慧农业技术与装备研发，建设基于卫星遥感、航空无人机、田间观测一体化的农业遥感应用体系。

（五）粮食安全保障调控和应急

在粮食物流重点线路、重要节点以及重要进出口粮食物流节点，新建或完善一批粮食安全保障调控和应急设施。重点支持多功能一体化的粮食物流（产业）园区，以及铁路散粮运输和港口散粮运输系统建设。改造建设一批区域骨干粮油应急配送中心。

第十二章　加快农业转型升级

按照建设现代化经济体系的要求，加快农业结构调整步伐，着力推动农业由增产导向转向提质导向，提高农业供给体系的整体质量和效率，加快实现由农业大国向农业强国转变。

第一节　优化农业生产力布局

以全国主体功能区划确定的农产品主产区为主体，立足各地农业资源禀赋和比较优势，构建优势区域布局和专业化生产格局，打造农业优化发展区和农业现代化先行区。东北地区重点提升粮食生产能力，依托"大粮仓"打造粮肉奶综合供应基地。华北地区着力稳定粮油和蔬菜、畜产品生产保障能力，发展节水型农业。

长江中下游地区切实稳定粮油生产能力，优化水网地带生猪养殖布局，大力发展名优水产品生产。华南地区加快发展现代畜禽水产和特色园艺产品，发展具有出口优势的水产品养殖。西北、西南地区和北方农牧交错区加快调整产品结构，限制资源消耗大的产业规模，壮大区域特色产业。青海、西藏等生态脆弱区域坚持保护优先、限制开发，发展高原特色农牧业。

第二节　推进农业结构调整

加快发展粮经饲统筹、种养加一体、农牧渔结合的现代农业，促进农业结构不断优化升级。统筹调整种植业生产结构，稳定水稻、小麦生产，有序调减非优势区籽粒玉米，进一步扩大大豆生产规模，巩固主产区棉油糖胶生产，确保一定的自给水平。大力发展优质饲料牧草，合理利用退耕地、南方草山草坡和冬闲田拓展饲草发展空间。推进畜牧业区域布局调整，合理布局规模化养殖场，大力发展种养结合循环农业，促进养殖废弃物就近资源化利用。优化畜牧业生产结构，大力发展草食畜牧业，做大做强民族奶业。加强渔港经济区建设，推进渔港渔区振兴。合理确定内陆水域养殖规模，发展集约化、工厂化水产养殖和深远海养殖，降低江河湖泊和近海渔业捕捞强度，规范有序发展远洋渔业。

第三节　壮大特色优势产业

以各地资源禀赋和独特的历史文化为基础，有序开发优势特色资源，做大做强优势特色产业。创建特色鲜明、优势集聚、市场竞争力强的特色农产品优势区，支持特色农产品优势区建设标准化生产基地、加工基地、仓储物流基地，完善科技支撑体系、品牌与市场营销体系、质量控制体系，建立利益联结紧密的建设运行机制，形成特色农业产业集群。按照与国际标准接轨的目标，支持建立生产精细化管理与产品品质控制体系，采用国际通行的良好农业规范，塑造现代顶级农产品品牌。实施产业兴村强县行动，培育农业产业强镇，打造"一乡一业"、"一村一品"的发展格局。

第四节　保障农产品质量安全

实施食品安全战略，加快完善农产品质量和食品安全标准、监管体系，加快建立农产品质量分级及产地准出、市场准入制度。完善农兽药残留限量标准体系，推进农产品生产投入品使用规范化。建立健全农产品质量安全风险评估、监测预警和应急处置机制。实施动植物保护能力提升工程，实现全国动植物检疫防疫联防联控。完善农产品认证体系和农产品质量安全监管追溯系统，着力提高基层监管能力。落实生产经营者主体责任，强化农产品生产经营者的质量安全意识。建立农资和农产品生产企业信用信息系统，对失信市场主体开展联合惩戒。

第五节　培育提升农业品牌

实施农业品牌提升行动，加快形成以区域公用品牌、企业品牌、大宗农产品品牌、特色农产品品牌为核心的农业品牌格局。推进区域农产品公共品牌建设，擦亮老品牌，塑强新品牌，引入现代要素改造提升传统名优品牌，努力打造一批国际知名的农业品牌和国际品牌展会。做好品牌宣传推介，借助农产品博览会、展销会等渠道，充分利用电商、"互联网+"等新兴手段，加强品牌市场营销。加强农产品商标及地理标志商标的注册和保护，构建我国农产品品牌保护体系，打击各种冒用、滥用公用品牌行为，建立区域公用品牌的授权使用机制以及品牌危机预警、风险规避和紧急事件应对机制。

第六节　构建农业对外开放新格局

建立健全农产品贸易政策体系。实施特色优势农产品出口提升行动，扩大高附加值农产品出口。积极参与全球粮农治理。加强与"一带一路"沿线国家合作，积极支持有条件的农业企业走出去。建立农业对外合作公共信息服务平台和信用评价体系。放宽农业外资准入，促进引资引技引智相结合。

专栏3　质量兴农重大工程

（一）特色农产品优势区创建

到2020年，创建并认定300个左右国家级特色农产品优势区，打造一批"中国第一、世界有名"的特色农产品品牌，增强绿色优质中高端特色农产品供给能力，加大对特色农产品优势区品牌的宣传和推介力度。

（二）动植物保护能力提升

针对动植物保护体系、外来生物入侵防控体系的薄弱环节，通过工程建设和完善运行保障机制，形成监测预警体系、疫情灾害应急处置体系、农药风险监控体系和联防联控体系。

（三）农业品牌提升

加强农业品牌认证、监管、保护等各环节的规范与管理，提升我国农业品牌公信力。加强与大型农产品批发市场、电商平台、各类商超组织的合作，创新产销衔接机制，搭建品牌农产品营销推介平台。

（四）特色优势农产品出口提升行动

促进重点水果、蔬菜、茶叶和水产品出口，支持企业申请国际认证认可，参与国际知名展会。

（五）产业兴村强县行动

坚持试点先行、逐步推开，争取到2022年培育和发展一批产业强、产品优、质量好、功能全、生态美的农业强镇，培育县域经济新动能。

（六）优质粮食工程

完善粮食质量安全检验和质量风险监测体系，完善粮食产后服务体系。开展"中国好粮油"行动，建立优质粮油产业经济发展评价体系、优质粮油质量标准、测评技术体系和线上营销体系，积极培育消费者认可的"中国好粮油"产品。

第十三章　建立现代农业经营体系

坚持家庭经营在农业中的基础性地位，构建家庭经营、集体经营、合作经营、企业经营等共同发展的新型农业经营体系，发展多种形式适度规模经营，发展壮大农村集体经济，提高农业的集约化、专业化、组织化、社会化水平，有效带动小农户发展。

第一节　巩固和完善农村基本经营制度

落实农村土地承包关系稳定并长久不变政策，衔接落实好第二轮土地承包到期后再延长30年的政策，让农民吃上长效"定心丸"。全面完成土地承包经营权确权登记颁证工作，完善农村承包地"三权分置"制度，在依法保护集体所有权和农户承包权前提下，平等保护土地经营权。建立农村产权交易平台，加强土地经营权流转和规模经营的管理服务。加强农用地用途管制。完善集体林权制度，引导规范有序流转，鼓励发展家庭林场、股份合作林场。发展壮大农垦国有农业经济，培育一批具有国际竞争力的农垦企业集团。

第二节　壮大新型农业经营主体

实施新型农业经营主体培育工程，鼓励通过多种形式开展适度规模经营。培育发展家庭农场，提升农民专业合作社规范化水平，鼓励发展农民专业合作社联合社。不断壮大农林产业化龙头企业，鼓励建立现代企业制度。鼓励工商资本到农村投资适合产业化、规模化经营的农业项目，提供区域性、系统性解决方案，与当地农户形成互惠共赢的产业共同体。加快建立新型经营主体支持政策体系和信用评价体系，落实财政、税收、土地、信贷、保险等支持政策，扩大新型经营主体承担涉农项目规模。

第三节　发展新型农村集体经济

深入推进农村集体产权制度改革，推动资源变资产、资金变股金、农民变股东，发展多种形式的股份合作。完善农民对集体资产股份的占有、收益、有偿退出及抵押、担保、继承等权能和管理办法。研究制定农村集体经济组织法，充实农村集体产权权能。鼓励经济实力强的农村集体组织辐射带动周边村庄共同发展。发挥村党组织对集体经济组织的领导核心作用，防止内部少数人控制和外部资本侵占集体资产。

第四节 促进小农户生产和现代农业发展有机衔接

改善小农户生产设施条件，提高个体农户抵御自然风险能力。发展多样化的联合与合作，提升小农户组织化程度。鼓励新型经营主体与小农户建立契约型、股权型利益联结机制，带动小农户专业化生产，提高小农户自我发展能力。健全农业社会化服务体系，大力培育新型服务主体，加快发展"一站式"农业生产性服务业。加强工商企业租赁农户承包地的用途监管和风险防范，健全资格审查、项目审核、风险保障金制度，维护小农户权益。

专栏4　现代农业经营体系培育工程

（一）新型农业经营主体培育

培育一批一二三产业融合、适度规模经营多样、社会化服务支撑、与"互联网+"紧密结合的各类新型经营主体。实施现代农业人才支撑计划，推进新型经营主体带头人轮训计划，实施现代青年农场经营者、农村实用人才和新型职业农民培育工程。运用互联网信息化手段，为新型经营主体点对点提供服务。

（二）农垦国有经济培育壮大

加快垦区集团化和农场企业化改革进程，全面推行现代企业制度，健全法人治理结构。支持农垦率先建立农产品质量等级评价标准体系和农产品质量安全追溯平台。全面推广中国农垦公共品牌，切实加强农垦加工、仓储、物流、渠道等关键环节建设。

（三）供销合作社培育壮大

全面深化供销合作社综合改革，支持供销合作社创新体制机制，加强联合社层级间的联合合作，推动供销合作社高质量发展。大力实施"基层社组织建设工程"和"千县千社"振兴计划，增强基层社为农服务能力。

（四）新型农村集体经济振兴计划

编制集体产权制度改革"菜单式"行动指引，指导各地因地制宜制定改革方案，以差异化扶持政策为导向，实行分类施策、重点推进，增强集体经济发展活力和实力。

第十四章　强化农业科技支撑

深入实施创新驱动发展战略，加快农业科技进步，提高农业科技自主创新水平、成果转化水平，为农业发展拓展新空间、增添新动能，引领支撑农业转型升级和提质增效。

第一节　提升农业科技创新水平

培育符合现代农业发展要求的创新主体，建立健全各类创新主体协调互动和创新要素高效配置的国家农业科技创新体系。强化农业基础研究，实现前瞻性基础研究和原创性重大成果突破。加强种业创新、现代食品、农机装备、农业污染防治、农村环境整治等方面的科研工作。深化农业科技体制改革，改进科研项目评审、人才评价和机构评估工作，建立差别化评价制度。深入实施现代种业提升工程，开展良种重大科研联合攻关，培育具有国际竞争力的种业龙头企业，推动建设种业科技强国。

第二节　打造农业科技创新平台基地

建设国家农业高新技术产业示范区、国家农业科技园区、省级农业科技园区，吸引更多的农业高新技术企业到科技园区落户，培育国际领先的农业高新技术企业，形成具有国际竞争力的农业高新技术产业。新建一批科技创新联盟，支持农业高新技术企业建立高水平研发机构。利用现有资源建设农业领域国家技术创新中心，加强重大共性关键技术和产品研发与应用示范。建设农业科技资源开放共享与服务平台，充分发挥重要公共科技资源优势，推动面向科技界开放共享，整合和完善科技资源共享服务平台。

第三节　加快农业科技成果转化应用

鼓励高校、科研院所建立一批专业化的技术转移机构和面向企业的技术服务网络，通过研发合作、技术转让、技术许可、作价投资等多种形式，实现科技成果市场价值。健全省市县三级科技成果转化工作网络，支持地方大力发展技术交易市场。面向绿色兴农重大需求，加大绿色技术供给，加强集成应用和示范推广。健全基层农业技术推广体系，创新公益性农技推广服务方式，支持各类社会力量参与农技推广，全面实施农技推广服务特聘计划，加强农业重大技术协同推广。健全农业科技领域分配政策，落实科研成果转化及农业科技创新激励相关政策。

专栏5　农业科技创新支撑重大工程

（一）农业科技创新水平提升

建立现代农业产业技术体系、创新联盟、创新中心"三位一体"的创新平台。加强农业面源污染防治、化肥农药减量增效、农业节水、农业废弃物资源化利用、绿色健康养殖、防灾减灾、荒漠化石漠化治理、森林质量提升等关键技术研发，推进成果集成应用。

（二）现代种业自主创新能力提升

加强种质资源保存、育种创新、品种测试与检测、良种繁育等能力建设，建立现代种业体系。高标准建设国家南繁育种基地，推进甘肃、四川国家级制种基地建设与提档升级，加快区域性良繁基地建设。建立农业野生植物原生境保护区和种质资源库（圃）。

（三）农业科技园区建设

突出农业科技园区的"农、高、科"定位，强化体制机制创新，推进农业科技园区建设。用高新技术改造提升农业产业，壮大生物育种、智能农机、现代食品制造等高新技术产业，培育农业高新技术企业超过1.5万家。

第十五章　完善农业支持保护制度

以提升农业质量效益和竞争力为目标，强化绿色生态导向，创新完善政策工具和手段，加快建立新型农业支持保护政策体系。

第一节　加大支农投入力度

建立健全国家农业投入增长机制，政府固定资产投资继续向农业倾斜，优化投入结构，实施一批打基础、管长远、影响全局的重大工程，加快改变农业基础设施薄弱状况。建立以绿色生态为导向的农业补贴制度，提高农业补贴政策的指向性和精准性。落实和完善对农民直接补贴制度。完善粮食主产区利益补偿机制。继续支持粮改饲、粮豆轮作和畜禽水产标准化健康养殖，改革完善渔业油价补贴政策。完善农机购置补贴政策，鼓励对绿色农业发展机具、高性能机具以及保证粮食等主要农产品生产机具实行敞开补贴。

第二节　深化重要农产品收储制度改革

深化玉米收储制度改革，完善市场化收购加补贴机制。合理制定大豆补贴政策。完善稻谷、小麦最低收购价政策，增强政策灵活性和弹性，合理调整最低收购价水平，加快建立健全支持保护政策。深化国有粮食企业改革，培育壮大骨干粮食企业，引导多元市场主体入市收购，防止出现卖粮难。深化棉花目标价格改革，研究完善食糖（糖料）、油料支持政策，促进价格合理形成，激发企业活力，提高国内产业竞争力。

第三节　提高农业风险保障能力

完善农业保险政策体系，设计多层次、可选择、不同保障水平的保险产品。积极开发适应新型农业经营主体需求的保险品种，探索开展水稻、小麦、玉米三大主粮作物完全成本保险和收入保险试点，鼓励开展天气指数保险、价格指数保险、贷款保证保险等试点。健全农业保险大灾风险分散机制。发展农产品期权期货市场，扩大"保险+期货"试点，探索"订单农业+保险+期货（权）"试点。健全国门生物安全查验机制，推进口岸动植物检疫规范化建设。强化边境管理，打击农产品走私。完善农业风险管理和预警体系。

第五篇　发展壮大乡村产业

以完善利益联结机制为核心，以制度、技术和商业模式创新为动力，推进农村一二三产业交叉融合，加快发展根植于农业农村、由当地农民主办、彰显地域特色和乡村价值的产业体系，推动乡村产业全面振兴。

第十六章　推动农村产业深度融合

把握城乡发展格局发生重要变化的机遇，培育农业农村新产业新业态，打造农村产业融合发展新载体新模式，推动要素跨界配置和产业有机融合，让农村一二三产业在融合发展中同步升级、同步增值、同步受益。

第一节　发掘新功能新价值

顺应城乡居民消费拓展升级趋势，结合各地资源禀赋，深入发掘农业农村的生态涵养、休闲观光、文化体验、健康养老等多种功能和多重价值。遵循市场规律，推动乡村资源全域化整合、多元化增值，增强地方特色产品时代感和竞争力，形成新的消费热点，增加乡村生态产品和服务供给。实施农产品加工业提升行动，支持开展农产品生产加工、综合利用关键技术研究与示范，推动初加工、精深加工、综合利用加工和主食加工协调发展，实现农产品多层次、多环节转化增值。

第二节　培育新产业新业态

深入实施电子商务进农村综合示范，建设具有广泛性的农村电子商务发展基础设施，加快建立健全适应农产品电商发展的标准体系。研发绿色智能农产品供应链核心技术，加快培育农业现代供应链主体。加强农商互联，密切产销衔接，发展农超、农社、农企、农校等产销对接的新型流通业态。实施休闲农业和乡村旅游精品工程，发展乡村共享经济等新业态，推动科技、人文等元素融入农业。强化农业生产性服务业对现代农业产业链的引领支撑作用，构建全程覆盖、区域集成、配套完备的新型农业社会化服务体系。清理规范制约农业农村新产业新业态发展的行政审批事项。着力优化农村消费环境，不断优化农村消费结构，提升农村消费层次。

第三节　打造新载体新模式

依托现代农业产业园、农业科技园区、农产品加工园、农村产业融合发展示范园等，打造农村产业融合发展的平台载体，促进农业内部融合、延伸农业产业链、拓展农业多种功能、发展农业新型业态等多模式融合发展。加快培育农商产业联盟、农业产业化联合体等新型产业链主体，打造一批产加销一体的全产业链企业集群。推进农业循环经济试点示范和田园综合体试点建设。加快培育一批"农字号"特色小镇，在有条件的地区建设培育特色商贸小镇，推动农村产业发展与新型城镇化相结合。

第十七章　完善紧密型利益联结机制

始终坚持把农民更多分享增值收益作为基本出发点，着力增强农民参与融合能力，创新收益分享模式，健全联农带农有效激励机制，让农民更多分享产业融合发展的增值收益。

第一节　提高农民参与程度

鼓励农民以土地、林权、资金、劳动、技术、产品为纽带，开展多种形式的合作与联合，依法组建农民专业合作社联合社，强化农民作为市场主体的平等地位。引导农村集体经济组织挖掘集体土地、房屋、设施等资源和资产潜力，依法通过股份制、合作制、股份合作制、租赁等形式，积极参与产业融合发展。积极培育社会化服务组织，加强农技指导、信用评价、保险推广、市场预测、产品营销等服务，为农民参与产业融合创造良好条件。

第二节　创新收益分享模式

加快推广"订单收购＋分红"、"土地流转＋优先雇用＋社会保障"、"农民入股+保底收益+按股分红"等多种利益联结方式，让农户分享加工、销售环节收益。鼓励行业协会或龙头企业与合作社、家庭农场、普通农户等组织共同营销，开展农产品销售推介和品牌运作，让农户更多分享产业链增值收益。鼓励农业产业化龙头企业通过设立风险资金、为农户提供信贷担保、领办或参办农民合作组织等多种形式，与农民建立稳定的订单和契约关系。完善涉农股份合作制企业利润分配机制，明确资本参与利润分配比例上限。

第三节　强化政策扶持引导

更好发挥政府扶持资金作用，强化龙头企业、合作组织联农带农激励机制，探索将新型农业经营主体带动农户数量和成效作为安排财政支持资金的重要参考依据。以土地、林权为基础的各种形式合作，凡是享受财政投入或政策支持的承包经营者均应成为股东方。鼓励将符合条件的财政资金特别是扶贫资金量化到农村集体经济组织和农户后，以自愿入股方式投入新型农业经营主体，对农户土地经营权入股部分采取特殊保护，探索实行农民负盈不负亏的分配机制。

第十八章　激发农村创新创业活力

坚持市场化方向，优化农村创新创业环境，放开搞活农村经济，合理引导工商资本下乡，推动乡村大众创业万众创新，培育新动能。

第一节　培育壮大创新创业群体

推进产学研合作，加强科研机构、高校、企业、返乡下乡人员等主体协同，推动农村创新创业群体更加多元。培育以企业为主导的农业产业技术创新战略联盟，加速资金、技术和服务扩散，带动和支持返乡创业人员依托相关产业链创业发展。整合政府、企业、社会等多方资源，推动政策、技术、资本等各类要素向农村创新创业集聚。鼓励农民就地创业、返乡创业，加大各方资源支持本地农民兴业创业力度。深入推行科技特派员制度，引导科技、信息、资金、管理等现代生产要素向乡村集聚。

第二节　完善创新创业服务体系

发展多种形式的创新创业支撑服务平台，健全服务功能，开展政策、资金、法律、知识产权、财务、商标等专业化服务。建立农村创新创业园区（基地），鼓励农业企业建立创新创业实训基地。鼓励有条件的县级政府设立"绿色通道"，为返乡下乡人员创新创业提供便利服务。建设一批众创空间、"星创天地"，降低创业门槛。依托基层就业和社会保障服务平台，做好返乡人员创业服务、社保关系转移接续等工作。

第三节　建立创新创业激励机制

加快将现有支持"双创"相关财政政策措施向返乡下乡人员创新创业拓展，把返乡下乡人员开展农业适度规模经营所需贷款按规定纳入全国农业信贷担保体系支持范围。适当放宽返乡创业园用电用水用地标准，吸引更多返乡人员入园创业。各地年度新增建设用地计划指标，要确定一定比例用于支持农村新产业新业态发展。落实好减税降费政策，支持农村创新创业。

专栏6　构建乡村产业体系重大工程

（一）电子商务进农村综合示范

在2019年对具备条件的国家级贫困县实现全覆盖的基础上，进一步挖掘具备潜力的县深化农村电商示范工作，逐步培育一批电子商务进农村综合示范县，建设和完善农村电商公共服务体系。

（二）农商互联

推动农产品流通企业与新型农业经营主体对接，通过订单农业、直采直销、投资合作等方式，打造产销稳定衔接、利益紧密联结的农产品全产业链条，加强全国性、区域性、田头市场三级产地市场体系建设。

（三）休闲农业和乡村旅游精品工程

改造一批休闲农业村庄道路、供水、停车场、厕所等设施，树立和推介一批休闲农业和乡村旅游精品品牌，培育一批美丽休闲乡村、休闲农庄（园）、休闲观光园区、国家森林步道、康养基地、森林人家、乡村民宿、乡村旅游区（点）等精品。搭建发布推介平台，开展休闲农业和乡村旅游精品发布推介活动。

（四）国家农村一二三产业融合发展示范园创建计划

到2020年建成300个农村一二三产业融合发展示范园，通过复制推广先进经验，加快延伸农业产业链、提升农业价值链、拓展农业多种功能、培育农村新产业新业态。

（五）农业循环经济试点示范

选择粮食主产区等具备基础的地区，建设20个工农复合型循环经济示范区，推进秸秆、禽畜粪污等大宗农业废弃物的综合利用，推进废旧农膜、农药包装物等回收利用。推动建立农业循环经济评价指标体系和评价考核制度。

（六）农产品加工业提升行动

完善国家农产品加工技术研发体系，建设一批农产品加工技术集成基地。促进农产品加工业增品种、提品质、创品牌。大力培育农产品加工业各类专门人才。依托现有农产品精深加工集聚区、产业园、工业区等，打造升级一批农产品精深加工示范基地，促进农业提质增效和农民增收。

（七）农村"星创天地"

打造农村版众创空间，以农业科技园区、新农村发展研究院、科技型企业、科技特派员创业基地、农民专业合作社等为载体，利用线下孵化载体和线上网络平台，面向科技特派员、大学生、返乡农民工、职业农民等建设3000个"星创天地"。

（八）返乡下乡创业行动

研究制定并组织实施农村双创百县千乡万名带头人培育行动方案。整合现有渠道，用3年时间培训40万名农村双创人员和双创导师。创建100个具有区域特色的农村双创示范园区（基地）。实施返乡下乡创业培训专项行动。实施育才强企计划，支持有条件的创业企业建设技能大师工作室。深入推进农村青年创业致富"领头雁"培养计划，培养一批全国农村青年致富带头人。实施引才回乡工程，在返乡下乡创业集中地区设立专家服务基地，吸引各类人才回乡服务。

第六篇　建设生态宜居的美丽乡村

牢固树立和践行绿水青山就是金山银山的理念，坚持尊重自然、顺应自然、保护自然，统筹山水林田湖草系统治理，加快转变生产生活方式，推动乡村生态振兴，建设生活环境整洁优美、生态系统稳定健康、人与自然和谐共生的生态宜居美丽乡村。

第十九章　推进农业绿色发展

以生态环境友好和资源永续利用为导向，推动形成农业绿色生产方式，实现投入品减量化、生产清洁化、废弃物资源化、产业模式生态化，提高农业可持续发展能力。

第一节　强化资源保护与节约利用

实施国家农业节水行动，建设节水型乡村。深入推进农业灌溉用水总量控制和定额管理，建立健全农业节水长效机制和政策体系。逐步明晰农业水权，推进农业水价综合改革，建立精准补贴和节水奖励机制。严格控制未利用地开垦，落实和完善耕地占补平衡制度。实施农用地分类管理，切实加大优先保护类耕地保护力度。降低耕地开发利用强度，扩大轮作休耕制度试点，制定轮作休耕规划。全面普查动植物种质资源，推进种质资源收集保存、鉴定和利用。强化渔业资源管控与养护，实施海洋渔业资源总量管理、海洋渔船"双控"和休禁渔制度，科学划定江河湖海限捕、禁捕区域，建设水生生物保护区、海洋牧场。

第二节 推进农业清洁生产

加强农业投入品规范化管理，健全投入品追溯系统，推进化肥农药减量施用，完善农药风险评估技术标准体系，严格饲料质量安全管理。加快推进种养循环一体化，建立农村有机废弃物收集、转化、利用网络体系，推进农林产品加工剩余物资源化利用，深入实施秸秆禁烧制度和综合利用，开展整县推进畜禽粪污资源化利用试点。推进废旧地膜和包装废弃物等回收处理。推行水产健康养殖，加大近海滩涂养殖环境治理力度，严格控制河流湖库、近岸海域投饵网箱养殖。探索农林牧渔融合循环发展模式，修复和完善生态廊道，恢复田间生物群落和生态链，建设健康稳定田园生态系统。

第三节 集中治理农业环境突出问题

深入实施土壤污染防治行动计划，开展土壤污染状况详查，积极推进重金属污染耕地等受污染耕地分类管理和安全利用，有序推进治理与修复。加强重有色金属矿区污染综合整治。加强农业面源污染综合防治。加大地下水超采治理，控制地下水漏斗区、地表水过度利用区用水总量。严格工业和城镇污染处理、达标排放，建立监测体系，强化经常性执法监管制度建设，推动环境监测、执法向农村延伸，严禁未经达标处理的城镇污水和其他污染物进入农业农村。

专栏7 农业绿色发展行动

（一）国家农业节水行动

将农业用水总量指标分解到各灌区。加强灌溉实验站网建设和灌溉试验，制定不同区域、不同作物灌溉用水定额。加强节水灌溉工程与农艺、农机、生物、管理等措施的集成与融合。全国节水灌溉面积达到6.5亿亩，其中高效节水灌溉面积达到4亿亩。

（二）水生生物保护行动

建立长江流域重点水域禁捕补偿制度，率先在水生生物保护区实现禁捕。引导和支持渔民转产转业，将渔船控制目标列入地方政府和有关部门约束性考核指标。继续清理整治"绝户网"和涉渔"三无"船舶。实施珍稀濒危物种拯救行动，形成覆盖各海区和内陆主要江河湖泊的水生生物养护体系。

（三）农业环境突出问题治理

扩大农业面源污染综合治理、华北地下水超采区综合治理、重金属污染耕地防控修复的实施范围，对东北黑土地实行战略性保护，促进土壤有机质恢复与提升。推进北方农牧交错带已垦草原治理，加强人工草地建设。

（四）农业废弃物资源化利用

集中支持500个左右养殖大县开展畜禽粪污资源化利用整县推进试点，全国畜禽粪污综合利用率提高到75%以上。在种养密集区域，探索整县推进畜禽粪污、秸秆、病死畜禽、农田残膜、农村垃圾等废弃物全量资源化利用。

（五）农业绿色生产行动

集成推广测土配方施肥、水肥一体化、机械深施等施肥模式，强化统防统治、绿色防控，集成应用全程农药减量增效技术，主要农作物化肥、农药利用率达到40%以上，制定农兽药残留限量标准总数达到1.2万项，覆盖所有批准使用的农兽药品种和相应农产品。

第二十章　持续改善农村人居环境

以建设美丽宜居村庄为导向，以农村垃圾、污水治理和村容村貌提升为主攻方向，开展农村人居环境整治行动，全面提升农村人居环境质量。

第一节　加快补齐突出短板

推进农村生活垃圾治理，建立健全符合农村实际、方式多样的生活垃圾收运处置体系，有条件的地区推行垃圾就地分类和资源化利用。开展非正规垃圾堆放点排查整治。实施"厕所革命"，结合各地实际普及不同类型的卫生厕所，推进厕所粪污无害化处理和资源化利用。梯次推进农村生活污水治理，有条件的地区推动城镇污水管网向周边村庄延伸覆盖。逐步消除农村黑臭水体，加强农村饮用水水源地保护。

第二节　着力提升村容村貌

科学规划村庄建筑布局，大力提升农房设计水平，突出乡土特色和地域民族特点。加快推进通村组道路、入户道路建设，基本解决村内道路泥泞、村民出行不便等问题。全面推进乡村绿化，建设具有乡村特色的绿化景观。完善村庄公共照明设施。整治公共空间和庭院环境，消除私搭乱建、乱堆乱放。继续推进城乡环境卫生整洁行动，加大卫生乡镇创建工作力度。鼓励具备条件的地区集中连片建设生态宜居的美丽乡村，综合提升田水路林村风貌，促进村庄形态与自然环境相得益彰。

第三节　建立健全整治长效机制

全面完成县域乡村建设规划编制或修编，推进实用性村庄规划编制实施，加强乡村建设规划许可管理。建立农村人居环境建设和管护长效机制，发挥村民主体作用，鼓励专业化、市场化建设和运行管护。推行环境治理依效付费制度，健全服务绩效评价考核机制。探索建立垃圾污水处理农户付费制度，完善财政补贴和农户付费合理分担机制。依法简化农村人居环境整治建设项目审批程序和招投标程序。完善农村人居环境标准体系。

专栏8　农村人居环境整治行动

（一）农村垃圾治理

建立健全村庄保洁体系，因地制宜确定农村生活垃圾处理模式，交通便利且转运距离较近的村庄可依托城镇无害化处理设施集中处理，其他村庄可就近分散处理。总结推广农村生活垃圾分类和资源化利用百县示范经验，基本覆盖所有具备条件的县（市）。到2020年，完成农村生活垃圾全面治理逐省验收。

（二）农村生活污水治理

有条件的地区推进城镇污水处理设施和服务向城镇近郊的农村延伸，在离城镇较远、人口密集的村庄建设污水处理设施进行集中处理，人口较少的村庄推广建设户用污水处理设施。开展生活污水源头减量和尾水回收利用。鼓励具备条件的地区采用人工湿地、氧化塘等生态处理模式。

（三）厕所革命

加快实施农村改厕，东部地区、中西部城市近郊区以及其他环境容量较小地区村庄，加快推进户用卫生厕所建设和改造，同步实施厕所粪污治理。其他地区要按照群众接受、经济适用、使用和维护方便、不污染公共水体的要求，普及不同水平的卫生厕所。推进农村新建住房及保障性安居工程等项目配套建设无害化卫生厕所，人口规模较大村庄配套建设公共厕所。

（四）乡村绿化行动

全面实施乡村绿化行动，严格保护乡村古树名木，重点推进村内绿化、围村片林和农田林网建设，每年绿化美化2万个乡村。建设1万个国家森林乡村，8万个省市县级森林乡村。基本农田林网控制率达90%以上，古树名木挂牌保护率达到95%，基本实现"山地森林化、农田林网化、村屯园林化、道路林荫化、庭院花果化"的乡村绿化格局。

（五）乡村水环境治理

开展乡村湿地保护恢复和综合治理工作，整治乡村河湖水系，建设乡村湿地小区。以供水人口多、环境敏感的水源以及农村饮水安全工程规划建设的水源为重点，完成农村饮用水源保护区（或保护范围）划定，加强农村饮用水水源地保护。采取综合措施，逐步消除农村黑臭水体，提升农村水环境质量。

（六）宜居宜业美丽乡村建设

以建设美、经营美和传承美"三美同步"推进为重点，选择一批具有建设条件的乡村，着力充实和拓展美丽乡村建设内容，积极引导社会资本多元化投入，健全美丽乡村建设成果共建共享机制，打造美丽中国的乡村样板。

第二十一章　加强乡村生态保护与修复

大力实施乡村生态保护与修复重大工程，完善重要生态系统保护制度，促进乡村生产生活环境稳步改善，自然生态系统功能和稳定性全面提升，生态产品供给能力进一步增强。

第一节　实施重要生态系统保护和修复重大工程

统筹山水林田湖草系统治理，优化生态安全屏障体系。大力实施大规模国土绿化行动，全面建设三北、长江等重点防护林体系，扩大退耕还林还草，巩固退耕还林还草成果，推动森林质量精准提升，加强有害生物防治。稳定扩大退牧还草实施范围，继续推进草原防灾减灾、鼠虫草害防治、严重退化沙化草原治理等工程。保护和恢复乡村河湖、湿地生态系统，积极开展农村水生态修复，连通河湖水系，恢复河塘行蓄能力，推进退田还湖还湿、退圩退垸还湖。大力推进荒漠化、石漠化、水土流失综合治理，实施生态清洁小流域建设，推进绿色小水电改造。加快国土综合整治，实施农村土地综合整治重大行动，推进农用地和低效建设用地整理以及历史遗留损毁土地复垦。加强矿产资源开发集中地区特别是重有色金属矿区地质环境和生态修复，以及损毁山体、矿山废弃地修复。加快近岸海域综合治理，实施蓝色海湾整治行动和自然岸线修复。实施生物多样性保护重大工程，提升各类重要保护地保护管理能力。加强野生动植物保护，强化外来入侵物种风险评估、监测预警与综合防控。开展重大生态修复工程气象保障服务，探索实施生态修复型人工增雨工程。

第二节　健全重要生态系统保护制度

完善天然林和公益林保护制度，进一步细化各类森林和林地的管控措施或经营制度。完善草原生态监管和定期调查制度，严格实施草原禁牧和草畜平衡制度，全面落实草原经营者生态保护主体责任。完善荒漠生态保护制度，加强沙区天然植被和绿洲保护。全面推行河长制湖长制，鼓励将河长湖长体系延伸至村一级。推进河湖饮用水水源保护区划定和立界工作，加强对水源涵养区、蓄洪滞涝区、滨河滨湖带的保护。严格落实自然保护区、风景名胜区、地质遗迹等各类保护地保护制度，支持有条件的地方结合国家公园体制试点，探索对居住在核心区域的农牧民实施生态搬迁试点。

第三节　健全生态保护补偿机制

加大重点生态功能区转移支付力度，建立省以下生态保护补偿资金投入机制。完善重点领域生态保护补偿机制，鼓励地方因地制宜探索通过赎买、租赁、置换、协议、混合所有制等方式加强重点区位森林保护，落实草原生态保护补助奖励政策，建立长江流域重点水域禁捕补偿制度，鼓励各地建立流域上下游等横向补偿机制。推动市场化多元化生态补偿，建立健全用水权、排污权、碳排放权交易制度，形成森林、草原、湿地等生态修复工程参与碳汇交易的有效途径，探索实物补偿、服务补偿、设施补偿、对口支援、干部支持、共建园区、飞地经济等方式，提高补偿的针对性。

第四节　发挥自然资源多重效益

大力发展生态旅游、生态种养等产业，打造乡村生态产业链。进一步盘活森林、草原、湿地等自然资源，允许集体经济组织灵活利用现有生产服务设施用地开展相关经营活动。鼓励各类社会主体参与生态保护修复，对集中连片开展生态修复达到一定规模的经营主体，允许在符合土地管理法律法规和土地利用总体规划、依法办理建设用地审批手续、坚持节约集约用地的前提下，利用1%～3%治理面积从事旅游、康养、体育、设施农业等产业开发。

深化集体林权制度改革，全面开展森林经营方案编制工作，扩大商品林经营自主权，鼓励多种形式的适度规模经营，支持开展林权收储担保服务。完善生态资源管护机制，设立生态管护员工作岗位，鼓励当地群众参与生态管护和管理服务。进一步健全自然资源有偿使用制度，研究探索生态资源价值评估方法并开展试点。

专栏9 乡村生态保护与修复重大工程

（一）国家生态安全屏障保护与修复

继续推进京津风沙源区、岩溶石漠化区、西藏生态安全屏障、青海三江源区、祁连山等重点区域综合治理工程，深化山水林田湖草生态保护修复试点，加快构筑国家生态安全屏障。

（二）大规模国土绿化

全面推进三北、长江等重点防护林体系建设和天然林资源保护工程，完成营造林3 128万公顷。全面完成《新一轮退耕还林还草总体方案》确定的建设任务。在条件适宜地区推进规模化林场建设。积极推进森林质量精准提升工程，完成森林质量精准提升2 000万公顷。加快国家储备林及用材林基地建设，完成国家储备林建设333万公顷。

（三）草原保护与修复

继续推进退牧还草、草原防灾减灾、鼠虫草害防治、严重退化沙化草原治理、农牧交错带已垦草原治理等重大工程，严格实施草原禁牧和草畜平衡制度，落实草原生态保护补助奖励政策。

（四）湿地保护与修复

全面加强湿地保护，在国际和国家重要湿地、湿地自然保护区、国家湿地公园实施湿地保护与修复工程，对功能降低、生物多样性减少的湿地进行综合治理。建成一批生态型河塘，开展湿地可持续利用示范。

（五）重点流域环境综合治理

加快推进重点流域水污染防治，对现状水质达到或优于Ⅲ类的湖库水体开展生态环境安全评估，强化湖泊生态环境保护，加强重点湖库蓝藻水华防控。

（六）荒漠化、石漠化、水土流失综合治理

通过因地制宜实施封育保护、小流域综合治理、坡耕地治理等措施，新增水土流失治理面积28万平方千米，建成一批生态清洁小流域。持续推进防沙治沙和荒漠化防治，完成石漠化治理面积20万公顷。

（七）农村土地综合整治

统筹开展农村地区建设用地整理和土地复垦，优化农村土地利用格局，提高农村土地利用效率。到2020年，开展300个土地综合整治示范村镇建设，基本形成农村土地综合整治制度体系；到2022年，示范村镇建设扩大到1 000个，形成具备推广到全国的制度体系。

（八）重大地质灾害隐患治理

完善调查评价、监测预警、综合治理、应急防治等地质灾害防治体系，实现山地丘陵区地质灾害气象预警预报全覆盖，全面完成山地丘陵区地质灾害详细调查和重点地区地面沉降、地裂缝和岩溶塌陷调查，完成已发现的威胁人员密集区重大地质灾害隐患工程治理。

（九）生物多样性保护

开展生物多样性调查和评估，摸清生物多样性家底；构建生物多样性保护网络，掌握生物多样性动态变化趋势。推进自然保护区保护管理能力建设，保护和改善濒危野生动物栖息地，积极开展拯救繁育和野化放归。加强极小种群野生植物生境恢复和人工拯救。

（十）近岸海域综合治理

加快实施蓝色海湾整治行动，推动辽东湾、渤海湾、黄河口、胶州湾等重点河口海湾综合整治，强化海岸带保护与修复，完善入海排污口管理制度。

（十一）兴林富民行动

优化资源要素配置，构建布局合理、功能完备、结构优化的林业产业体系、服务体系，建立一批标准化、集约化、规模化示范基地。加快智慧林业发展，推动林区网络和信息基础设施基本全覆盖，建设林业基础数据库、资源监管体系、新型林区综合公共服务平台。大力推进森林生态标志产品认证，建立森林生态产品品牌保证监督体系和产品追溯体系，建设森林生态产品信息发布和网上交易平台。

第七篇　繁荣发展乡村文化

坚持以社会主义核心价值观为引领，以传承发展中华优秀传统文化为核心，以乡村公共文化服务体系建设为载体，培育文明乡风、良好家风、淳朴民风，推动乡村文化振兴，建设邻里守望、诚信重礼、勤俭节约的文明乡村。

第二十二章　加强农村思想道德建设

持续推进农村精神文明建设，提升农民精神风貌，倡导科学文明生活，不断提高乡村社会文明程度。

第一节　践行社会主义核心价值观

坚持教育引导、实践养成、制度保障三管齐下，采取符合农村特点的方式方法和载体，深化中国特色社会主义和中国梦宣传教育，大力弘扬民族精神和时代精神。加强爱国主义、集体主义、社会主义教育，深化民族团结进步教育。注重典型示范，深入实施时代新人培育工程，推出一批新时代农民的先进模范人物。把社会主义核心价值观融入法治建设，推动公正文明执法司法，彰显社会主流价值。强化公共政策价值导向，探索建立重大公共政策道德风险评估和纠偏机制。

第二节　巩固农村思想文化阵地

推动基层党组织、基层单位、农村社区有针对性地加强农村群众性思想政治工作。加强对农村社会热点难点问题的应对解读，合理引导社会预期。健全人文关怀和心理疏导机制，培育自尊自信、理性平和、积极向上的农村社会心态。深化文明村镇创建活动，进一步提高县级及以上文明村和文明乡镇的占比。广泛开展星级文明户、文明家庭等群众性精神文明创建活动。深入开展"扫黄打非"进基层。重视发挥社区教育作用，做好家庭教育，传承良好家风家训。完善文化科技卫生"三下乡"长效机制。

第三节　倡导诚信道德规范

深入实施公民道德建设工程，推进社会公德、职业道德、家庭美德、个人品德建设。推进诚信建设，强化农民的社会责任意识、规则意识、集体意识和主人翁意识。建立健全农村信用体系，完善守信激励和失信惩戒机制。弘扬劳动最光荣、劳动者最伟大的观念。弘扬中华孝道，强化孝敬父母、尊敬长辈的社会风尚。广泛开展好媳妇、好儿女、好公婆等评选表彰活动，开展寻找最美乡村教师、医生、村官、人民调解员等活动。深入宣传道德模范、身边好人的典型事迹，建立健全先进模范发挥作用的长效机制。

第二十三章　弘扬中华优秀传统文化

立足乡村文明，吸取城市文明及外来文化优秀成果，在保护传承的基础上，创造性转化、创新性发展，不断赋予时代内涵、丰富表现形式，为增强文化自信提供优质载体。

第一节　保护利用乡村传统文化

实施农耕文化传承保护工程，深入挖掘农耕文化中蕴含的优秀思想观念、人文精神、道德规范，充分发挥其在凝聚人心、教化群众、淳化民风中的重要作用。划定乡村建设的历史文化保护线，保护好文物古迹、传统村落、民族村寨、传统建筑、农业遗迹、灌溉工程遗产。传承传统建筑文化，使历史记忆、地域特色、民族特点融入乡村建设与维护。支持农村地区优秀戏曲曲艺、少数民族文化、民间文化等传承发展。完善非物质文化遗产保护制度，实施非物质文化遗产传承发展工程。实施乡村经济社会变迁物证征藏工程，鼓励乡村史志修编。

第二节 重塑乡村文化生态

紧密结合特色小镇、美丽乡村建设，深入挖掘乡村特色文化符号，盘活地方和民族特色文化资源，走特色化、差异化发展之路。以形神兼备为导向，保护乡村原有建筑风貌和村落格局，把民族民间文化元素融入乡村建设，深挖历史古韵，弘扬人文之美，重塑诗意闲适的人文环境和田绿草青的居住环境，重现原生田园风光和原本乡情乡愁。引导企业家、文化工作者、退休人员、文化志愿者等投身乡村文化建设，丰富农村文化业态。

第三节 发展乡村特色文化产业

加强规划引导、典型示范，挖掘培养乡土文化本土人才，建设一批特色鲜明、优势突出的农耕文化产业展示区，打造一批特色文化产业乡镇、文化产业特色村和文化产业群。大力推动农村地区实施传统工艺振兴计划，培育形成具有民族和地域特色的传统工艺产品，促进传统工艺提高品质、形成品牌、带动就业。积极开发传统节日文化用品和武术、戏曲、舞龙、舞狮、锣鼓等民间艺术、民俗表演项目，促进文化资源与现代消费需求有效对接。推动文化、旅游与其他产业深度融合、创新发展。

第二十四章 丰富乡村文化生活

推动城乡公共文化服务体系融合发展，增加优秀乡村文化产品和服务供给，活跃繁荣农村文化市场，为广大农民提供高质量的精神营养。

第一节 健全公共文化服务体系

按照有标准、有网络、有内容、有人才的要求，健全乡村公共文化服务体系。推动县级图书馆、文化馆总分馆制，发挥县级公共文化机构辐射作用，加强基层综合性文化服务中心建设，实现乡村两级公共文化服务全覆盖，提升服务效能。完善农村新闻出版广播电视公共服务覆盖体系，推进数字广播电视户户通，探索农村电影放映的新方法新模式，推进农家书屋延伸服务和提质增效。继续实施公共数字文化工程，积极发挥新媒体作用，使农民群众能便捷获取优质数字文化资源。完善乡村公共体育服务体系，推动村健身设施全覆盖。

第二节　增加公共文化产品和服务供给

深入推进文化惠民，为农村地区提供更多更好的公共文化产品和服务。建立农民群众文化需求反馈机制，推动政府向社会购买公共文化服务，开展"菜单式"、"订单式"服务。加强公共文化服务品牌建设，推动形成具有鲜明特色和社会影响力的农村公共文化服务项目。开展文化结对帮扶。支持"三农"题材文艺创作生产，鼓励文艺工作者推出反映农民生产生活尤其是乡村振兴实践的优秀文艺作品。鼓励各级文艺组织深入农村地区开展惠民演出活动。加强农村科普工作，推动全民阅读进家庭、进农村，提高农民科学文化素养。

第三节　广泛开展群众文化活动

完善群众文艺扶持机制，鼓励农村地区自办文化。培育挖掘乡土文化本土人才，支持乡村文化能人。加强基层文化队伍培训，培养一支懂文艺爱农村爱农民、专兼职相结合的农村文化工作队伍。传承和发展民族民间传统体育，广泛开展形式多样的农民群众性体育活动。鼓励开展群众性节日民俗活动，支持文化志愿者深入农村开展丰富多彩的文化志愿服务活动。活跃繁荣农村文化市场，推动农村文化市场转型升级，加强农村文化市场监管。

专栏10　乡村文化繁荣兴盛重大工程

（一）农耕文化保护传承

按照在发掘中保护、在利用中传承的思路，制定国家重要

农业文化遗产保护传承指导意见，开展重要农业文化遗产展览展示，充分挖掘和弘扬中华优秀传统农耕文化，加大农业文化遗产宣传推介力度。

（二）戏曲进乡村

以县为基本单位，组织各级各类戏曲演出团体深入农村基层，为农民提供戏曲等多种形式的文艺演出，促进戏曲艺术在农村地区的传播普及和传承发展，争取到2020年在全国范围实现戏曲进乡村制度化、常态化、普及化。

（三）贫困地区村综合文化服务中心建设

在贫困地区百县万村综合文化服务中心示范工程和贫困地区民族自治县、边境县村综合文化服务中心覆盖工程的基础上，加大对贫困地区村级文化设施建设的支持力度，实现贫困地区村级综合文化服务中心全覆盖。

（四）中国民间文化艺术之乡

深入发掘农村各类优秀民间文化资源，培育特色文化品牌，培养一批扎根农村的乡土文化人才，每3年评审命名一批"中国民间文化艺术之乡"。

（五）古村落、古民居保护利用

完成全国重点文物保护单位和省级文物保护单位集中成片传统村落整体保护利用项目。吸引社会力量，实施"拯救老屋"行动，开展乡村遗产客栈示范项目，探索古村落古民居利用新途径，促进古村落的保护和振兴。

（六）少数民族特色村寨保护与发展

遴选2 000个基础条件较好、民族特色鲜明、发展成效突出、示范带动作用强的少数民族特色村寨，打造成为少数民族特色村寨建设典范。深化民族团结进步教育，铸牢中华民族共同体意识，加强各民族交往交流交融。

（七）乡村传统工艺振兴

实施中国传统工艺振兴计划，从贫困地区试点起步，以非物质文化遗产传统工艺技能培训为抓手，帮助乡村群众掌握一门手艺或技术。支持具备条件的地区搭建平台，整合资源，提高传统工艺产品设计、制作水平，形成具有一定影响力的地方品牌。

（八）乡村经济社会变迁物证征藏

支持有条件的乡村依托古遗址、历史建筑、古民居等历史文化资源，建设遗址博物馆、生态（社区）博物馆、户外博物馆等，通过对传统村寨、街区建筑格局、整体风貌、生产生活等传统文化和生态环境的综合保护与展示，再现乡村文明发展轨迹。

第八篇　健全现代乡村治理体系

把夯实基层基础作为固本之策，建立健全党委领导、政府负责、社会协同、公众参与、法治保障的现代乡村社会治理体制，推动乡村组织振兴，打造充满活力、和谐有序的善治乡村。

第二十五章　加强农村基层党组织对乡村振兴的全面领导

以农村基层党组织建设为主线，突出政治功能，提升组织力，把农村基层党组织建成宣传党的主张、贯彻党的决定、领导基层治理、团结动员群众、推动改革发展的坚强战斗堡垒。

第一节　健全以党组织为核心的组织体系

坚持农村基层党组织领导核心地位，大力推进村党组织书记通过法定程序担任村民委员会主任和集体经济组织、农民合作组织负责人，推行村"两委"班子成员交叉任职；提倡由非村民委员会成员的村党组织班子成员或党员担任村务监督委员会主任；村民委员会成员、村民代表中党员应当占一定比例。在以建制村为基本单元设置党组织的基础上，创新党组织设置。推动农村基层党组织和党员在脱贫攻坚和乡村振兴中提高威信、提升影响。

加强农村新型经济组织和社会组织的党建工作，引导其始终坚持为农民服务的正确方向。

第二节　加强农村基层党组织带头人队伍建设

实施村党组织带头人整体优化提升行动。加大从本村致富能手、外出务工经商人员、本乡本土大学毕业生、复员退伍军人中培养选拔力度。以县为单位，逐村摸排分析，对村党组织书记集中调整优化，全面实行县级备案管理。健全从优秀村党组织书记中选拔乡镇领导干部、考录乡镇公务员、招聘乡镇事业编制人员机制。通过本土人才回引、院校定向培养、县乡统筹招聘等渠道，每个村储备一定数量的村级后备干部。全面向贫困村、软弱涣散村和集体经济薄弱村党组织派出第一书记，建立长效机制。

第三节　加强农村党员队伍建设

加强农村党员教育、管理、监督，推进"两学一做"学习教育常态化制度化，教育引导广大党员自觉用习近平新时代中国特色社会主义思想武装头脑。严格党的组织生活，全面落实"三会一课"、主题党日、谈心谈话、民主评议党员、党员联系农户等制度。加强农村流动党员管理。注重发挥无职党员作用。扩大党内基层民主，推进党务公开。加强党内激励关怀帮扶，定期走访慰问农村老党员、生活困难党员，帮助解决实际困难。稳妥有序开展不合格党员组织处置工作。加大在青年农民、外出务工人员、妇女中发展党员力度。

第四节　强化农村基层党组织建设责任与保障

推动全面从严治党向纵深发展、向基层延伸，严格落实各级党委尤其是县级党委主体责任，进一步压实县乡纪委监督责任，将抓党建促脱贫攻坚、促乡村振兴情况作为每年市县乡党委书记抓基层党建述职评议考核的重要内容，纳入巡视、巡察工作内容，作为领导班子综合评价和选拔任用领导干部的重要依据。坚持抓乡促村，整乡推进、整县提升，加强基本组织、基本队伍、基本制度、基本活动、基本保障建设，持续整顿软弱涣散村党组织。加强农村基层党风廉政建设，强化农村基层干部和党员的日常教育管理监督，加强对《农村基层干部廉洁履行职责若干规定（试行）》执行情况的监督检查，弘扬新风正气，抵制歪风邪气。充分发挥纪检监察机关在督促相关职能部门抓好中央政策落实方面的作用，加强对落实情况特别是涉农资金拨付、物资调配等工作的监督，开展扶贫领域腐败和作风问题专项治理，严厉打击农村基层黑恶势力和涉黑涉恶腐败及"保护伞"，严肃查处发生在惠农资金、征地拆迁、生态环保和农村"三资"管理领域的违纪违法问题，坚决纠正损害农民利益的行为，严厉整治群众身边腐败问题。全面执行以财政投入为主的稳定的村级组织运转经费保障政策。满怀热情关心关爱农村基层干部，政治上激励、工作上支持、待遇上保障、心理上关怀。重视发现和树立优秀农村基层干部典型，彰显榜样力量。

第二十六章 促进自治法治德治有机结合

坚持自治为基、法治为本、德治为先，健全和创新村党组织领导的充满活力的村民自治机制，强化法律权威地位，以德治滋养法治、涵养自治，让德治贯穿乡村治理全过程。

第一节 深化村民自治实践

加强农村群众性自治组织建设。完善农村民主选举、民主协商、民主决策、民主管理、民主监督制度。规范村民委员会等自治组织选举办法，健全民主决策程序。依托村民会议、村民代表会议、村民议事会、村民理事会等，形成民事民议、民事民办、民事民管的多层次基层协商格局。创新村民议事形式，完善议事决策主体和程序，落实群众知情权和决策权。全面建立健全村务监督委员会，健全务实管用的村务监督机制，推行村级事务阳光工程。充分发挥自治章程、村规民约在农村基层治理中的独特功能，弘扬公序良俗。继续开展以村民小组或自然村为基本单元的村民自治试点工作。加强基层纪委监委对村民委员会的联系和指导。

第二节 推进乡村法治建设

深入开展"法律进乡村"宣传教育活动，提高农民法治素养，引导干部群众尊法学法守法用法。增强基层干部法治观念、法治为民意识，把政府各项涉农工作纳入法治化轨道。维护村民委员会、农村集体经济组织、农村合作经济组织的特别法人地位和权利。深入推进综合行政执法改革向基层延伸，创新监管方式，推动执法队伍整合、执法力量下沉，提高执法能力和水平。加强乡村人民调解组织建设，建立健全乡村调解、县市仲裁、司法保障的农村土地承包经营纠纷调处机制。健全农村公共法律服务体系，加强对农民的法律援助、司法救助和公益法律服务。深入开展法治县（市、区）、民主法治示范村等法治创建活动，深化农村基层组织依法治理。

第三节　提升乡村德治水平

深入挖掘乡村熟人社会蕴含的道德规范，结合时代要求进行创新，强化道德教化作用，引导农民向上向善、孝老爱亲、重义守信、勤俭持家。建立道德激励约束机制，引导农民自我管理、自我教育、自我服务、自我提高，实现家庭和睦、邻里和谐、干群融洽。积极发挥新乡贤作用。深入推进移风易俗，开展专项文明行动，遏制大操大办、相互攀比、"天价彩礼"、厚葬薄养等陈规陋习。加强无神论宣传教育，抵制封建迷信活动。深化农村殡葬改革。

第四节　建设平安乡村

健全落实社会治安综合治理领导责任制，健全农村社会治安防控体系，推动社会治安防控力量下沉，加强农村群防群治队伍建设。深入开展扫黑除恶专项斗争。依法加大对农村非法宗教、邪教活动打击力度，严防境外渗透，继续整治农村乱建宗教活动场所、滥塑宗教造像。完善县乡村三级综治中心功能和运行机制。健全农村公共安全体系，持续开展农村安全隐患治理。加强农村警务、消防、安全生产工作，坚决遏制重特大安全事故。健全矛盾纠纷多元化解机制，深入排查化解各类矛盾纠纷，全面推广"枫桥经验"，做到小事不出村、大事不出乡（镇）。落实乡镇政府农村道路交通安全监督管理责任，探索实施"路长制"。探索以网格化管理为抓手，推动基层服务和管理精细化精准化。推进农村

"雪亮工程"建设。

第二十七章　夯实基层政权

科学设置乡镇机构，构建简约高效的基层管理体制，健全农村基层服务体系，夯实乡村治理基础。

第一节　加强基层政权建设

面向服务人民群众合理设置基层政权机构、调配人力资源，不简单照搬上级机关设置模式。根据工作需要，整合基层审批、服务、执法等方面力量，统筹机构编制资源，整合相关职能设立综合性机构，实行扁平化和网格化管理。推动乡村治理重心下移，尽可能把资源、服务、管理下放到基层。加强乡镇领导班子建设，有计划地选派省市县机关部门有发展潜力的年轻干部到乡镇任职。加大从优秀选调生、乡镇事业编制人员、优秀村干部、大学生村官中选拔乡镇领导班子成员力度。加强边境地区、民族地区农村基层政权建设相关工作。

第二节　创新基层管理体制机制

明确县乡财政事权和支出责任划分，改进乡镇财政预算管理制度。推进乡镇协商制度化、规范化建设，创新联系服务群众工作方法。推进直接服务民生的公共事业部门改革，改进服务方式，最大限度方便群众。推动乡镇政务服务事项一窗式办理、部门信息系统一平台整合、社会服务管理大数据一口径汇集，不断提高乡村治理智能化水平。健全监督体系，规范乡镇管理行为。改革创新考评体系，强化以群众满意度为重点的考核导向。严格控制对乡镇设立不切实际的"一票否决"事项。

第三节　健全农村基层服务体系

制定基层政府在村（农村社区）治理方面的权责清单，推进农村基层服务规范化标准化。整合优化公共服务和行政审批职责，打造"一门式办理"、"一站式服务"的综合服务平台。在村庄普遍建立网上服务站点，逐步形成完善的乡村便民服务体系。大力培育服务性、公益性、互助性农村社会组织，积极发展农村社会工作和志愿服务。开展农村基层减负工作，集中清理对村级组织考核评比多、创建达标多、检查督查多等突出问题。

专栏11 乡村治理体系构建计划

（一）乡村便民服务体系建设

按照每百户居民拥有综合服务设施面积不低于30平方米的标准，加快农村社区综合服务设施覆盖。实施"互联网+农村社区"计划，推进农村社区公共服务综合信息平台建设。培育发展农村社区社会组织，加强农村社区工作者队伍建设，健全分级培训制度。

（二）"法律进乡村"宣传教育

开展"送法律进农村，维稳定促发展"农村主题法治宣传教育活动。利用农贸会、庙会和农村各种集市，组织法治宣传员、志愿者、人民调解员等进行现场法律咨询，发放宣传资料和普法读物。组织法治文艺演出，以农民群众喜闻乐见的形式把法律送到千家万户。

（三）"民主法治示范村"创建

健全"民主法治示范村"创建标准体系，深入推进农村民主选举、民主协商、民主决策、民主管理、民主监督，推进村务、财务公开，实现农民自我管理、自我教育、自我服务，提高农村社会法治化管理水平。

（四）农村社会治安防控体系建设

健全农村人防、技防、物防有机结合的防控网，增加农村集贸市场、庙会、商业网点、文化娱乐场所、车站码头、旅游景点等重点地区治安室与报警点设置，加强农村综治中心规范化建设，深化拓展农村网格化服务管理，加强农村消防、交通、危险物品、大型群众性活动安全监督，形成具有农村特色的社会治安防控格局。

（五）乡村基层组织运转经费保障

强化村级组织运转经费保障落实工作，开展定期检查督导，建立完善激励约束机制，健全公共财政支持和村级集体经济收益自我补充的保障机制，不断提高村级组织建设和运转的保障能力，为实施乡村振兴战略发挥基层组织的领导作用奠定基础。

第九篇　保障和改善农村民生

坚持人人尽责、人人享有，围绕农民群众最关心最直接最现实的利益问题，加快补齐农村民生短板，提高农村美好生活保障水平，让农民群众有更多实实在在的获得感、幸福感、安全感。

第二十八章　加强农村基础设施建设

继续把基础设施建设重点放在农村，持续加大投入力度，加快补齐农村基础设施短板，促进城乡基础设施互联互通，推动农村基础设施提挡升级。

第一节　改善农村交通物流设施条件

以示范县为载体全面推进"四好农村路"建设，深化农村公路管理养护体制改革，健全管理养护长效机制，完善安全防护设施，保障农村地区基本出行条件。推动城市公共交通线路向城市周边延伸，鼓励发展镇村公交，实现具备条件的建制村全部通客车。加大对革命老区、民族地区、边疆地区、贫困地区铁路公益性运输的支持力度，继续开好"慢火车"。加快构建农村物流基础设施骨干网络，鼓励商贸、邮政、快递、供销、运输等企业加大在农村地区的设施网络布局。加快完善农村物流基础设施末端网络，鼓励有条件的地区建设面向农村地区的共同配送中心。

第二节　加强农村水利基础设施网络建设

构建大中小微结合、骨干和田间衔接、长期发挥效益的农村水利基础设施网络，着力提高节水供水和防洪减灾能力。科学有序推进重大水利工程建设，加强灾后水利薄弱环节建设，统筹推进中小型水源工程和抗旱应急能力建设。巩固提升农村饮水安全保障水平，开展大中型灌区续建配套节水改造与现代化建设，有序新建一批节水型、生态型灌区，实施大中型灌排泵站更新改造。推进小型农田水利设施达标提质，实施水系连通和河塘清淤整治等工程建设。推进智慧水利建设。深化农村水利工程产权制度与管理体制改革，健全基层水利服务体系，促进工程长期良性运行。

第三节　构建农村现代能源体系

优化农村能源供给结构，大力发展太阳能、浅层地热能、生物质能等，因地制宜开发利用水能和风能。完善农村能源基础设施网络，加快新一轮农村电网升级改造，推动供气设施向农村延伸。加快推进生物质热电联产、生物质供热、规模化生物质天然气和规模化大型沼气等燃料清洁化工程。推进农村能源消费升级，大幅提高电能在农村能源消费中的比重，加快实施北方农村地区冬季清洁取暖，积极稳妥推进散煤替代。推广农村绿色节能建筑和农用节能技术、产品。大力发展"互联网+"智慧能源，探索建设农村能源革命示范区。

第四节　夯实乡村信息化基础

深化电信普遍服务，加快农村地区宽带网络和第四代移动通信网络覆盖步伐。实施新一代信息基础设施建设工程。实施数字乡村战略，加快物联网、地理信息、智能设备等现代信息技术与农村生产生活的全面深度融合，深化农业农村大数据创新应用，推广远程教育、远程医疗、金融服务进村等信息服务，建立空间化、智能化的新型农村统计信息系统。在乡村信息化基础设施建设过程中，同步规划、同步建设、同步实施网络安全工作。

专栏12　农村基础设施建设重大工程

（一）农村公路建设

对具备条件的乡镇、建制村全部实现通硬化路，加强窄路基或窄路面路段加宽改建。对存在安全隐患的路段增设安全防护设施，改造农村公路危桥，有序推进较大人口规模的撤并建制村通硬化路。开展国有农场林场林区道路建设。

（二）农村交通物流基础设施网络建设

支持农贸市场、农村"夫妻店"等传统流通网点改进提升现有设施设备，拓展配送等物流服务功能。到2020年，在行政村和具备条件的自然村基本实现物流配送网点全覆盖。完善农村客货运服务网络，支持县级客运站和乡镇客运综合服务站建设和改造。鼓励创新农村客运和物流配送组织模式，推进城乡客运、城乡配送协调发展。

（三）农村水利基础设施网络建设

完成流域面积3 000平方千米及以上的244条重要河流治理，加快推进流域面积，200～3 000平方千米中小河流治理；实施1.3万余座小型病险水库除险加固；开展543个县的农村基层防汛预报预警体系建设。完成大型灌区续建配套节水改造任务。新建廖坊二期、大桥二期等一批大型灌区。完成大型灌排泵站更新改造任务。

（四）农村能源基础设施建设

因地制宜建设农村分布式清洁能源网络，开展分布式能源系统示范项目。开展农村可再生能源千村示范。启动农村燃气基础设施建设，扩大清洁气体燃料利用规模。农村电网供电可靠率达到99.8%，综合电压合格率达到97.9%，户均配变容量不低于2千伏安，天然气基础设施覆盖面和通达度显著提高。

（五）农村新一代信息网络建设

高速宽带城乡全覆盖，2018年提前实现98%行政村通光纤，重点支持边远地区等第四代移动通信基站建设。持续加强光纤到村建设，完善4G网络向行政村和有条件的自然村覆盖，到2020年，中西部农村家庭宽带普及率达到40%，在部分地区推进"百兆乡村"示范及配套支撑工程。改造提升乡镇及以下区域光纤宽带渗透率和接入能力，开展有关城域网扩容，实现90%以上宽带用户接入能力达到50Mbps以上，有条件地区可提供100Mbps以上接入服务能力。

第二十九章　提升农村劳动力就业质量

坚持就业优先战略和积极就业政策，健全城乡均等的公共就业服务体系，不断提升农村劳动者素质，拓展农民外出就业和就地就近就业空间，实现更高质量和更充分就业。

第一节　拓宽转移就业渠道

增强经济发展创造就业岗位能力，拓宽农村劳动力转移就业渠道，引导农村劳动力外出就业，更加积极地支持就地就近就业。发展壮大县域经济，加快培育区域特色产业，拓宽农民就业空间。大力发展吸纳就业能力强的产业和企业，结合新型城镇化建设合理引导产业梯度转移，创造更多适合农村劳动力转移就业的机会，推进农村劳动力转移就业示范基地建设。加强劳务协作，积极开展有组织的劳务输出。实施乡村就业促进行动，大力发展乡村特色产业，推进乡村经济多元化，提供更多就业岗位。结合农村基础设施等工程建设，鼓励采取以工代赈方式就近吸纳农村劳动力务工。

第二节　强化乡村就业服务

健全覆盖城乡的公共就业服务体系，提供全方位公共就业服务。加强乡镇、行政村基层平台建设，扩大就业服务覆盖面，提升服务水平。开展农村劳动力资源调查统计，建立农村劳动力资源信息库并实行动态管理。加快公共就业服务信息化建设，打造线上线下一体的服务模式。推动建立覆盖城乡全体劳动者、贯穿劳动者学习工作终身、适应就业和人才成长需要的职业技能培训制度，增强职业培训的针对性和有效性。在整合资源基础上，合理布局建设一批公共实训基地。

第三节　完善制度保障体系

推动形成平等竞争、规范有序、城乡统一的人力资源市场，建立健全城乡劳动者平等就业、同工同酬制度，提高就业稳定性和收入水平。健全人力资源市场法律法规体系，依法保障农村劳动者和用人单位合法权益。完善政府、工会、企业共同参与的协调协商机制，构建和谐劳动关系。落实就业服务、人才激励、教育培训、资金奖补、金融支持、社会保险等就业扶持相关政策。加强就业援助，对就业困难农民实行分类帮扶。

专栏13　乡村就业促进行动

(一)农村就业岗位开发

发展壮大县域经济，优化农村产业结构，加快推进农村一二三产业融合发展。鼓励在乡村地区新办环境友好型和劳动密集型企业。发展乡村特色产业，振兴传统工艺，培育一批家庭工场、手工作坊、乡村车间。

(二)农村劳动力职业技能培训

通过订单、定向和定岗式培训，对农村未升学初高中毕业生等新生代农民工开展就业技能培训，累计开展农民工培训4 000万人次。继续实施春潮行动，到2020年，使各类农村转移就业劳动者都有机会接受1次相应的职业培训。

(三)城乡职业技能公共实训基地建设

充分利用现有设施设备，结合地区实际，建设一批区域性大型公共实训基地、市级综合型公共实训基地和县级地方产业特色型公共实训基地，构筑布局合理、定位明确、功能突出、信息互通、协调发展的职业技能实训基地网络。

(四)乡村公共就业服务体系建设

加强县级公共就业和社会保障服务机构及乡镇、行政村基层服务平台建设，合理配备经办管理服务人员，改善服务设施设备，推进基层公共就业和社会保障服务全覆盖。推进乡村公共就业服务全程信息化，开展网上服务，进行劳动力资源动态监测。开展基层服务人员能力提升计划。

第三十章　增加农村公共服务供给

继续把国家社会事业发展的重点放在农村，促进公共教育、医疗卫生、社会保障等资源向农村倾斜，逐步建立健全全民覆盖、普惠共享、城乡一体的基本公共服务体系，推进城乡基本公共服务均等化。

第一节　优先发展农村教育事业

统筹规划布局农村基础教育学校，保障学生就近享有有质量的教育。科学推进义务教育公办学校标准化建设，全面改善贫困地区义务教育薄弱学校基本办学条件，加强寄宿制学校建设，提升乡村教育质量，实现县域校际资源均衡配置。发展农村学前教育，每个乡镇至少办好1所公办中心幼儿园，完善县乡村学前教育公共服务网络。继续实施特殊教育提升计划。科学稳妥推行民族地区乡村中小学双语教育，坚定不移推行国家通用语言文字教育。实施高中阶段教育普及攻坚计划，提高高中阶段教育普及水平。大力发展面向农村的职业教育，加快推进职业院校布局结构调整，加强县级职业教育中心建设，有针对性地设置专业和课程，满足乡村产业发展和振兴需要。推动优质学校辐射农村薄弱学校常态化，加强城乡教师交流轮岗。积极发展"互联网＋教育"，推进乡村学校信息化基础设施建设，优化数字教育资源公共服务体系。落实好乡村教师支持计划，继续实施农村义务教育学校教师特设岗位计划，加强乡村学校紧缺学科教师和民族地区双语教师培训，落实乡村教师生活补助政策，建好建强乡村教师队伍。

第二节　推进健康乡村建设

深入实施国家基本公共卫生服务项目，完善基本公共卫生服务项目补助政策，提供基础性全方位全周期的健康管理服务。加强慢性病、地方病综合防控，大力推进农村地区精神卫生、职业病和重大传染病防治。深化农村计划生育管理服务改革，落实全面两孩政策。增强妇幼健康服务能力，倡导优生优育。加强基层医疗卫生服务体系建设，基本实现每个乡镇都有1所政府举办的乡镇卫生院，每个行政村都有1所卫生室，每个乡镇卫生院都有全科医生，支持中西部地区基层医疗卫生机构标准化建设和设备提挡升级。切实加强乡村医生队伍建设，支持并推动乡村医生申请执业（助理）医师资格。全面建立分级诊疗制度，实行差别化的医保支付和价格政策。深入推进基层卫生综合改革，完善基层医疗卫生机构绩效工资制度。开展和规范家庭医生签约服务。树立大卫生大健康理念，广泛开展健康教育活动，倡导科学文明健康的生活方式，养成良好卫生习惯，提升居民文明卫生素质。

第三节　加强农村社会保障体系建设

按照兜底线、织密网、建机制的要求，全面建成覆盖全民、城乡统筹、权责清晰、保障适度、可持续的多层次社会保障体系。进一步完善城乡居民基本养老保险制度，加快建立城乡居民基本养老保险待遇确定和基础养老金标准正常调整机制。完善统一的城乡居民基本医疗保险制度和大病保险制度，做好农民重特大疾病救助工作，健全医疗救助与基本医疗保险、城乡居民大病保险及相关保障制度的衔接机制，巩固城乡居民医保全国异地就医联网直接结算。推进低保制度城乡统筹发展，健全低保标准动态调整机制。全面实施特困人员救助供养制度，提升托底保障能力和服务质量。推动各地通过政府购买服务、设置基层公共管理和社会服务岗位、引入社会工作专业人才和志愿者等方式，为农村留守儿童和妇女、老年人以及困境儿童提供关爱服务。加强和改善农村残疾人服务，将残疾人普遍纳入社会保障体系予以保障和扶持。

第四节　提升农村养老服务能力

适应农村人口老龄化加剧形势，加快建立以居家为基础、社区为依托、机构为补充的多层次农村养老服务体系。以乡镇为中心，建立具有综合服务功能、医养相结合的养老机构，与农村基本公共服务、农村特困供养服务、农村互助养老服务相互配合，形成农村基本养老服务网络。提高乡村卫生服务机构为老年人提供医疗保健服务的能力。支持主要面向失能、半失能老年人的农村养老服务设施建设，推进农村幸福院等互助型养老服务发展，建立健全农村留守老年人关爱服务体系。开发农村康养产业项目。鼓励村集体建设用地优先用于发展养老服务。

第五节 加强农村防灾减灾救灾能力建设

坚持以防为主、防抗救相结合，坚持常态减灾与非常态救灾相统一，全面提高抵御各类灾害综合防范能力。加强农村自然灾害监测预报预警，解决农村预警信息发布"最后一公里"问题。加强防灾减灾工程建设，推进实施自然灾害高风险区农村困难群众危房改造。全面深化森林、草原火灾防控治理。大力推进农村公共消防设施、消防力量和消防安全管理组织建设，改善农村消防安全条件。推进自然灾害救助物资储备体系建设。开展灾害救助应急预案编制和演练，完善应对灾害的政策支持体系和灾后重建工作机制。在农村广泛开展防灾减灾宣传教育。

专栏14 农村公共服务提升计划

(一)乡村教育质量提升

合理布局农村地区义务教育学校，保留并办好必要的小规模学校，乡村小规模学校和乡镇寄宿制学校全部达到基本办学标准。实施加快中西部教育发展行动计划，逐步实现乡村义务教育公办学校的师资标准化配置和校舍、场地标准化。加大对教育薄弱地区高中阶段教育发展支持力度，努力办好乡镇普通高中，加强乡村普惠性幼儿园建设。推进师范生实训中心和乡村教师发展机构建设，加大对乡村学校校长教师的培训力度。继续实施并扩大特岗计划规模，逐步达到每年招聘10万人，落实好特岗教师待遇。加快实施"三通两平台"建设工程，继续支持农村中小学信息化基础设施建设。

(二)健康乡村计划

加强乡镇卫生院、社区卫生服务机构和村卫生室标准化建设，基层医疗卫生机构标准化达标率达到95%以上，公有产权村

卫生室比例达到80%以上，部分医疗服务能力强的中心乡镇卫生院医疗服务能力达到或接近二级综合医院水平，乡村两级医疗机构的门急诊人次占总诊疗人次65%左右。深入实施国家基本公共卫生服务项目。开展健康乡村建设，建成一批整洁有序、健康宜居的示范村镇。

（三）全民参保计划

实施全民参保计划，基本实现法定人员全覆盖。开展全民参保登记，建立全面、完善、准确、动态更新的社会保险基础数据库。以在城乡之间流动就业和居住农民为重点，鼓励持续参保，积极引导在城镇稳定就业的农民工参加职工社会保险。实施社会保障卡工程，不断提高乡村持卡人口覆盖率。

（四）农村养老计划

通过邻里互助、亲友相助、志愿服务等模式，大力发展农村互助养老服务。依托农村社区综合服务中心（站）、综合性文化服务中心、村卫生室、农家书屋、全民健身设施等，为老年人提供关爱服务。统筹规划建设公益性养老服务设施，50%的乡镇建有1所农村养老机构。

第十篇　完善城乡融合发展政策体系

顺应城乡融合发展趋势，重塑城乡关系，更好激发农村内部发展活力、优化农村外部发展环境，推动人才、土地、资本等要素双向流动，为乡村振兴注入新动能。

第三十一章　加快农业转移人口市民化

加快推进户籍制度改革，全面实行居住证制度，促进有能力在城镇稳定就业和生活的农业转移人口有序实现市民化。

第一节　健全落户制度

鼓励各地进一步放宽落户条件，除极少数超大城市外，允许农业转移人口在就业地落户，优先解决农村学生升学和参军进入城镇的人口、在城镇就业居住5年以上和举家迁徙的农业转移人口以及新生代农民工落户问题。区分超大城市和特大城市主城区、郊区、新区等区域，分类制定落户政策，重点解决符合条件的普通劳动者落户问题。全面实行居住证制度，确保各地居住证申领门槛不高于国家标准、享受的各项基本公共服务和办事便利不低于国家标准，推进居住证制度覆盖全部未落户城镇常住人口。

第二节　保障享有权益

不断扩大城镇基本公共服务覆盖面，保障符合条件的未落户农民工在流入地平等享受城镇基本公共服务。通过多种方式增加学位供给，保障农民工随迁子女以流入地公办学校为主接受义务教育，以普惠性幼儿园为主接受学前教育。完善就业失业登记管理制度，面向农业转移人口全面提供政府补贴职业技能培训服务。将农业转移人口纳入社区卫生和计划生育服务体系，提供基本医疗卫生服务。把进城落户农民完全纳入城镇社会保障体系，在农村参加的养老保险和医疗保险规范接入城镇社会保障体系，做好基本医疗保险关系转移接续和异地就医结算工作。把进城落户农民完全纳入城镇住房保障体系，对符合条件的采取多种方式满足基本住房需求。

第三节　完善激励机制

维护进城落户农民土地承包权、宅基地使用权、集体收益分配权，引导进城落户农民依法自愿有偿转让上述权益。加快户籍变动与农村"三权"脱钩，不得以退出"三权"作为农民进城落户的条件，促使有条件的农业转移人口放心落户城镇。落实支持农业转移人口市民化财政政策，以及城镇建设用地增加规模与吸纳农业转移人口落户数量挂钩政策，健全由政府、企业、个人共同参与的市民化成本分担机制。

第三十二章　强化乡村振兴人才支撑

实行更加积极、更加开放、更加有效的人才政策，推动乡村人才振兴，让各类人才在乡村大施所能、大展才华、大显身手。

第一节　培育新型职业农民

全面建立职业农民制度，培养新一代爱农业、懂技术、善经营的新型职业农民，优化农业从业者结构。实施新型职业农民培育工程，支持新型职业农民通过弹性学制参加中高等农业职业教育。创新培训组织形式，探索田间课堂、网络教室等培训方式，支持农民专业合作社、专业技术协会、龙头企业等主体承担培训。鼓励各地开展职业农民职称评定试点。引导符合条件的新型职业农民参加城镇职工养老、医疗等社会保障制度。

第二节　加强农村专业人才队伍建设

加大"三农"领域实用专业人才培育力度，提高农村专业人才服务保障能力。加强农技推广人才队伍建设，探索公益性和经营性农技推广融合发展机制，允许农技人员通过提供增值服务合理取酬，全面实施农技推广服务特聘计划。加强涉农院校和学科专业建设，大力培育农业科技、科普人才，深入实施农业科研杰出人才计划和杰出青年农业科学家项目，深化农业系列职称制度改革。

第三节　鼓励社会人才投身乡村建设

建立健全激励机制，研究制定完善相关政策措施和管理办法，鼓励社会人才投身乡村建设。以乡情乡愁为纽带，引导和支持企业家、党政干部、专家学者、医生教师、规划师、建筑师、律师、技能人才等，通过下乡担任志愿者、投资兴业、行医办学、捐资捐物、法律服务等方式服务乡村振兴事业，允许符合要求的公职人员回乡任职。落实和完善融资贷款、配套设施建设补助、税费减免等扶持政策，引导工商资本积极投入乡村振兴事业。继续实施"三区"（边远贫困地区、边疆民族地区和革命老区）人才支持计划，深入推进大学生村官工作，因地制宜实施"三支一扶"、高校毕业生基层成长等计划，开展乡村振兴"巾帼行动"、青春建功行动。建立城乡、区域、校地之间人才培养合作与交流机制。全面建立城市医生教师、科技文化人员等定期服务乡村机制。

专栏15　乡村振兴人才支撑计划

（一）农业科研杰出人才计划和杰出青年农业科学家项目

加快培养农业科技领军人才和创新团队。面向生物基因组学、土壤污染防控与治理、现代农业机械与装备等新兴领域和交叉学科，每年选拔支持100名左右杰出青年农业科学家开展重大科技创新。

（二）乡土人才培育计划

开展乡土人才示范培训，实施农村实用人才"职业素质和能力提升计划"，培育一批"土专家"、"田秀才"、产业发展带头人和农村电商人才，扶持一批农业职业经理人、经纪人，培养一批乡村工匠、文化能人和非物质文化遗产传承人。

（三）乡村财会管理"双基"提升计划

以乡村基础财务会计制度建设、基本财会人员选配和专业技术培训为重点，提升农村集体经济组织、农民合作组织、自治组织的财务会计管理水平和开展各类基本经济活动的规范管理能力。

（四）"三区"人才支持计划

每年引导10万名左右优秀教师、医生、科技人员、社会工作者、文化工作者到边远贫困地区、边疆民族地区和革命老区工作或提供服务。每年重点扶持培养1万名左右边远贫困地区、边疆民族地区和革命老区急需紧缺人才。

第三十三章　加强乡村振兴用地保障

完善农村土地利用管理政策体系，盘活存量，用好流量，辅以增量，激活农村土地资源资产，保障乡村振兴用地需求。

第一节　健全农村土地管理制度

总结农村土地征收、集体经营性建设用地入市、宅基地制度改革试点经验，逐步扩大试点，加快土地管理法修改。探索具体用地项目公共利益认定机制，完善征地补偿标准，建立被征地农民长远生计的多元保障机制。建立健全依法公平取得、节约集约使用、自愿有偿退出的宅基地管理制度。在符合规划和用途管制前提下，赋予农村集体经营性建设用地出让、租赁、入股权能，明确入市范围和途径。建立集体经营性建设用地增值收益分配机制。

第二节　完善农村新增用地保障机制

统筹农业农村各项土地利用活动，乡镇土地利用总体规划可以预留一定比例的规划建设用地指标，用于农业农村发展。根据规划确定的用地结构和布局，年度土地利用计划分配中可安排一定比例新增建设用地指标专项支持农业农村发展。对于农业生产过程中所需各类生产设施和附属设施用地，以及由于农业规模经营必须兴建的配套设施，在不占用永久基本农田的前提下，纳入设施农用地管理，实行县级备案。鼓励农业生产与村庄建设用地复合利用，发展农村新产业新业态，拓展土地使用功能。

第三节　盘活农村存量建设用地

完善农民闲置宅基地和闲置农房政策，探索宅基地所有权、资格权、使用权"三权分置"，落实宅基地集体所有权，保障宅基地农户资格权和农民房屋财产权，适度放活宅基地和农民房屋使用权，不得违规违法买卖宅基地，严格实行土地用途管制，严格禁止下乡利用农村宅基地建设别墅大院和私人会馆。在符合土地利用总体规划前提下，允许县级政府通过村土地利用规划调整优化村庄用地布局，有效利用农村零星分散的存量建设用地。对利用收储农村闲置建设用地发展农村新产业新业态的，给予新增建设用地指标奖励。

第三十四章　健全多元投入保障机制

健全投入保障制度，完善政府投资体制，充分激发社会投资的动力和活力，加快形成财政优先保障、社会积极参与的多元投入格局。

第一节　继续坚持财政优先保障

建立健全实施乡村振兴战略财政投入保障制度，明确和强化各级政府"三农"投入责任，公共财政更大力度向"三农"倾斜，确保财政投入与乡村振兴目标任务相适应。规范地方政府举债融资行为，支持地方政府发行一般债券用于支持乡村振兴领域公益性项目，鼓励地方政府试点发行项目融资和收益自平衡的专项债券，支持符合条件、有一定收益的乡村公益性建设项目。加大政府投资对农业绿色生产、可持续发展、农村人居环境、基本公共服务等重点领域和薄弱环节支持力度，充分发挥投资对优化供给结构的关键性作用。充分发挥规划的引领作用，推进行业内资金整合与行业间资金统筹相互衔接配合，加快建立涉农资金统筹整合长效机制。强化支农资金监督管理，提高财政支农资金使用效益。

第二节　提高土地出让收益用于农业农村比例

开拓投融资渠道，健全乡村振兴投入保障制度，为实施乡村振兴战略提供稳定可靠资金来源。坚持取之于地，主要用之于农的原则，制定调整完善土地出让收入使用范围、提高农业农村投入比例的政策性意见，所筹集资金用于支持实施乡村振兴战略。改进耕地占补平衡管理办法，建立高标准农田建设等新增耕地指标和城乡建设用地增减挂钩节余指标跨省域调剂机制，将所得收益通过支出预算全部用于巩固脱贫攻坚成果和支持实施乡村振兴战略。

第三节　引导和撬动社会资本投向农村

优化乡村营商环境，加大农村基础设施和公用事业领域开放力度，吸引社会资本参与乡村振兴。规范有序盘活农业农村基础设施存量资产，回收资金主要用于补短板项目建设。继续深化"放管服"改革，鼓励工商资本投入农业农村，为乡村振兴提供综合性解决方案。鼓励利用外资开展现代农业、产业融合、生态修复、人居环境整治和农村基础设施等建设。推广一事一议、以奖代补等方式，鼓励农民对直接受益的乡村基础设施建设投工投劳，让农民更多参与建设管护。

第三十五章　加大金融支农力度

健全适合农业农村特点的农村金融体系，把更多金融资源配置到农村经济社会发展的重点领域和薄弱环节，更好满足乡村振兴多样化金融需求。

第一节　健全金融支农组织体系

发展乡村普惠金融。深入推进银行业金融机构专业化体制机制建设，形成多样化农村金融服务主体。指导大型商业银行立足普惠金融事业部等专营机制建设，完善专业化的"三农"金融服务供给机制。完善中国农业银行、中国邮政储蓄银行"三农"金融事业部运营体系，明确国家开发银行、中国农业发展银行在乡村振兴中的职责定位，加大对乡村振兴信贷支持。支持中小型银行优化网点渠道建设，下沉服务重心。推动农村信用社省联社改革，保持农村信用社县域法人地位和数量总体稳定，完善村镇银行准入条件。引导农民合作金融健康有序发展。鼓励证券、保险、担保、基金、期货、租赁、信托等金融资源聚焦服务乡村振兴。

第二节　创新金融支农产品和服务

加快农村金融产品和服务方式创新，持续深入推进农村支付环境建设，全面激活农村金融服务链条。稳妥有序推进农村承包土地经营权、农民住房财产权、集体经营性建设用地使用权抵押贷款试点。探索县级土地储备公司参与农村承包土地经营权和农民住房财产权"两权"抵押试点工作。充分发挥全国信用信息共享平台和金融信用信息基础数据库的作用，探索开发新型信用类金融支农产品和服务。结合农村集体产权制度改革，探索利用量化的农村集体资产股权的融资方式。提高直接融资比重，支持农业企业依托多层次资本市场发展壮大。创新服务模式，引导持牌金融机构通过互联网和移动终端提供普惠金融服务，促进金融科技与农村金融规范发展。

第三节 完善金融支农激励政策

继续通过奖励、补贴、税收优惠等政策工具支持"三农"金融服务。抓紧出台金融服务乡村振兴的指导意见。发挥再贷款、再贴现等货币政策工具的引导作用，将乡村振兴作为信贷政策结构性调整的重要方向。落实县域金融机构涉农贷款增量奖励政策，完善涉农贴息贷款政策，降低农户和新型农业经营主体的融资成本。健全农村金融风险缓释机制，加快完善"三农"融资担保体系。充分发挥好国家融资担保基金的作用，强化担保融资增信功能，引导更多金融资源支持乡村振兴。制定金融机构服务乡村振兴考核评估办法。改进农村金融差异化监管体系，合理确定金融机构发起设立和业务拓展的准入门槛。守住不发生系统性金融风险底线，强化地方政府金融风险防范处置责任。

专栏16 乡村振兴金融支撑重大工程

（一）金融服务机构覆盖面提升

稳步推进村镇银行县市设立工作，扩大县域银行业金融机构服务覆盖面。在严格保持县域网点稳定的基础上，推动银行业金融机构在风险可控、有利于机构可持续发展的前提下，到空白乡镇设立标准化固定营业网点。

（二）农村金融服务"村村通"

在具备条件的行政村，依托农村社区超市、供销社经营网点，广泛布设金融电子机具、自助服务终端和网络支付端口等，推动金融服务向行政村延伸。

（三）农村金融产品创新

深化"银保合作"，开发设计以贷款保证保险为风险缓释手段的小额贷款产品。探索开展适合新型农业经营主体的订单融资和应收账款融资，以及农业生产设备、设施抵押贷款等业务。

（四）农行信用体系建设

搭建以"数据库＋网络"为核心的信用信息服务平台，提高信用体系覆盖面和应用成效，积极推进"信用户"、"信用村"、"信用乡镇"创建，提升农户融资可获得性，降低融资成本。

第十一篇　规划实施

实行中央统筹、省负总责、市县抓落实的乡村振兴工作机制，坚持党的领导，更好履行各级政府职责，凝聚全社会力量，扎实有序推进乡村振兴。

第三十六章　加强组织领导

坚持党总揽全局、协调各方，强化党组织的领导核心作用，提高领导能力和水平，为实现乡村振兴提供坚强保证。

第一节　落实各方责任

强化地方各级党委和政府在实施乡村振兴战略中的主体责任，推动各级干部主动担当作为。坚持工业农业一起抓、城市农村一起抓，把农业农村优先发展原则体现到各个方面。坚持乡村振兴重大事项、重要问题、重要工作由党组织讨论决定的机制，落实党政一把手是第一责任人、五级书记抓乡村振兴的工作要求。县委书记要当好乡村振兴"一线总指挥"，下大力气抓好"三农"工作。各地区要依照国家规划科学编制乡村振兴地方规划或方案，科学制定配套政策和配置公共资源，明确目标任务，细化实化政策措施，增强可操作性。各部门要各司其职、密切配合，抓紧制定专项规划或指导意见，细化落实并指导地方完成国家规划提出的主要目标任务。建立健全规划实施和工作推进机制，加强政策衔接和工作协调。培养造就一支懂农业、爱农村、爱农民的"三农"工作队伍，带领群众投身乡村振兴伟大事业。

第二节　强化法治保障

各级党委和政府要善于运用法治思维和法治方式推进乡村振

兴工作，严格执行现行涉农法律法规，在规划编制、项目安排、资金使用、监督管理等方面，提高规范化、制度化、法治化水平。完善乡村振兴法律法规和标准体系，充分发挥立法在乡村振兴中的保障和推动作用。推动各类组织和个人依法依规实施和参与乡村振兴。加强基层执法队伍建设，强化市场监管，规范乡村市场秩序，有效促进社会公平正义，维护人民群众合法权益。

第三节　动员社会参与

搭建社会参与平台，加强组织动员，构建政府、市场、社会协同推进的乡村振兴参与机制。创新宣传形式，广泛宣传乡村振兴相关政策和生动实践，营造良好社会氛围。发挥工会、共青团、妇联、科协、残联等群团组织的优势和力量，发挥各民主党派、工商联、无党派人士等积极作用，凝聚乡村振兴强大合力。建立乡村振兴专家决策咨询制度，组织智库加强理论研究。促进乡村振兴国际交流合作，讲好乡村振兴的中国故事，为世界贡献中国智慧和中国方案。

第四节　开展评估考核

加强乡村振兴战略规划实施考核监督和激励约束。将规划实施成效纳入地方各级党委和政府及有关部门的年度绩效考评内容，考核结果作为有关领导干部年度考核、选拔任用的重要依据，确保完成各项目标任务。本规划确定的约束性指标以及重大工程、重大项目、重大政策和重要改革任务，要明确责任主体和进度要求，确保质量和效果。加强乡村统计工作，因地制宜建立客观反映乡村振兴进展的指标和统计体系。建立规划实施督促检查机制，适时开展规划中期评估和总结评估。

第三十七章　有序实现乡村振兴

充分认识乡村振兴任务的长期性、艰巨性，保持历史耐心，避免超越发展阶段，统筹谋划，典型带动，有序推进，不搞齐步走。

第一节　准确聚焦阶段任务

在全面建成小康社会决胜期，重点抓好防范化解重大风险、精准脱贫、污染防治三大攻坚战，加快补齐农业现代化短腿和乡村建设短板。在开启全面建设社会主义现代化国家新征程时期，重点加快城乡融合发展制度设计和政策创新，推动城乡公共资源均衡配置和基本公共服务均等化，推进乡村治理体系和治理能力现代化，全面提升农民精神风貌，为乡村振兴这盘大棋布好局。

第二节　科学把握节奏力度

合理设定阶段性目标任务和工作重点，分步实施，形成统筹推进的工作机制。加强主体、资源、政策和城乡协同发力，避免代替农民选择，引导农民摒弃"等靠要"思想，激发农村各类主体活力，激活乡村振兴内生动力，形成系统高效的运行机制。立足当前发展阶段，科学评估财政承受能力、集体经济实力和社会资本动力，依法合规谋划乡村振兴筹资渠道，避免负债搞建设，防止刮风搞运动，合理确定乡村基础设施、公共产品、制度保障等供给水平，形成可持续发展的长效机制。

第三节　梯次推进乡村振兴

科学把握我国乡村区域差异，尊重并发挥基层首创精神，发掘和总结典型经验，推动不同地区、不同发展阶段的乡村有序实现农业农村现代化。发挥引领区示范作用，东部沿海发达地区、人口净流入城市的郊区、集体经济实力强以及其他具备条件的乡村，到2022年率先基本实现农业农村现代化。推动重点区加速发展，中小城市和小城镇周边以及广大平原、丘陵地区的乡村，涵盖我国大部分村庄，是乡村振兴的主战场，到2035年基本实现农业农村现代化。聚焦攻坚区精准发力，革命老区、民族地区、边疆地区、集中连片特困地区的乡村，到2050年如期实现农业农村现代化。

大力实施乡村振兴战略

韩长赋

习近平总书记所作的党的十九大报告高度重视"三农"工作，强调农业农村农民问题是关系国计民生的根本性问题，必须始终把解决好"三农"问题作为全党工作重中之重；提出坚持农业农村优先发展，实施乡村振兴战略。大力推进乡村振兴，并将其提升到战略高度、写入党章。这是党中央着眼于全面建成小康社会、全面建设社会主义现代化国家作出的重大战略决策，是加快农业农村现代化、提升亿万农民获得感幸福感、巩固党在农村的执政基础和实现中华民族伟大复兴的必然要求，为新时代农业农村改革发展指明了方向、明确了重点。

一、坚持农业农村优先发展

党的十八大以来，党中央坚持把解决好"三农"问题作为全党工作重中之重，统筹推进工农城乡协调发展，出台一系列强农惠农政策，实现了农业连年丰收、农民收入持续提高、农村社会和谐稳定。农业农村形势好，为经济社会发展全局提供了基础支撑。同时要清醒看到，当前我国最大的发展不平衡是城乡发展不平衡，最大的发展不充分是农村发展不充分。农业发展质量效益和竞争力不高，农民增收后劲不足，农村自我发展能力较弱，城

韩长赋系中央农村工作领导小组办公室主任，农业农村部党组书记、部长。

乡差距依然较大。要采取超常规振兴措施，在城乡统筹、融合发展的制度设计和政策创新上想办法、求突破。

习近平总书记强调，任何时候都不能忽视农业、忘记农民、淡漠农村；中国要强，农业必须强；中国要美，农村必须美；中国要富，农民必须富。党的十九大报告从全局和战略高度，明确提出坚持农业农村优先发展。这是一个重大战略思想，是党中央着眼"两个一百年"奋斗目标导向和农业农村短腿短板问题导向作出的战略安排，表明在全面建设社会主义现代化国家新征程中，要始终坚持把解决好"三农"问题作为全党工作重中之重，真正摆在优先位置。贯彻农业农村优先发展指导思想，要进一步调整理顺工农城乡关系，在要素配置上优先满足，在资源条件上优先保障，在公共服务上优先安排，加快农业农村经济发展，加快补齐农村公共服务、基础设施和信息流通等方面短板，显著缩小城乡差距。努力让农业成为有奔头的产业，让农民成为有吸引力的职业，让农村成为安居乐业的美丽家园。

二、实施乡村振兴战略的总要求

实施乡村振兴战略，要按照产业兴旺、生态宜居、乡风文明、治理有效、生活富裕的总要求，建立健全城乡融合发展体制机制和政策体系，加快推进农业农村现代化。产业兴旺，就是要紧紧围绕促进产业发展，引导和推动更多资本、技术、人才等要素向农业农村流动，调动广大农民的积极性、创造性，形成现代农业产业体系，促进农村一二三产业融合发展，保持农业农村经济发展旺盛活力。生态宜居，就是要加强农村资源环境保护，大力改善水电路气房讯等基础设施，统筹山水林田湖草保护建设，保护好绿水青山和清新清净的田园风光。乡风文明，就是要促进农村文化教育、医疗卫生等事业发展，推动移风易俗、文明进步，弘扬农耕文明和优良传统，使农民综合素质进一步提升、农村文明程度进一步提高。治理有效，就是要加强和创新农村社会治理，加强基层民主和法治建设，弘扬社会正气、惩治违法行为，使农村更加和谐安定有序。生活富裕，就是要让农民有持续稳定的收入来源，经济宽裕，生活便利，最终实现共同富裕。在实践中，推进乡村振兴，必须把大力发展农村生产力放在首位，支持和鼓励农民就业创业，拓宽增收渠道；必须坚持城乡一体化发展，体现农业农村优先原则；必须遵循乡村发展规律，保留乡村特色风貌。

三、不断深化农村改革

推进乡村振兴，根本要靠深化改革。党的十八大以来，中央出台了一系列深化农村改革的重要文件，作出了长远性、战略性制度安排，农村改革"四梁八柱"基本建立起来了，今后关键是抓落实、抓深化。

深化农村土地制度改革。习近平总书记指出，新形势下深化农村改革，主线仍然是处理好农民与土地的关系。党的十九大报告强调，保持土地承包关系稳定并长久不变，第二轮土地承包到期后再延长30年。这一重大决策意味着农村土地承包关系从第一轮承包开始保持稳定长达75年，彰显了中央坚定保护农民土地权益的决心。土地承包期再延长30年，时间节点与第二个百年奋斗目标相契合，既可以稳定农民预期，又为届时进一步完善政策留下空间。实行土地所有权、承包权、经营权"三权分置"，是我国农村改革的重大创新，实现了土地承包"变"与"不变"的辩证统一，回应了社会关切，满足了土地流转需要。要按时完成农村土地承包经营权确权登记颁证工作，探索"三权分置"多种实现形式，真正让农户的承包权稳下去、经营权活起来。

深化农村集体产权制度改革。这是继农村土地制度改革后农村改革的又一项大事，目的是保障农民财产权益，壮大集体经济。要贯彻落实中央《关于稳步推进农村集体产权制度改革的意见》，抓好农村集体资产清产核资，把集体家底摸清摸准；稳步扩大农村集体资产股份权能改革试点范围，推广成功经验和做法；盘活农村集体资产，提高农村各类资源要素的配置和利用效率，多途径发展壮大集体经济。

完善农业支持保护制度。总的方向是适应市场化、国际化形势，以保护和调动农民积极性为核心。主要是改革完善财政补贴政策，优化存量、扩大增量，更加注重支持结构调整、资源环境保护和科技研发等，探索建立粮食生产功能区、重要农产品生产保护区的利益补偿机制。以市场化为方向，深化粮食收储制度和价格形成机制改革，减少对市场的直接干预，保护生产者合理收益。完善农村金融保险政策和农产品贸易调控政策，促进产业健康发展。

四、加快建设现代农业

习近平总书记强调，没有农业现代化，没有农村繁荣富强，没有农民安居乐业，国家现代化是不完整、不全面、不牢固的。现代农业是现代化经济体系的基础。当前，农业现代化仍是"四化同步"的短腿。要牢固树立新发展理念，紧紧围绕推进农业供给侧结构性改革这条主线，以保障农产品有效供给、促进农民持续较快增收和农业可持续发展为目标，提高农业发展质量效益和竞争力，走产出高效、产品安全、资源节约、环境友好的农业现代化道路；确保到2020年农业现代化取得明显进展，力争到2035年基本实现农业现代化，到新中国成立100年时迈入世界农业现代化强国行列。加快建设现代农业，要重点抓好以下几方面工作。

确保国家粮食安全，把中国人的饭碗牢牢端在自己手中。解决好十几亿人吃饭问题始终是治国安邦的头等大事，是农业发展的首要任务。要巩固和提升粮食产能，实施藏粮于地、藏粮于技战略，坚决保护耕地，大规模开展高标准农田建设，保护提升耕地质量，提高农业良种化、机械化、科技化、信息化水平。加快划定和建设粮食生产功能区和重要农产品生产保护区，健全主产区利益补偿机制，调动地方政府重农抓粮和农民务农种粮的积极性。

构建现代农业三大体系。产业体系、生产体系、经营体系是现代农业的"三大支柱"。要加快构建现代农业产业体系，促进种植业、林业、畜牧业、渔业、农产品加工流通业、农业服务业转型升级和融合发展。加快构建现代农业生产体系，用现代物质装备武装农业，用现代科学技术服务农业，用现代生产方式改造农业，提升农业科技和装备应用水平，大力推进农业科技创新和成果应用，大力推进农业生产经营机械化和信息化，增强农业综合生产能力和抗风险能力。加快构建现代农业经营体系，大力培育新型职业农民和新型经营主体，健全农业社会化服务体系，提高农业经营集约化、组织化、规模化、社会化、产业化水平，加快农业转型升级。

调整农业结构，促进农村一二三产业融合发展。调整优化农业产品结构、产业结构和布局结构，促进粮经饲统筹、农林牧渔结合、种养加销一体、一二三产业融合发展，延长产业链，提升价值链。强化质量兴农、品牌强农，推进农业标准化生产、全程化监管，把增加绿色优质农产品放在突出位置，全面提升农产品质量安全水平。推进农业结构调整，当前要以玉米为重点推进种植业结构调整，以生猪和草食畜牧业为重点推进畜牧业结构调整，以保护资源和减量增收为重点推进渔业结构调整，以农产品加工业和农村"双创"为重点促进一二三产业融合发展，发展特色产业、休闲农业、乡村旅游、农村电商等新产业新业态。同时，推动农业绿色发展。统筹推进山水林田湖草系统治理，全面加强农业面源污染防治，实施农业节水行动，强化湿地保护和修复，推进轮作休耕、草原生态保护和退耕还林还草，加快形成农业绿色生产方式。

发展多种形式适度规模经营，实现小农户和现代农业发展有机衔接。新型经营主体和适度规模经营是农业转方式、调结构、走向现代化的引领力量。要积极培育家庭农场、种养大户、合作社、农业企业等新型主体，推行土地入股、土地流转、土地托管、联耕联种等多种经营方式，提高农业适度规模经营水平。我国国情决定了在相当长一个时期普通农户仍是农业生产的基本面，要保护好小农户利益，健全利益联结机制，让小农户通过多种途径和方式进入规模经营、现代生产，分享农业现代化成果。要大力发展多元化的农业生产性服务，健全农业社会化服务体系。推进基层农技推广体系改革，探索建立公益性农技推广与经营性技术服务共同发展新机制。

五、加强农业农村基础工作

坚定不移维护农村和谐稳定，以满足农民群众对美好生活的需要为根本目标，加强农村基层基础工作，创新农村社会治理，实现农村长治久安。

健全自治、法治、德治相结合的乡村治理体系。"三治结合"是加强乡村治理的思路创新。要探索乡村治理新模式，发挥基层党组织领导核心作用，健全完善村民自治制度，推进村务公开，发挥社会各类人才、新乡贤等群体在乡村治理中的作用。加强农村法治建设，推进平安乡镇、平安村庄建设，开展突出治安问题专项整治，引导广大农民群众自觉守法用法，用法律维护自身权益。大力推进农村精神文明建设，弘扬优秀传统文化和文明风尚，依托村规民约、教育惩戒等褒扬善行义举、贬斥失德失范，唱响主旋律，育成新风尚。

加强"三农"工作队伍建设。高度重视农业农村干部的培养、配备、使用，培养造就一支懂农业、爱农村、爱农民的"三农"工作队伍。强化党的"三农"政策宣传和专业知识等培训，提升指导服务"三农"的本领。各级领导干部要深入农村、关心农业、关爱农民，县乡党委、政府要把主要精力放在"三农"工作上。优化农村基层干部队伍结构，加强和改进大学生村官工作，抓好选派"第一书记"工作，加大从优秀村干部中考录乡镇公务员、选任乡镇领导干部的力度。"三农"工作队伍要对农业农村农民有深厚感情，传承"三农"工作的价值理念和优良传统。

实施乡村振兴战略　推动农业农村优先发展

韩长赋

实施乡村振兴战略，是以习近平同志为核心的党中央着眼党和国家事业全局、顺应亿万农民对美好生活的向往，对"三农"工作作出的重大决策部署，是决胜全面建成小康社会、全面建设社会主义现代化国家的重大历史任务，是新时代做好"三农"工作的总抓手。党的十九大以来，党中央、国务院采取一系列重大举措加快推进乡村振兴。最近，习近平总书记又专门作出重要指示，强调要把实施乡村振兴战略摆在优先位置，坚持五级书记抓乡村振兴，让乡村振兴成为全党全社会的共同行动，为做好乡村振兴各项工作进一步指明了方向、提供了遵循。

把习近平总书记关于实施乡村振兴战略的重要论述作为根本遵循

以习近平同志为核心的党中央坚持把解决好"三农"问题作为全党工作重中之重，加快推进农业农村现代化，我国农业农村发展取得历史性成就、实现历史性变革，为全面开创党和国家事业新局面提供了基础支撑。但也要清醒地认识到，当前我国发展不平衡不充分问题在乡村最为突出。实施乡村振兴战略是解决人民日益增长的美好生活需要和不平衡不充分的发展之间矛盾的必然要求，是实现"两个一百年"奋斗目标的必然要求，是实现全体人民共同富裕的必然要求。

党的十九大以来，习近平总书记就实施乡村振兴战略发表一系列重要讲话、作出一系列指示批示。在党的十九大报告中首次提出实施乡村振兴战略之后，在2017年底召开的中央农村工作会议上系统阐释了实施乡村振兴战略的重大意义和深刻内涵，明确指出要走中国特色社会主义乡村振兴道路；在2018年全国两会期间参加山东代表团审议时，强调要推动乡村产业振兴、人才振兴、文化振兴、生态振兴、组织振兴；在湖北、山东考察时，对乡村振兴进一步提出了明确要求。最近，在全国实施乡村振兴战略工作推进会议召开之际，习近平总书记又作出重要指示，强调要坚持乡村全面振兴，抓重点、补短板、强弱项，实现乡村产业振兴、人才振兴、文化振兴、生态振兴、组织振兴，推动农业全面升级、农村全面进步、农民全面发展。要尊重广大农民意愿，激发广大农民积极性、主动性、创造性，激活乡村振兴内生动力，让广大农民在乡村振兴中有更多获得感、幸福感、安全感。要坚持以实干促振兴，遵循乡村发展规律，规划先行，分类推进，加大投入，扎实苦干，推动乡村振兴不断取得新成效。习近平总书记关于实施乡村振兴战略的重要论述，高瞻远瞩、内涵丰富、要求明确，是新时代做好"三农"工作、推进乡村振兴的根本遵循和行动指南。

习近平总书记关于实施乡村振兴战略的重要论述，深刻回答了为什么要振兴乡村、怎样振兴乡村等一系列重大理论和实践问题，是新发展理念在农业农村工作中的全面贯彻，是中国特色社会主义道路在农村的创新实践，在我国"三农"发展历程中具有划时代的里程碑意义。在新时代推进乡村振兴战略，必须深入学习贯彻习近平总书记关于做好"三农"工作的重要论述，深刻感悟习近平总书记的深厚"三农"情怀，准确领会中央实施乡村振兴战略的战略意图、总体要求和重点任务，调动全社会力量，共同推动乡村振兴开好局起好步。

把实施乡村振兴战略摆在优先位置

习近平总书记强调，坚持农业农村优先发展，在干部配备上优先考虑，在要素配置上优先满足，在公共财政投入上优先保障，在公共服务上优先安排。贯彻落实习近平总书记把实施乡村振兴战略摆在优先位置的重要指示，必须建立健全城乡融合发展体制机制和政策体系，把农业农村优先发展落实到党的领导、规划引领、投入保障、督导考核和农民主体上。

把五级书记抓乡村振兴的要求落实到位。党管农村工作是我们的传统和优势。实现乡村振兴，关键在党。习近平总书记明确要求，党政一把手是第一责任人，五级书记抓乡村振兴。实施乡村振兴战略是一项系统工程，不是仅凭哪一个或哪几个部门就能干得了的。把乡村振兴摆上优先位置，必须坚持党管农村，充分发挥党的领导的政治优势，党政主要负责同志尤其是县委书记要作为第一责任人，把乡村振兴变成一把手工程。

把规划先行落实到位。乡村振兴必须规划先行，这是一项重要原则。当前的乡村建设，决定着未来相当长一个时期的村庄风貌。今后，随着村庄发展，一些中心村将成为乡村振兴的人口和资源集聚高地，一些特色村、历史文化名村会成为乡村振兴的亮点和招牌。应坚持有重点有区别搞建设，避免造成混乱无序和巨大浪费。把乡村振兴摆上优先位置，必须坚持规划先行，树立城乡融合、一体设计、多规合一理念，在产业发展、人口布局、公共服务、基础设施、土地利用、生态保护等方面，因地制宜编制乡村振兴地方规划和专项规划方案，分类指导，精准施策，做到乡村振兴事事有规可循、层层有人负责，一张蓝图绘到底，久久为功搞建设。

把资金投入保障落实到位。乡村振兴要真刀真枪地干，就离不开真金白银地投。补上乡村建设发展的多年欠账，光靠农村农民自身力量远远不够。把乡村振兴摆上优先位置，必须下决心调整城乡要素配置结构，建立健全乡村振兴投入保障机制。抓紧研究制定、调整完善土地出让收入使用范围、提高用于"三农"比例的政策文件。推动将跨省域补充耕地指标交易和城乡建设用地增减挂钩节余指标省域调剂所得收益全部用于巩固脱贫攻坚成果和实施乡村振兴战略。广开投融资渠道，引导撬动各类社会资本投向农村。

把督导考核落实到位。要实行中央统筹、省负总责、市县抓落实的工作机制，建立市县党政领导班子和领导干部推进乡村振兴战略的实绩考核制度。把乡村振兴摆上优先位置，必须用好督导考核这个利器，建立责任清单和工作台账，定期开展跟踪评估和专项督查，把督导考核结果作为干部任免、政策支持的重要依据，层层压实各地各部门推进乡村振兴的责任，推动县级党委、政府当好乡村振兴"一线指挥部"，建设一支坚强有力的懂农业、爱农村、爱农民的"三农"工作队伍。

把坚持农民主体地位落实到位。农民是农业农村发展的主体，改革开放40年来的很多改革成果都是由农民创造的。实施乡村振兴战略，仍然要坚定不移走群众路线，充分依靠农民群众。把实施乡村振兴战略摆在优先位置，必须坚持农民主体地位，尊重农民首创精神，充分调动广大农民群众的积极性、主动性，真正让他们成为乡村振兴的参与者、建设者和受益者。

让乡村振兴成为全党全社会的共同行动

2018年中央1号文件和党中央、国务院印发的《乡村振兴战略规划（2018—2022年）》，全面部署了乡村振兴各项工作。落实中央决策部署，要紧紧围绕"五个振兴"重点任务，积极动员全党全社会形成合力，持续推动乡村振兴不断取得新成效。

围绕促进产业振兴，大力推动农业高质量发展。产业振兴是乡村振兴的物质基础。经过多年努力，我国农业产业体系建设取得长足进展，但农业精深加工不足、产业链条短、农业质量效益不高等问题依然比较突出。推动乡村产业振兴，要按照农业高质量发展要求，继续深入推进农业供给侧结构性改革，大力唱响质量兴农、绿色兴农、品牌强农主旋律，推动农村一二三产业融合发展，加快发展农产品精深加工、乡村旅游、休闲康养、电子商务等新产业新业态，推动农业功能向生产生活生态拓展，不断延长产业链、提升价值链。要坚持将乡村产业放在乡镇和村，把产生的效益、解决的就业、获得的收入留在农村，真正让农业就地增值、农民就近增收。同时，毫不放松地抓好粮食生产，落实"藏粮于地""藏粮于技"战略，确保粮食产能稳定在1.2万亿斤水平。

围绕促进人才振兴，培养造就新型职业农民队伍。没有人，乡村振兴就是一句空话。随着城镇化进程加快，大量青壮年劳动力离开农村，农民老龄化、农村缺人才和留不住人的问题愈发突出。推进乡村人才振兴，要想方设法创造条件，吸引更多人才参与乡村振兴。坚持两条腿走路，一方面就地培养，全面建立职业农民制度，培养造就一批扎根农村的"土专家""田秀才"和农业职业经理人；另一方面筑巢引凤，引导外出农民工、退伍军人、农村大中专毕业生返乡创业创新，让各类人才、资本等要素在农村广阔天地发挥作用、大展身手。

围绕促进文化振兴，加快建设现代乡村文明。乡村振兴既要塑形，也要铸魂。孝老爱亲、扶危济困、诚实守信、邻里守望等优秀传统文化，是新时代提振农村精气神的宝贵财富。近些年来，少数农村地区天价彩礼、薄养厚葬等不良风气盛行，有的地方农村黑恶势力、宗族势力抬头，严重影响了乡村社会风气。推进乡村文化振兴，要大力传承弘扬优秀传统文化，努力推动社会主义核心价值观融入乡村，转化为农民的情感认同和行为习惯，推进移风易俗，培育文明乡风、良好家风、淳朴民风，使乡村真正成为具有乡土气息、传承乡村文明的幸福家园。

围绕促进生态振兴，建设生态宜居的美丽乡村。良好的生产生活环境、完善的基础设施和便利的公共服务，是广大农民的殷切期盼，也是振兴乡村、聚拢人气的硬件要求。当前，城乡差距大，除了体现在收入上，还体现在基础设施和公共服务上，特别是公路、通讯、教育、医疗等方面欠账较多，农村生活环境脏乱差等问题凸显。推进乡村生态振兴，要认真总结推广浙江"千村示范、万村整治"经验，扎实推进村容村貌改善、农村垃圾污水治理、厕所革命和农业废弃物资源化利用，大力改善农村人居环境；大力推动水电路气讯等基础设施建设向农村延伸，科教文卫体等公共服务向农村倾斜，建设适应现代生活、体现乡土风貌、山清水秀、天蓝地绿的美丽乡村。

　　围绕促进组织振兴，不断巩固党在农村的执政基础。乡村是我们党执政大厦的地基。这些年，随着农村人口结构和社区形态不断变化，农民的思想观念、价值取向、利益诉求日趋多元，农村党组织建设和乡村治理面临一些新问题新挑战。推进乡村组织振兴，要坚定不移发挥好农村基层党组织的领导核心作用，健全自治、法治、德治相结合的乡村治理体系，努力打造充满活力、和谐有序的善治乡村，厚植党在农村的执政基础。

全面推进农业发展的绿色变革

余欣荣

习近平总书记指出，推进农业绿色发展是农业发展观的一场深刻革命。在实施乡村振兴战略中，必须一以贯之地坚持绿色发展，做到思想上自觉，态度上坚决，政策上鲜明，行动上坚守，这是决定能否成功走出一条中国特色社会主义乡村振兴道路的关键。

一、深刻理解推进农业绿色发展的革命性意义

农业现代化始终是国家现代化的基础。农业生产是受自然和经济规律双重决定的特殊行业。农业绿色发展就是以尊重自然为前提，以统筹经济、社会、生态效益为目标，以利用各种现代化技术为依托，积极从事可持续发展的科学合理的开发种养过程。推进农业绿色发展，不仅是一场关乎农业结构和生产方式调整的经济变革，也是一次行为模式、消费模式的绿色革命。我们要深刻理解推进农业绿色发展的革命性意义，适应工业文明向生态文明转化的时代趋势，推动形成新时代中国特色农业绿色发展道路，为世界农业发展贡献中国智慧和中国方案。

要深刻认识当前农业发展面临问题的严峻性。近年来，我国农业现代化取得巨大成就，也付出了很大代价。耕地和水资源过度利用，农业面源污染加重，草原等生态系统退化，农业发展面

余欣荣系农业农村部党组副书记、副部长。

临资源条件和生态环境两个"紧箍咒"。转变农业发展观，实现农业绿色发展，迫在眉睫、刻不容缓。推进农业绿色发展，既是中央洞察社会深刻变化，尊重自然规律，顺应人民殷切期盼所作出的重大决策，也是农业自身的内在需要，通过转变生产方式，把过高的资源利用强度降下来，把农业面源污染加重的趋势缓下来，推动农业走上绿色发展的道路。

要深刻认识推进农业绿色发展的艰巨性。当前，推进农业绿色发展迎来了大好机遇，但同时也面临着若干深层次的困难。在观念层面，长期以来追求产量增长的习惯思维，一些同志还没有真正把转变农业发展方式摆上重要日程深入思考、认真谋划、扎实推动。在利益层面，推进农业发展方式变革，必然会深刻调整不同利益主体间的利益关系，导致部分地方、部门经营主体有逃避思想和畏难情绪。在工作层面，将现成增产型的技术、人才、政策、机制等体系，转变为质量、绿色型的新体系，将是前无古人的宏大事业，需要决心、坚韧和开拓创新。

要深刻认识推进农业绿色发展的长期性。推进农业绿色发展，要做好打持久战的准备。要科学研判面临的问题形势，将长期性科学规划与阶段性目标计划有机结合，标本兼治，稳扎稳打，逐步深入推进。力争到2020年，总结推广一批符合区域农业绿色发展的模式和技术集成，建立完善农业绿色发展的工作机制、制度体系和激励约束机制，初步形成农业绿色生产方式和绿色生活方式。经过10～15年甚至更长时间的努力，绿色发展理念深入人心，制度体系更加完善，绿色生产方式和生活方式全面形成。

要深刻认识推进农业绿色发展的系统性。推进农业绿色发展，是一项系统工程，涉及农业乃至经济社会发展各领域。这不是单项制度的调整和修补，而是各方面体制机制的创新与建设；不是农业领域的独立推进，而是农业各行业、各层次协调配合、系统推进。必须统筹全局，调动各方面积极性，条分缕析各项重点，协同行动。要充分发挥市场配置资源的决定性作用和更好发挥政府作用，鼓励生产者、经营者、消费者共同参与农业绿色发展。

二、着眼乡村振兴战略，大力推进农业绿色发展

党的十九大作出了实施乡村振兴战略的重大决策。乡村是生态环境的主体区域，生态是乡村最大的发展优势。推进农业绿色发展，是农业高质量发展的应有之义，也是乡村振兴的客观需要。2017年，中办、国办印发《关于创新体制机制推进农业绿色发展的意见》，对当前和今后一个时期推进农业绿色发展作出了全面系统部署。落实中央的部署，必须把战略重点放在紧紧围绕乡村产业振兴来展开，切实推动农业空间布局、资源利用方式、生产管理方式的变革，推动乡村产业走上一条空间优化、资源节约、环境友好、生态稳定的中国特色振兴之路。

推进发展理念变革，用绿色理念引领农业生产。要坚决贯彻落实中办、国办《意见》，坚持绿色兴农的发展理念，从思想观念到方式方法，从政策举措到工作安排，从制度设计到科技研发，从资源配置到绩效考评，都要转到绿色导向上来。以绿色理念为引领，以改革创新为动力，加快形成推进农业绿色发展的工作合力和良好氛围，为生态文明和美丽中国建设提供强大支撑。

推进生产方式变革，用绿色方式实现金色丰收。推进农业绿色发展，要统筹保供给、保收入、保生态，既不能因为保供给、保收入而牺牲生态，也不能因为保生态而让农产品供给、农民收入受影响。要改变过去大水大肥大药来换取高产的方式，加大技术集成、示范推广和人才培训力度，在农业生产领域加快普及一批先进适用绿色农业技术，推动绿色生产方式落地生根，确保粮食和重要农产品供给，实现农业的可持续发展。

推进产业结构变革，用绿色产业带动提质增效。要以市场需求为导向，摒弃单纯追求产量的做法，把增加绿色优质农产品放在突出位置，推进产业结构变革，实现产品的多样化、个性化、

差异化、优质化、品牌化，更好满足人民群众对安全优质、营养健康的消费需求。同时，要开发农业多种功能，加强农业生态基础设施建设，修复农业农村生态景观，提升农业"养眼、洗肺"的生态价值、休闲价值和文化价值，推进农业与旅游、文化、康养等产业深度融合，促进农业增效、农民增收、农村增绿。

推进经营体系变革，引导新主体推动绿色发展成为农业普遍形态。当前，我国农业生产仍以小规模分散经营为主，小农户大量存在仍是我们的基本面。农业绿色发展所需要的技术、资金、人才等，对小农户来说依然门槛较高。必须推进经营体系的绿色变革，通过发展多种形式适度规模经营，创新连接路径，让农业绿色发展融入农业生产、经营各个环节，带动小农户步入农业绿色发展轨道。

推进制度体系变革，用绿色制度促进绿色发展。习近平总书记强调，只有实行最严格的制度、最严密的法治，才能为生态文明建设提供可靠保障。要全面构建农业绿色发展的制度体系，强化粮食主产区利益补偿、耕地保护补偿、生态补偿、金融激励等政策支持，加快建立健全绿色农业标准体系，完善绿色农业法律法规体系，努力构建标准明确、激励有效、约束有力的绿色发展制度环境，落实各级政府和部门的绿色发展责任，让生产者和消费者自觉主动把生态环保放在重要位置去考虑，激发全社会发展绿色农业的积极性。

三、突出重点，紧抓关键，把农业绿色发展不断推向深入

推进农业绿色发展，既要统筹考虑、全盘谋划，也要突出重点，有的放矢。要坚持问题导向，聚焦主战场，出实招，打硬仗，把农业绿色发展不断推向深入。特别是要总结提炼一批可复制、可推广、操作性强的技术措施、生产模式、管理方法等，发挥示范推广、引领带动的作用。

提高思想认识。各地各部门要充分认识推进农业绿色发展的重要性紧迫性，主动入位，积极作为，精心谋划，务实推动。要认真贯彻好中办、国办《意见》，结合具体实际，找准问题难点，创新方式方法，确保各项政策措施落到实处。

优化功能布局。坚持规划先行，合理区分农业空间、城市空间、生态空间，进一步优化农业生产力区域布局，规范农业发展空间秩序，推动形成与资源环境承载力相匹配、生产生活生态相协调的农业发展格局。要建立重要农业资源台账制度，摸清农业资源底数。构建天空地数字农业管理系统，利用航天遥感、航空遥感、地面物联网一体化观测技术，实现资源环境的动态监测和精准化管理，为不断动态调整农业主体功能和空间布局提供支撑。

推动科技创新。要大力支持绿色农业为导向的科技研发推广，组织实施好相关重大科技项目和重大工程，进一步完善各类创新主体协同攻关机制，吸引社会资本、资源参与农业绿色发展科技创新，在制约农业绿色发展的关键环节，尽快取得一批突破性科研成果，集成组装一批绿色生产的技术模式，加大示范推广力度。同时，要加强资源环境保护领域农业科技人才队伍建设，为农业绿色发展提供坚实的人才保障。

完善产业链条。要健全完善绿色农产品的加工流通体系，密切农业生产与市场消费，促进农民持续增收。要大力加强绿色农产品流通和营销，推动与农业绿色发展相配套的产地市场建设，加强产地市场信息服务功能建设，提高流通效率，降低经营成本，助力解决农产品卖难、卖不出去、卖不上价的问题。要大力发展绿色加工，优化产业布局，推动农产品初加工、精深加工及副产物综合利用协调发展，形成"资源—加工—产品—资源"的循环发展模式。

保护农业资源环境。在资源保护方面，重点是保护耕地和水资源。大力发展节水农业；深入推进耕地质量保护提升行动，扩大重金属污染耕地治理修复面积，开展耕地轮作休耕试点，保障耕地数量和质量。同时，抓好草原生态奖补政策落实，推进禁牧休牧和草畜平衡，实施海洋渔业资源总量管理和渔船"双控"制度等。在环境保护方面，要加强投入品管控和废弃物处理，通过精准施肥、有机肥替代、统防统治、绿色防控等方式推进化肥农药减量增效，推进农作物秸秆、畜禽粪污和农膜的资源化利用。

新时代做好"三农"工作的
新旗帜和总抓手

韩　俊

实施乡村振兴战略，是党的十九大作出的重大决策部署，是决胜全面建成小康社会、全面建设社会主义现代化国家的重大历史任务，是中国特色社会主义进入新时代做好"三农"工作的新旗帜和总抓手。我们必须以习近平新时代中国特色社会主义思想为指导，认真学习贯彻习近平总书记在中央农村工作会议上的重要讲话精神，把党中央提出实施乡村振兴战略的意图领会好、领会透，把实施乡村振兴战略变成全党的共同意志、共同行动，加快推进农业农村现代化，走中国特色社会主义乡村振兴道路，谱写好新时代中华民族伟大复兴的"三农"新篇章。

一、准确把握实施乡村振兴战略的科学内涵和要求

乡村振兴是以农村经济发展为基础，包括农村文化、治理、民生、生态等在内的乡村发展水平的整体性提升。要按照产业兴旺、生态宜居、乡风文明、治理有效、生活富裕的总要求，统筹谋划农村经济建设、政治建设、文化建设、社会建设、生态文明建设和党的建设，注重协同性、关联性、整体性，推动农业全面升级、农村全面进步、农民全面发展。

韩俊系中央农村工作领导小组办公室副主任，农业农村部党组副书记、副部长。

乡村振兴，产业兴旺是重点。 产业发展是激发乡村活力的基础所在。乡村振兴，不仅要农业兴，更要百业旺。五谷丰登、六畜兴旺、三产深度融合，是乡村振兴的重要标志。我国农业正处在转变发展方式、优化经济结构、转换增长动力的攻关期。必须落实高质量发展的要求，坚持质量兴农、绿色兴农，以农业供给侧结构性改革为主线，实施质量兴农战略，推动农业由增产导向转向提质导向，加快实现由农业大国向农业强国的历史性跨越。加快构建现代农业产业体系、生产体系、经营体系，建立健全农村一二三产业融合发展体系，统筹兼顾培育新型农业经营主体和扶持小农户，促进小农户和现代农业发展有机衔接，优化农业资源配置，着力促进农业节本增效，提高农业创新力、竞争力和全要素生产率。确保国家粮食安全是治国理政的头等大事，必须深入实施藏粮于地、藏粮于技战略，把中国人的饭碗牢牢端在自己手中。随着乡村交通网络不断完善，互联网和信息技术逐渐普及，物流配送体系进入农村，要充分发挥乡村资源的丰富性、文化的独特性、绿水青山的生态性等优势，挖掘乡村多种功能和价值，大力发展休闲农业、乡村旅游和农村电商等农村新产业新业态新模式，鼓励在乡村地区兴办环境友好型企业，实现乡村经济多元化发展，使之成为乡村振兴的重要支撑力量。

乡村振兴，生态宜居是关键。 良好生态环境是农村的最大优势和宝贵财富。要牢固树立和践行绿水青山就是金山银山的理念，落实节约优先、保护优先、自然恢复为主的方针，统筹山水林田湖草系统治理，严守生态保护红线，永续利用好乡村的资源宝库和生态价值，打造人与自然和谐共生的发展新格局。加强农业面源污染防治，强化土壤污染管控和修复，实现农业化学投入品减量化、生产清洁化、废弃物资源化、产业模式生态化。健全耕地草原森林河流湖泊休养生息制度，健全以绿色生态为导向的农业政策支持体系，建立市场化、多元化的生态补偿机制。因地制宜发展生态产业、绿色产业、循环经济，推动乡村自然资本加快增值，增加农业生态产品供给，提高农业生态服务能力，让老百姓种下的"常青树"真正变成"摇钱树",让更多的老百姓吃上"生态饭"。要以农村垃圾、污水治理和村容村貌提升为主攻方向,坚持不懈推进农村"厕所革命",稳步有序推进农村人居环境突出问题治理,努力补齐影响农民群众生活品质的短板,推进美丽宜居乡村建设。

乡村振兴,乡风文明是保障。乡村文明是中华民族文明史的深厚根源。繁荣兴盛农村文化,不仅可以丰富农民群众的文化生活,为乡村振兴提供精神支撑和智力支持,而且对于弘扬优秀传统文化,筑好中华民族精神家园具有不可替代的重要作用。乡村振兴,必须坚持物质文明和精神文明一起抓,坚持既要"富口袋",也要"富脑袋",提升农民精神风貌,培育文明乡风、良好家风、淳朴民风,不断提高乡村社会文明程度。要弘扬和践行社会主义核心价值观,坚持教育引导、实践养成、制度保障三管齐下,采取符合农村特点的有效方式,深化中国特色社会主义和中国梦宣传教育,从时代和历史高度认识乡村文明的价值,传承发展提升农村优秀传统文化。加强农村公共文化建设,培育挖掘乡村文化本土人才,鼓励引导社会各界人士投身乡村文化建设。开展移风易俗行动,遏制大操大办、厚葬薄养、人情攀比等陈规陋习,加强无神论宣传教育,抵制封建迷信活动。

乡村振兴,治理有效是基础。当前,农村正处于社会转型关键期,人口老龄化、村庄空心化、家庭离散化态势加剧,农村基层党组织软弱涣散现象比较严重,小官巨贪、村霸控制等现象还在相当程度上存在。乡村治理是国家治理的基石,推进乡村治理体系和治理能力现代化,必须把夯实基层基础作为固本之策,建立健全党委领导、政府负责、社会协同、公众参与、法治保障的现代乡村社会治理体制,坚持自治、法治、德治相结合,确保乡村社会充满活力、和谐有序。要抓好乡村治理组织体系这个"牛鼻子",建立和完善以党的基层组织为核心、村民自治和村务监督组织为基础、集体经济组织和农民合作组织为纽带、各种社会服务组织为补充的农村组织体系,着力解决乡村社会"散"的问题。加强农村基层基础工作，推动乡村治理重心下移，尽可能把资源、服务、管理下放到基层，逐步实现基层服务和管理精细化、精准化。强化农村基层党组织建设，推进抓党建促乡村振兴，突出政治功能，提升组织力，建立选派第一书记工作长效机制，把农村基层党组织建成坚强战斗堡垒。注重现代治理理念、手段与传统治理资源相结合，深化村民自治实践，健全和创新村党组织领导的充满活力的村民自治机制；建设法治乡村，深入开展扫黑除恶专项斗争，加大基层小微权力腐败惩处力度；提升乡村德治水平，深入挖掘乡村熟人社会蕴含的道德规范，强化道德教化作用，发挥好新乡贤作用，着力建设自治为基、法治为本、德治为先的"三治融合"乡村治理新机制，以自治"消化矛盾"，以法治"定纷止争"，以德治"春风化雨"。

乡村振兴，生活富裕是根本。当前，农民持续增收形势严峻，城乡区域发展和收入分配差距依然较大，农村基本公共服务标准不高、城乡差距较大等问题仍很突出，农村基础设施和民生领域欠账较多，脱贫攻坚任务艰巨。乡村振兴的出发点和落脚点，是为了让亿万农民生活得更美好，在共同富裕的道路上赶上来、不掉队，在共建共享发展中有更多获得感。要加快发展现代高效农业，推进农业绿色化、优质化、特色化、品牌化，延长农业产业链、提升价值链、完善利益链，扩大高附加值农产品出口，健全农产品产销稳定衔接机制，增加农民家庭经营性收入。继续推动农民工进城就业，大力支持农村创新创业，挖掘农业农村内部就业潜力，带动更多的农民就近就地转移就业，增加农民工资性收入。深入推进农村集体产权制度改革，推动资源变资产、资金变股金、农民变股东，盘活农村资源资产，探索农村集体经济新的实现形式和运行机制，增加农民财产性收入。按照抓重点、补短板、强弱项的要求，以实现农村基本公共服务从有到好的转变为目标，推进新增教育、医疗卫生等社会事业经费优先向农村倾斜，推动社会保障制度城乡统筹并轨，加快实现城乡基本公共服务均等化，在农村居民幼有所育、学有所教、劳有所得、病有所医、老有所养、住有所居、弱有所扶等方面持续取得新进展。摆脱贫困是乡村振兴的前提，要做好实施乡村振兴战略与打赢脱贫攻坚战的有机衔接，坚持精准扶贫、精准脱贫，注重扶贫同扶志、扶智相结合，把提高脱贫质量放在首位，强化脱贫攻坚责任和监督，瞄准贫困人口精准帮扶，聚焦深度贫困地区集中发力，激发贫困人口内生动力，确保到2020年我国现行标准下农村贫困人口实现脱贫，贫困县全部摘帽，解决区域性整体贫困。

二、建立健全城乡融合发展体制机制，强化乡村振兴制度性供给

长期以来，资金、土地、人才等各种要素单向由农村流入城市，造成农村严重"失血"。实施乡村振兴战略，必须围绕强化"钱、地、人"等要素的供给，抓住关键环节，坚决破除一切不合时宜的体制机制障碍，推动城乡要素自由流动、平等交换，促进公共资源城乡均衡配置，建立健全城乡融合发展体制机制和政策体系，加快形成工农互促、城乡互补、全面融合、共同繁荣的新型工农城乡关系。

解决"钱"的问题，关键是健全投入保障制度，创新投融资机制，加快形成财政优先保障、金融重点倾斜、社会积极参与的多元投入格局。要建立健全实施乡村振兴战略财政投入保障制度，公共财政更大力度向"三农"倾斜，确保财政投入与乡村振兴目标任务相适应。加快建立新型农业支持保护政策体系，以提升农业质量效益和竞争力为目标，强化绿色生态导向，深化农产品收储制度和价格形成机制改革，完善农业补贴制度，提高农业支持保护效能。坚持农村金融改革发展的正确方向，健全适合农业农村特点的农村金融体系，推动农村金融机构回归本源，把更多金融资源配置到农村经济社会发展的重点领域和薄弱环节，更好满足乡村振兴多样化金融需求。落实和完善融资贷款、配套设施建设补助、税费减免、用地等扶持政策，明确政策边界，保护好农

民利益，发挥好工商资本推动乡村振兴的积极作用。拓宽投融资渠道，改进耕地占补平衡管理办法，建立高标准农田建设等新增耕地指标和城乡建设用地增减挂钩节余指标跨省域调剂机制，将所得收益通过支出预算全部用于巩固脱贫攻坚成果和支持实施乡村振兴战略。

解决"地"的问题，关键是深化农村土地制度改革，建立健全土地要素城乡平等交换机制，加快释放农村土地制度改革红利。要巩固和完善农村基本经营制度，落实农村土地承包关系稳定并长久不变政策，衔接落实好第二轮土地承包到期后再延长30年的政策，让农民吃上长效"定心丸"。完善农村承包地"三权分置"制度，在依法保护集体土地所有权和农户承包权前提下，平等保护土地经营权，发展多种形式适度规模经营。按照落实宅基地集体所有权，保障宅基地农户资格权和农民房屋财产权，适度放活宅基地和农民房屋使用权的要求，探索宅基地所有权、资格权、使用权"三权分置"，完善农民闲置宅基地和闲置农房政策，使农民闲置住房成为发展乡村旅游、养老、文化、教育等产业的有效载体。严格实行土地用途管制，不得违规违法买卖宅基地，严格禁止下乡利用农村宅基地建设别墅大院和私人会馆。加快破解"农村建设用地自己用不了、用不好"的困局，盘活用好通过村庄整治、农村空闲、零散建设用地整理等方式节约出来的建设用地，调整优化用地规划和布局，将年度新增建设用地计划指标确定一定比例，用于支持农村新产业新业态发展。

解决"人"的问题，关键是处理好"走出去""留下来"和"引回来"的关系，强化乡村振兴人才支撑。从总体上看，我国仍处在人口由乡村向城市集中的阶段，"走出去"的趋势短期不可能逆转。要处理好乡村振兴与新型城镇化的关系，一方面要继续推进以人为核心的新型城镇化，加快构建农业转移人口稳步有序市民化的长效机制，提高城镇化质量；另一方面要努力创造条件让农村的产业留住人，让农村的环境留住人，特别是让一部分青年人"留下来"。乡村振兴，关键要靠人才。要打破城乡人才资源双向流动的制度藩篱，畅通智力、技术、管理下乡通道，建立有效激励机制，把有志于推动农业农村发展的各类人才"引回来"，让城里想为乡村振兴出钱出力的人在农村有为有位、成就事业，让那些想为家乡做贡献的各界人士能够找到参与乡村振兴的渠道和平台，在乡村振兴中大展身手。培育造就更多服务乡村振兴的人才，要在"育"字上下功夫，进一步整合资金资源，完善培训机制和内容，大力培育新型职业农民，造就更多乡村本土人才；要在"用"字上出实招，注重从高校毕业生、返乡农民工、退伍军人中择优选拔人才，充实乡村后备干部队伍。

三、实现乡村振兴，关键在党

加强党对农村工作的领导，是实施乡村振兴战略的根本保证。要健全党委统一领导、政府负责、党委农村工作部门统筹协调的农村工作领导体制，把党领导农村工作的传统、要求、政策等以党内法规形式确定下来，确保党在农村工作中始终总揽全局、协调各方，坚持重中之重战略地位，坚持农业农村优先发展，在干部配备上优先考虑，在要素配置上优先满足，在资金投入上优先保障，在公共服务上优先安排，切实把党管"三农"工作的要求落到实处，为乡村振兴提供坚强有力的政治保障。

建立实施乡村振兴战略领导责任制。要发挥党的领导的政治优势，压实责任、完善机制、强化考核，把党中央关于乡村振兴的部署要求落实下去，实行中央统筹、省负总责、市县抓落实的工作机制。党政一把手是第一责任人，强化五级书记抓乡村振兴，特别是县委书记要下大力气抓好"三农"工作，当好乡村振兴的"一线总指挥"。要加强各级党委农村工作部门建设，充分发挥其在乡村振兴中决策参谋、调查研究、政策指导、推动落实、督导检查等方面的作用。各部门要做好协同配合，加强工作指导，强化资源要素支持和制度供给，形成乡村振兴工作合力。

加强"三农"工作队伍建设。要把懂农业、爱农村、爱农民作为基本要求,加强"三农"工作干部队伍培养、配备、管理、使用。建立选派第一书记工作长效机制,全面向贫困村、软弱涣散村和集体经济薄弱村党组织派出第一书记。把到农村一线工作锻炼作为培养干部的重要途径,注重提拔使用实绩优秀的干部,形成人才向农村基层一线流动的用人导向。

强化乡村振兴规划引领和法治保障。现阶段,我国农村形态格局正在快速演变分化。要科学把握乡村的差异性和发展走势分化特征,坚持规划先行,对于哪些村保留、哪些村整治、哪些村缩减、哪些村做大,都要经过科学论证,做到分类指导、因村制宜、精准施策,彰显地方特色和乡村特点。要防止把城市建设的做法照搬照抄到农村,通盘考虑城乡融合发展规划编制,充分尊重农民意愿,切实发挥农民在乡村振兴中的主体作用,调动亿万农民的积极性、主动性、创造性。强化乡村振兴法治保障,把行之有效的乡村振兴政策法定化,充分发挥立法在乡村振兴中的保障和推动作用。

着力培养造就一支"懂农业、爱农村、爱农民"的农业农村人才队伍

毕美家

党的十九大明确提出实施乡村振兴战略，强调坚持农业农村优先发展，培养造就一支懂农业、爱农村、爱农民的"三农"工作队伍，为我们做好新时代的"三农"工作和农业农村人才工作进一步指明了方向。

一、"三农"问题仍是制约我国发展的短板

党的十九大报告明确提出中国特色社会主义进入了新时代，这是我国发展新的历史方位；深刻指出我国社会主要矛盾已经转化为人民日益增长的美好生活需要和不平衡不充分的发展之间的矛盾。当前，我国发展不平衡不充分的问题主要是城乡发展不平衡、农村发展不充分的问题。我国社会主要矛盾最集中地体现在农业、农村、农民上。

要着力解决好发展的不平衡不充分问题，大力提升发展的质量和效益，更好地实现人的全面发展、社会全面进步，就必须始终把解决好"三农"问题作为全党工作的重中之重，坚持农业农村优先发展，尽快补上城乡发展不平衡这块短板。因此，党的十九大郑重提出实施乡村振兴战略，是基于我国农业农村发展到

毕美家时任农业部党组成员、人事劳动司司长。本文写于2018年1月。

新阶段而设定的一个新目标，具有重大的时代意义，体现了党中央深远的历史眼光，必将为我国农业农村发展注入强大的动力。实施乡村振兴战略，加快推进农业农村现代化，对我们农业部门提出了新的更高的要求。我们必须进一步提高认识、明确思路、突出重点，采取切实措施，推动乡村振兴战略付诸实施、落地生根。

二、推进实施乡村振兴战略，关键在人才

农业农村经济社会发展得怎么样，说到底，关键在人。党的十八大以来，习近平总书记站在党和国家事业发展全局的战略高度，多次对人才发展作出重要指示，强调农业农村人才是强农兴农的根本；建设现代农业，首先要解决好人的问题。党的十九大报告指出，人才是实现民族振兴、赢得国际竞争主动的战略资源。要坚持党管人才原则，聚天下英才而用之，加快建设人才强国。2017年10月30日，习近平总书记在接见清华大学经济管理学院顾问委员会委员时指出，人才是创新的根基，是创新的核心要素。这为我们做好农业农村人才工作进一步指明了方向。

近年来，农业部按照中央决策部署和部党组要求，深入学习贯彻习近平总书记人才思想，以实施现代农业人才支撑计划为统领，注重改革创新，采取有效措施，扎实推进农业农村人才发展体制机制改革和各类人才队伍建设。先后分两批组织实施农业科研杰出人才培养计划，给予每名杰出人才及其创新团队连续5年的专项经费支持，打造了一支由300名杰出人才、3 000名团队骨干组成的农业科技创新突击队。坚持向基层倾斜，组织开展全国农业技术推广研究员任职资格评审，一大批活跃在基层一线的农技人员晋升正高级职称。在26个省（自治区、直辖市）选取有价值观、有精神内核的先进典型村庄，建设了30个农业部农村实用人才培训基地，初步建成全国农村实用人才培训网络。会同中组部大规模开展农村实用人才带头人和大学生村官示范培训，截至目前累计举办培训班800余期，培训种养大户、家庭农场主、合作社

负责人及村"两委"成员、大学生村官等共8万余名，为农村培养了一大批留得住、用得上、干得好的带头人。实施农村实用人才培养"百万中专生计划"，大多数毕业生留在农村成为当地农业经济发展的骨干。全面推进以新型职业农民为主体的农村实用人才认定管理，鼓励地方把优惠政策与高素质农业生产经营者挂起钩来。启动实施"全国十佳农民""全国十佳农技推广标兵""杰出青年农业科学家"等资助项目，叫响了农业农村人才品牌，在全社会营造了关心农业、关注农村、尊重人才的良好氛围。

但也要看到，我们的工作还存在许多不足，与实施乡村振兴战略和人才强国战略的内在需求相比，我国农业农村人才的规模、结构、素质等仍存在不小的差距。按照农业部最新调查数据，2016年末全国农村实用人才总量已接近1 900万，但占乡村就业人员总数的比例还不足5%。新型职业农民总量不足，年轻后备力量缺乏，文化程度普遍偏低。基层农技推广人才"青黄不接"、队伍老化问题严重，农技人员学历、专业、水平参差不齐的现状还没有根本改变。县乡农业新产业新业态急需人才严重不足，特别是贫困地区、民族地区尤为突出，不能满足现代农业发展和农村产业扶贫的需要。以能力和业绩为导向的农业科研人才分类评价机制尚未推开，以推广业绩和服务对象满意度为基准的农技推广人员评价机制还不完善，"招人难、留人更难"的情况还较为突出。

乡村振兴战略，实施的主体是农民，受益的主体也是农民。因此，实施乡村振兴战略的一个重要着力点，就是要加快培养和造就一大批符合时代要求的、具有引领和带动作用的农业农村人才，充分发挥好人才在乡村振兴进程中的支撑作用。

三、以十九大精神为指引，突出重点抓好农业农村人才工作

贯彻落实十九大精神，就是要坚定不移地实施人才强农战略，深入推进农业农村人才发展体制机制改革，为推进乡村振兴战略

提供强有力的人才支撑。在新的时代背景下做好农业农村人才工作，就是要坚持围绕中心、服务大局，按照"高端引领、分类开发，示范先行、整体推进"的原则，努力培养造就一支懂农业、爱农村、爱农民的农业农村人才队伍。

一是强化"人才先行"在乡村振兴战略全局中的定位。坚持党管人才原则，坚持人才优先发展，进一步强化"一把手"抓"第一资源"的意识，落实"管行业就要管行业人才"的理念，把培养人才和发挥人才作用纳入乡村振兴战略全局中通盘考虑，做到农业农村经济重点工作部署到哪里，人才工作就跟进到哪里，切实发挥人才在推进农业供给侧结构性改革、转变农业发展方式和产业精准扶贫中的第一驱动力作用，促进形成人才队伍建设与农业农村经济发展相互促进、良性发展的好局面。

二是构建有利于人才成长成才的管理体制。推动形成农业部门牵头，各有关部门积极配合，全系统上下协调联动，各种社会主体广泛参与的农业农村人才工作格局。充分发挥农业专业合作社、行业协会、产业化龙头企业、社会化服务组织等各类新型经营主体在农村实用人才培养中的"蓄水池"作用。深化基层农技推广体系改革，探索建立公益性农技推广队伍与经营性技术服务队伍协调发展的新机制。完善农村基层人才服务相关政策，解决好人才服务"最后一公里"的瓶颈制约问题。

三是创新对各类人才的培养支持机制。进一步完善符合农业科研和技术推广特点的长期稳定培养支持机制，深化农业系列职称制度改革，打造具有国际水平的农业科研人才队伍，促进农技推广人才队伍健康发展。完善农村实用人才培养机制，启动实施农村实用人才"学历提升计划"。加大农村实用人才带头人示范培训力度，在培训对象上进一步向新型职业农民和新型农业经营主体倾斜，在培训区域上进一步向贫困地区倾斜，在培训内容上进一步向绿色发展、创业创新等重要主题集中，同时进一步加大培训教材编写和优秀教材推介力度，不断增强培训的精准度和实效性，逐步培养一支有影响力、成长力、带动力和辐射力的带头人队伍。探索建立农业职业技能等级认定制度，加强职业技能培训，弘扬工匠精神，促进农业技能人才培养，建设知识型、技能型、创新型农业劳动者大军，全面提升农业劳动者职业技能水平。

四是进一步完善农业农村人才评价机制。 把对推进农业农村现代化的实际贡献作为衡量人才的基本标准，要求他们"把论文写在大地上"，在服务乡村振兴中建功立业。对不同类型和层次的人才实行分类分级评价。充分保障和落实用人主体自主权，尊重用人单位在人才培养、评价和使用上的主体地位。完善有利于农业科技创新的事业单位专业技术岗位管理及人员聘用、晋升、奖惩、工资待遇等配套措施，增强人才发展活力。

五是为农业农村人才成长创造良好环境。 搭建让各类人才创造活力竞相迸发、聪明才智充分涌流的发展平台，建立更加体现人才价值导向的分配激励机制。充分利用、整合现有各类支持政策，积极推动在市场准入、财政税收、金融服务、用地用电、教育培训、社会保障等方面出台扶持政策，为各类人才在农村创新创业营造良好环境，帮助他们在农业农村现代化的生动实践中快速成长。加大人才遴选资助和表彰奖励力度，实施好"全国农业劳动模范和先进工作者""全国十佳农民"等表彰和资助项目，弘扬劳模精神，树立先进典型，在全社会积极营造重视农业、尊重人才的良好氛围。

走中国特色社会主义乡村振兴道路

赵　阳　王　宾　陈春良　高　杨

党的十九大报告提出实施乡村振兴战略，并作为七大战略之一写入中国共产党党章，这在我国农业农村发展历史上具有划时代的里程碑意义。2017年年底，习近平总书记亲自出席中央农村工作会议并作重要讲话，深刻阐述实施乡村振兴战略的重大问题，对贯彻落实提出明确要求，向全党全国发出了实施乡村振兴战略的总动员令。为贯彻落实好党的十九大精神和习近平总书记重要讲话精神，2018年中央1号文件对走中国特色社会主义乡村振兴道路，谱写新时代乡村全面振兴新篇章作了全面部署。

重塑城乡关系，走城乡融合发展之路

现代化是由现代城市和现代乡村共同构成的，没有农村的发展，城镇化就会缺乏根基。不管城镇化发展到什么程度，农村人口还会是一个相当大的规模，即使城镇化率达到70%，也还有几亿人生活在农村。当前，我国发展不平衡不充分问题在乡村最为突出，城乡二元结构是亟待破除的最突出的结构性矛盾。在中华民族全面复兴道路上，农业农村不能拖后腿。要坚持农业农村优先发展，把公共基础设施建设的重点放在农村，

作者工作单位系中央农村工作领导小组办公室。

推动农村基础设施建设提档升级，优先发展农村教育事业，加强农村社会保障体系建设，持续改善农村人居环境，逐步建立健全全民覆盖、普惠共享、城乡一体的基本公共服务体系，让符合条件的农业转移人口在城市落户定居。要坚决破除体制机制弊端，改变长期以来农村人才、土地、资金等要素单向流向城市处于"失血""贫血"的状况，疏通资本、智力、技术、管理下乡渠道，鼓励更多资源下乡投入乡村振兴，加快形成工农互促、城乡互补、全面融合、共同繁荣的新型工农城乡关系，让现代化建设成果更多更广泛地惠及广大农民群众，实现城镇与乡村相得益彰。

巩固和完善农村基本经营制度，走共同富裕之路

共同富裕是中国特色社会主义的本质特征和根本要求，也是乡村振兴的必然要求和发展方向。乡村振兴，必须坚持农村基本经营制度不动摇，这是实现共同富裕的制度基础。

要坚持农村土地集体所有，坚持家庭经营基础性地位，落实农村土地承包关系稳定并长久不变政策，衔接落实好第二轮土地承包到期后再延长30年的政策，保持土地集体所有、家庭承包经营的基本制度长久不变，保持农户依法承包集体土地的基本权利长久不变，保持农户承包地稳定，让农民吃上长效"定心丸"。人多地少的禀赋条件决定了我们不可能走美国、澳大利亚等国的大农场发展道路。要统筹兼顾培育新型农业经营主体和扶持小农户，采取有针对性的措施，把小农生产引入现代农业发展轨道。发挥好新型农业经营主体的作用，强化服务和利益联结，把千家万户的小农户带起来，提升小农生产集约化水平，提高产品档次和附加值，增强小农增收能力，使其成为现代农业发展的受益者。壮大集体经济是促进农民增收实现共同富裕的有效载体。要创新集体经济发展思路，拓宽集体经济发展途径，建立符合市场经济要求的集体经济运行机制，确保集体资产保值增值，确保农民受益。

深化农业供给侧结构性改革，走质量兴农之路

乡村振兴，产业兴旺是重点。当前，农业的主要矛盾已由总量不足转变为结构性矛盾，矛盾的主要方面在供给侧。要顺应农业发展主要矛盾变化，深入推进农业供给侧结构性改革，把增加绿色优质农产品供给摆在更加突出的位置，坚持质量兴农、绿色兴农，实施质量兴农战略，夯实农业生产能力基础，提高农业创新力、竞争力和全要素生产率，加快构建现代农业产业体系、生产体系、经营体系，加快推进农业由增产导向转向提质导向，加快实现由农业大国向农业强国转变。要顺应人民群众日益增长的美好生活需要，开发农业多种功能，挖掘乡村多种价值，推进农村一二三产业融合发展，让农村新产业新业态成为农民增收新亮点，把农村变成城镇居民休憩新去处、农耕文明传承新载体。解决好13亿人口的吃饭问题，始终是我们国家治国理政的头等大事。要继续实施藏粮于地、藏粮于技战略，像保护大熊猫一样保护耕地，在高标准农田建设、农业机械化、农业科技创新、智慧农业等方面迈出新步伐，确保国家粮食安全，让中国人的饭碗牢牢端在自己手上。

坚持人与自然和谐共生，走乡村绿色发展之路

良好的生态环境是乡村最大的优势和宝贵财富。过去，为解决农产品总量不足的矛盾，我们拼资源拼环境拼消耗，化肥、农药等猛往里投，采取大水漫灌生产方式，过度开发边际产能，农业农村领域生态环境欠账问题比较突出。乡村振兴，生态宜居是关键。要以绿色发展引领生态振兴，处理好经济发展和生态环境保护的关系，守住生态红线，把该减的减下来、该退的退出来、该治理的治理到位。统筹山水林田湖草系统治理，加强农村突出环境问题综合治理，建立市场化多元化生态补偿机制，增加农业

生态产品和服务供给，大力发展生态产业、绿色产业、循环经济和生态旅游，加快实现从"卖产品"向"卖生态"转变，让更多老百姓吃上生态饭，让绿水青山真正成为兴村富民的金山银山，实现百姓富、生态美的有机统一。

传承发展提升农耕文明，走乡村文化兴盛之路

乡村文明是中华民族文明史的主体，耕读文明是我们的软实力。乡村振兴，乡风文明是保障。要深入挖掘、继承、创新优秀传统乡土文化，把保护传承和开发利用有机结合起来，让优秀农耕文明在新时代展现其魅力和风采。优秀乡村文化能够提振农村精气神，增强农民凝聚力，孕育社会好风尚。要坚持物质文明和精神文明一起抓，弘扬和践行社会主义核心价值观，培育文明乡风、良好家风、淳朴民风，不断提高乡村社会文明程度，让乡村焕发文明新气象。

创新乡村治理体系，走乡村善治之路

社会治理的基础在基层，薄弱环节在乡村。当前，乡村社会空心化、家庭空巢化、人际关系商品化等问题日益凸显，农村内部大小各类矛盾突出，农村基层社会矛盾处于易发多发期。乡村振兴，治理有效是基础。乡村振兴离不开稳定和谐的社会环境，稳定也是广大农民的根本利益。要建立健全党委领导、政府负责、社会协同、公众参与、法治保障的现代乡村社会治理体制，健全自治、法治、德治相结合的乡村治理体系。在依法治理的基础上，重视综合治理、系统治理、源头治理，德、法、礼并用，以法治定纷止争、以德治春风化雨、以自治消化矛盾，以党的领导统揽全局。要加强农村基层基础工作，强化农村基层党组织领导核心地位，深化村民自治实践，严肃查处侵犯农民利益的"微腐败"，建设平安乡村，确保乡村社会充满活力、和谐有序。

必须打好精准脱贫攻坚战，走中国特色减贫之路

乡村振兴，摆脱贫困是前提。党的十八大以来，我们以前所未有的政策力度向贫困宣战，脱贫攻坚取得了举世瞩目的伟大成就。当前，脱贫攻坚已进入啃硬骨头的决战决胜阶段，要坚持精准扶贫、精准脱贫，充分发挥政治优势和制度优势，精准施策，把提高脱贫质量放在首位，注重扶贫同扶志、扶智相结合，瞄准贫困人口精准帮扶，聚焦深度贫困地区集中发力，激发贫困人口内生动力，强化脱贫攻坚责任和监督，开展扶贫领域腐败和作风问题专项治理，采取更加有力的举措、更加集中的支持、更加精细的工作，坚决打好精准脱贫这场对全面建成小康社会具有决定意义的攻坚战。

如期实现第一个百年奋斗目标并向第二个百年奋斗目标迈进，最艰巨最繁重的任务在农村，最广泛最深厚的基础在农村，最大的潜力和后劲也在农村。要深刻认识实施乡村振兴战略的重大意义，强化制度供给、人才支撑和投入支持，坚持和完善党对"三农"工作的领导，以更大的决心、更明确的目标、更有力的举措，推动农业全面升级、农村全面进步、农民全面发展，走中国特色社会主义乡村振兴道路，谱写新时代乡村全面振兴新篇章。

统筹推进乡村全面振兴

祝卫东　张　征　刘　洋　运启超

实施乡村振兴战略，是决胜全面建成小康社会、全面建设社会主义现代化国家的重大历史任务，是新时代"三农"工作的总抓手。落实中央1号文件部署要求，实施乡村振兴战略，必须把创新、协调、绿色、开放、共享的新发展理念贯穿始终，坚持农业农村优先发展，建立健全城乡融合发展体制机制和政策体系，按照产业兴旺、生态宜居、乡风文明、治理有效、生活富裕的总要求，统筹谋划农村经济建设、政治建设、文化建设、社会建设、生态文明建设和党的建设，加快推进农业农村现代化，实现农业全面升级、农村全面进步、农民全面发展。

要以产业兴旺为重点，提升农业发展质量，繁荣乡村经济

产业兴才能乡村兴，经济强才能人气旺。农业是乡村经济最基本的依托。中央1号文件指出，必须坚持质量兴农、绿色兴农，以农业供给侧结构性改革为主线，加快构建现代农业产业体系、生产体系、经营体系，提高农业创新力、竞争力和全要素生产率，加快实现由农业大国向农业强国转变。要制定和实施国家质量兴农战略规划，实施产业兴村强县行动，调整优

作者工作单位系中央农村工作领导小组办公室。

化农业生产力布局，推动农业由增产导向转向提质导向。要夯实农业生产能力基础，深入实施藏粮于地、藏粮于技战略，在高标准农业建设、农业机械化、智慧农业发展等方面迈出新的步伐。要处理好培育新型农业经营主体和扶持小农生产的关系，促进小农户和现代农业发展有机衔接，把小农生产引入现代农业发展轨道。繁荣乡村经济，蓬勃兴起的新产业新业态是重要支撑。要大力开发农业多种功能，积极引导农民工、高校毕业生和各类人才返乡下乡创业就业，着力发展乡村旅游、休闲农业、农村电商，完善农民合理分享的利益联结机制，促进农村新产业新业态可持续发展。

要以生态宜居为关键，推进乡村绿色发展，打造人与自然和谐共生发展新格局

良好生态环境是农村最大优势和宝贵财富。必须牢固树立绿水青山就是金山银山的发展理念，尊重自然、顺应自然、保护自然，以绿色发展引领乡村振兴，构建人与自然和谐共生的乡村发展新格局。要在加大农业生态系统保护力度上取得新进展，统筹山水林田湖草系统治理，实施重要生态系统保护和修复工程，健全耕地草原森林河流湖泊休养生息制度，分类有序退出超载的边际产能。要在农村突出环境问题综合治理上取得新成绩，开展农业绿色发展行动，实现投入品减量化、生产清洁化、废弃物资源化、产业模式生态化，加快形成种养结合、生态循环、环境优美的田园生态系统。

要在建立市场化、多元化生态补偿机制上取得新突破，让保护生态环境不吃亏、得到实实在在的利益。要在增加农业生态产品和服务供给上取得新成效，将乡村生态优势转化为发展生态经济的优势，提供更多更好的绿色生态产品和服务，让更多老百姓吃上生态饭，走出一条发展"美丽经济"的新路子。

要以乡风文明为保障，发展农村文化，提升农民精神风貌

优秀的乡村文化，能够提振农村精气神，增强农民凝聚力，孕育社会好风尚。要深入实施公民道德建设工程，深化群众性精神文明创建活动，引导广大农民自觉践行社会主义核心价值观，树立良好道德风尚，建设幸福家庭、友爱乡村、和谐社会。要推进诚信建设，强化农民的社会责任意识、规则意识、集体意识、主人翁意识，让诚实守信者得到激励，让有违道德者得到戒束。要从传承中华传统优秀文化、增强发展软实力的战略高度，深入挖掘农耕文化蕴含的优秀思想观念、人文精神、道德规范，发掘、继承、创新和发展优秀乡土文化，保护传承好乡村物质文化和非物质文化遗产，保护乡村文明的原生态，充分发挥其在凝聚人心、教化群众、淳化民风中的重要作用。要完善农村公共文化服务体系，保障农民群众基本文化权益，提供更多更好的农村公共文化产品和服务。要加强农村移风易俗工作，旗帜鲜明地引导群众抵制封建迷信、摒弃陈规陋习，形成文明健康的生活方式，培育文明乡风、良好家风、淳朴民风。

要以治理有效为基础，加强农村基层基础工作，构建祥和安定村庄

乡村治理是国家治理的基石，村和民安是农民的切身福祉。要抓住农村基层组织建设这个"牛鼻子"，着力解决乡村社会"散"的问题，建立健全党委领导、政府负责、社会协同、公众参与、法治保障的现代乡村社会治理体制，让农民得到各种组织的引导、教育、服务和管理，让农村家户联系紧起来、守望相助兴起来、干群关系亲起来。扎实推进抓党建促乡村振兴，强化农村基层党组织领导核心地位，把农村基层党组织建成坚强战斗堡垒。

要注重现代治理方式与传统治理资源相结合，打好乡村自治、法治、德治协同发力的组合拳，加快形成自治为基、法治为本、德治为先"三治"结合的治理格局。要推动乡村治理重心下移，创新基层管理体制机制，整合优化县乡公共服务和行政审批职责，打造"一门式办理""一站式服务"的综合便民服务平台。深入开展扫黑除恶专项斗争，严厉打击农村黑恶势力、宗族恶势力，严厉打击黄赌毒盗拐骗等违法犯罪，持续开展农村安全隐患治理，建设平安乡村。

要以生活富裕为根本，加强农村公共事业，提高农民获得感

实施乡村振兴战略的出发点和落脚点，是为了让亿万农民生活得更美好。要围绕农民群众最关心最直接最现实的利益问题，一件事情接着一件事办，一年接着一年干，把乡村建设成为幸福美丽新家园。要适应农民生活改善和产业发展新要求，推动农村基础设施建设提档升级，完善管护运行机制，推动城乡基础设施互联互通。要以农村垃圾、污水治理和村容村貌提升为主攻方向，稳步有序推进农村人居环境突出问题治理，坚持不懈推进农村"厕所革命"，给农民一个干净整洁的生活环境。优先发展农村教育事业，推进健康乡村建设，提高农村民生保障水平，在农村幼有所育、学有所教、病有所医、老有所养、住有所居等方面持续取得新进展。要推动社会保障制度城乡统筹并轨，织密兜牢困难群众基本生活的社会安全网。打好精准脱贫攻坚战是全面建成小康社会的标志性战役，要做好乡村振兴与脱贫攻坚的政策衔接、机制整合和工作统筹，瞄准贫困人口精准帮扶，聚焦深度贫困地区集中发力，确保让贫困人口和贫困地区同全国一道进入全面小康社会。

加强和改善党对"三农"工作的领导

杨尚勤　何予平　王茂林

办好农村的事情，实现乡村振兴，关键在党。加强和完善党对"三农"工作的领导，是实施乡村振兴战略的政治保证。为此，2018年1号文件专门列出一大部分对此予以强调和提出任务，明确要求各级党委和政府要提高对实施乡村振兴战略重大意义的认识，真正把实施乡村振兴战略摆上优先位置，把党管农村工作的要求落到实处。

加强党对"三农"工作的领导，是我们党的优良传统和重要经验。改革开放以来农村改革发展能够取得如此大的成就，就是因为有党的领导这一根本政治保证。党的十八大以来，习近平总书记就加强党对农村工作的领导作出了一系列重要论述，明确指出：把解决好"三农"问题作为全党工作重中之重，是我们党执政兴国的重要经验，必须长期坚持、毫不动摇；明确要求：各级党委要加强对"三农"工作的领导，各级领导干部都要重视"三农"工作。农村工作千头万绪，涉及众多部门，既需要分兵把口，更要统筹协调，形成整体合力，只有加强党委统一领导、党委农村工作综合部门统筹协调，才能更好地发挥我们的政治优势和制度优势。

进一步强调加强和改善党对"三农"工作的领导，具有重要现实意义和针对性。当前党领导"三农"工作的体制机制、干部队伍还不能很好地适应。在一些地方，对党管农村工作重要性的

作者工作单位系中央农村工作领导小组办公室。

认识淡漠了，党管农村工作的原则放松了、力度削弱了。干部队伍中，愿意做农村工作、会做农村工作的少了，不少干部对农业农村情况不够了解。这种状况必须改变，必须切实提高党把方向、谋大局、定政策、促改革的能力和定力，确保党始终总揽全局、协调各方，提高新时代党领导农村工作的能力和水平，以确保乡村振兴战略的有效实施。

完善党的农村工作领导体制机制，是加强和改善党对"三农"工作的领导的首要任务。领导体制是实施领导的组织方式和组织结构，对此，中央1号文件明确要求：健全党委统一领导、政府负责、党委农村工作部门统筹协调的农村工作领导体制，建立实施乡村振兴战略领导责任制，党政一把手是第一责任人，五级书记抓乡村振兴。有了这样的领导体制，就明确了各级党委、政府的职责，夯实了各级的责任。在建立工作机制方面，文件明确：实行中央统筹、省负总责、市县抓落实的工作机制；各部门要按照部门职责，加强工作指导，强化资源要素支持和制度供给，做好协同配合，形成乡村振兴工作合力；各省（自治区、直辖市）党委和政府每年要向中央报告推进实施乡村振兴战略进展情况；建立市县党政领导班子和领导干部推进乡村振兴战略的实绩考核制度，将考核结果作为选拔任用领导干部的重要依据。

党委农村工作部门是实施乡村振兴战略的"参谋部"，必须切实加强各级党委农村工作部门建设，做好机构设置和人员配置工作，充分发挥决策参谋、统筹协调、政策指导、推动落实、督导检查等职能。县级党委、政府是乡村振兴战略的具体组织实施者，县委书记必须把"三农"工作紧紧抓在手上，当好乡村振兴的"一线总指挥"。

大政方针确定以后，干部是决定的因素。加强"三农"工作队伍建设，是加强和改善党对"三农"工作领导的重要任务。中央1号文件把"懂农业、爱农村、爱农民"作为对"三农"工作队伍基本要求，指出了队伍建设的方向。各级领导干部尤其是农业农村工作者，要进一步增强做好"三农"工作的责任感、使命感。要懂农业，善于学习农业经济和技术，勤于到田间地头与实际接触，不断提高引领市场和依法行政的能力；要爱农村、爱农民，带着对农民群众的深厚感情，善于倾听了解农民群众的诉求和期盼，从实际出发，尊重农民的首创精神，尊重农村发展规律，切实维护好农民群众的利益。文件对加强"三农"工作干部队伍的培养、配备、管理、使用提出了要求。各级党委和政府主要领导干部要懂"三农"工作、会抓"三农"工作，分管领导要真正成为"三农"工作的行家里手。要制定并实施培训计划，全面提升"三农"干部队伍的能力和水平。要把到农村一线工作锻炼作为培养干部的重要途径，注重提拔使用实绩优秀的干部，形成人才向农村基层一线流动的用人导向。

文件提出，要强化乡村振兴规划引领。明确要求制定国家乡村振兴战略规划，分别明确至2020年全面建成小康社会和2022年召开党的二十大时的目标任务，细化实化工作重点和政策措施，部署若干重大工程、重大计划、重大行动。同时，要求各地区各部门编制乡村振兴地方规划和专项规划或方案。文件充分考虑到目前乡村发展的不平衡性和不断分化的趋势，要求根据发展现状和需要分类有序推进乡村振兴，对几种具有典型性的村庄发展分别提出了要求：对具备条件的村庄，要加快推进城镇基础设施和公共服务向农村延伸；对自然历史文化资源丰富的村庄，要统筹兼顾保护与发展；对生存条件恶劣、生态环境脆弱的村庄，要加大力度实施生态移民搬迁。

实施乡村振兴战略，是一项长期的艰巨的任务，必须强化党内法规和国家法治保障。文件提出，根据坚持党对一切工作的领导的要求和新时代"三农"工作新形势新任务新要求，研究制定中国共产党农村工作条例，把党领导农村工作的传统、要求、政策等以党内法规的形式确定下来。我们有理由相信，随着中国共产党农村工作条例的颁布和实施，"三农"工作的党内法规依据将更为明确，"三农"工作领导体制机制、工作机构将更加稳定，

"三农"工作队伍建设将更为规范，实施乡村振兴战略的制度保障将更加有力。

21世纪以来，党中央、国务院已经连续出台了15个关于农业农村工作的中央1号文件，基本形成了成熟稳定的"三农"政策体系，2018年的中央1号文件又搭建起了实施乡村振兴战略的"四梁八柱"，有必要把这些重大政策法治化。为此文件提出，抓紧研究制定乡村振兴法的有关工作，把行之有效的乡村振兴政策法定化，充分发挥立法在乡村振兴中的保障和推动作用。考虑到全国各地的发展水平、区域特点、需要解决的突出问题有较大差别，文件特别提出，各地可以从本地乡村发展实际需要出发，制定促进乡村振兴的地方性法规、地方政府规章。

夯实乡村振兴体制机制保障

罗　丹　刘　涛　李文明

经过长期努力，我国统筹城乡发展取得重大进展，但发展不平衡不充分问题仍在乡村表现最为突出，城乡之间要素合理流动机制还存在缺陷，城乡发展差距依然很大。强调农业农村优先发展，加快推进农业农村现代化，是从党和国家事业全局出发，针对农业农村发展实际作出的重大决策。改革是乡村振兴的法宝。去年底的中央农村工作会议强调，要以完善产权制度和要素市场化配置为重点，激活主体、激活要素、激活市场，着力增强改革的系统性、整体性、协同性，在深化农村改革方面"扩面""提速""集成"，加快构建城乡融合发展体制机制和政策体系。2018年的中央1号文件指出，要坚决破除体制机制弊端，使市场在资源配置中起决定性作用，更好发挥政府作用，推动城乡要素自由流动、平等交换，推动"四化"同步发展，加快形成工农互促、城乡互动、全面融合、共同繁荣的新型工农城乡关系。

强化制度性供给

要以处理好农民与土地的关系为主线，推进体制机制创新，让农村的资源要素充分利用起来，让广大农民的积极性创造性充分迸发出来，让全社会强农惠农的力量充分汇聚起来，为乡村振兴添活力、强动力、增后劲。

作者工作单位系中央农村工作领导小组办公室。

农村基本经营制度是乡村振兴的制度基础，要不断巩固和完善。要坚持农村土地集体所有，坚持家庭经营基础性地位，坚持稳定土地承包关系，实现小农户与现代农业发展有机衔接。明确农村土地第二轮承包到期后再延长30年，使得承包关系从农村改革之初算起稳定长达75年，让亿万农民吃上长效"定心丸"，在时间节点上与第二个百年奋斗目标相契合，这一重大政策必须不折不扣、不偏不倚地执行。完善农村承包地"三权分置"制度，在依法保护集体土地所有权和农户承包权前提下，平等保护经营权。

实施新型农业经营主体培育工程，发展多种形式适度规模经营，是加快构建现代农业产业体系、生产体系、经营体系的必经之路。在创新农业经营体系的同时，要以提升农业质量效益和竞争力为目标，强化绿色生态导向，加快建立新型农业支持保护政策体系，深化农产品收储制度和价格形成机制改革，创新完善农民收益保障机制。

为保障乡村振兴用地，在符合土地利用总体规划前提下，允许县级政府通过村土地利用规划，调整优化村庄用地布局，有效利用农村零星分散的存量建设用地；允许预留部分规划建设用地指标用于单独选址的农业设施和休闲旅游设施等建设。同时，对利用收储农村闲置建设用地发展农村新产业新业态的，给予新增建设用地指标奖励。

要完善农民闲置宅基地和闲置农房政策，探索宅基地所有权、资格权、使用权"三权分置"，在落实宅基地集体所有权、保障宅基地农户资格权和农民房屋财产权前提下，适度放活宅基地和农民房屋使用权。同时要严格土地用途管制，不得违规违法买卖宅基地，严格禁止下乡利用农村宅基地建设别墅大院和私人会馆。

发展农村集体经济是乡村振兴的有效抓手，也是实现共同富裕的有效途径。以加快推进集体经营性资产股份合作制改革为重点，深入推进农村集体产权制度改革，探索农村集体经济新的实现形式和运行机制。维护进城落户农民土地承包权、宅基地使用权、集体收益分配权，引导进城落户农民依法自愿有偿转让上述权益。

聚天下人才而用之

人才是乡村振兴的第一资源。乡村振兴既要留得住绿水青山，还要留得住人才青年。要把培育本土人才与引进外来人才相结合，打好"乡情牌"，念好"引才经"，构建支持引导社会各方面人才参与乡村振兴的政策体系，打通促进人才向农村、向基层一线流动的通道。

大力培育新型职业农民。全面建立职业农民制度，实施新型职业农民培育工程，鼓励各地开展职业农民职称评定试点，引导符合条件的新型职业农民参加城镇职工养老、医疗等社会保障制度，加快建设知识型、技能型、创新型农业经营者队伍，优化农业从业者结构，改善农村人口结构。

建立专业人才、科技人才参与乡村振兴机制，促进各路人才"上山下乡"投身乡村振兴。建立县域专业人才统筹使用制度，提高农村专业人才服务保障能力。全面建立高等院校、科研院所等事业单位专业技术人员到乡村和企业挂职、兼职和离岗创新创业制度，保障其在职称评定、工资福利、社会保障等方面的权益。探索公益性和经营性农技推广融合发展机制，允许农技人员通过提供增值服务合理取酬。

鼓励社会各界投身乡村建设。要建立有效激励机制，以乡情乡愁为纽带，吸引支持企业家、党政干部、专家学者、医生教师、规划师、建筑师、律师、技能人才等，通过下乡担任志愿者、投资兴业、包村包项目、行医办学、捐资捐物、法律服务等方式服务乡村振兴事业。

真金白银地投入

兵马未动、粮草先行。乡村振兴是党和国家的大战略，要健全投入保障制度，创新投融资机制，拓宽筹集资金渠道，加快形成财政优先保障、金融重点倾斜、社会积极参与的多元投入格局。

财政投入要与乡村振兴目标任务相适应。公共财政要更大力度向"三农"倾斜，加快建立涉农资金统筹整合长效机制。财政资金要发挥"四两拨千斤"作用，通过全国农业信贷担保体系，加快设立国家融资担保基金，支持地方政府发行一般债券用于支持乡村振兴、脱贫攻坚领域的公益性项目等，撬动更多金融和社会资本投向乡村振兴。

农村金融机构要回归本源。健全适合农业农村特点的农村金融体系，把更多金融资源配置到农村经济社会发展的重点领域和薄弱环节，更好满足乡村振兴多样化金融需求。要强化金融服务方式创新，防止脱实向虚倾向，严格管控风险，提高金融服务乡村振兴能力和水平。

土地收益要更多用于乡村振兴。调整完善土地出让收入使用范围，进一步提高农业农村投入比例。改进耕地占补平衡管理办法，建立高标准农田建设等新增耕地指标和城乡建设用地增减挂钩节余指标跨省域调剂机制，将所得收益通过支出预算全部用于巩固脱贫攻坚成果和支持实施乡村振兴战略。

乡村振兴最终要靠农民，必须充分调动广大农民的积极性和主动性。要推广一事一议、以奖代补等方式，鼓励农民对直接受益的乡村基础设施建设投工投劳，让农民更多参与建设管护。

加大乡村振兴的制度性供给

叶兴庆

  党的十九大首次明确提出实施乡村振兴战略，2017年中央经济工作会议和中央农村工作会、2018年中央1号文件进一步明确了总体思路和具体途径。乡村振兴战略是未来促进我国农业农村现代化的总战略，也是未来我国"三农"工作的总抓手。在未来国家现代化进程中真正做到乡村振兴，必须以改革创新的思路，清除阻碍农业农村优先发展和城乡融合发展的体制机制障碍，激发农村各类资源要素的潜能和各类主体的活力，不断为农业农村发展注入新动能。

一、以乡村振兴战略统领未来国家现代化进程中的农业农村发展

  进入新世纪以来，如何全面建成小康社会成为我国经济社会发展的头等大事。党的十六大、十七大和十八大，均立足于2020年全面建成小康社会的战略目标，对"三农"工作提出要求、作出部署。十六大报告以"全面繁荣农村经济，加快城镇化进程"统领关于"三农"工作的部署，明确提出统筹城乡经济社会发展，建设现代农业，发展农村经济，增加农民收入，是全面建设小康社会的重大任务。十七大报告以"统筹城乡发展，推进社会主义

叶兴庆系国务院发展研究中心农村经济研究部部长、研究员。

新农村建设"统领关于"三农"工作的部署，强调要加强农业基础地位，走中国特色农业现代化道路，建立以工促农、以城带乡长效机制，形成城乡经济社会发展一体化新格局。十八大报告以"推动城乡发展一体化"统领关于"三农"工作的部署，强调城乡发展一体化是解决"三农"问题的根本途径，要加大统筹城乡发展力度，增强农村发展活力，逐步缩小城乡差距，促进城乡共同繁荣。

在此基础上，十九大报告以"实施乡村振兴战略"统领关于"三农"工作的部署，展现出从城乡统筹、城乡一体化到乡村振兴的清晰脉络。这既保持了思路、目标的连续性，又根据新时代的要求，在思路上进一步拓宽，在目标上进一步提高。思路上的拓宽，主要体现在明确提出要"建立健全城乡融合发展体制机制和政策体系"，突出农业农村优先发展、城乡融合发展，意味着解决好"三农"问题要借助城市的力量，解决好城市的问题也要借助乡村的力量，城市与乡村应水乳交融、双向互动、互为依存。目标上的提高，主要体现在明确提出要"加快推进农业农村现代化"，在以前多次单纯强调农业现代化和新农村建设目标的基础上，这次新提出了农村现代化的目标，而农村现代化既包括"物"即产业和基础设施等的现代化，也包括"人"即农民的现代化。

以乡村振兴战略统领未来国家现代化进程中的农业农村发展，主要基于以下考虑：

第一，这是解决发展不平衡不充分问题的需要。新中国成立以来、特别是改革开放以来，我国城乡面貌都有很大改变，但城乡二元结构明显仍是目前我国最大的结构性问题、农业农村发展滞后仍是我国发展不平衡不充分最突出的表现。从收入和消费看，尽管近年来农村居民收入和消费支出增长速度快于城镇居民，但2016年我国城镇居民人均收入和消费支出仍分别高达农村居民的2.72倍和2.28倍，城乡居民家庭家用汽车、空调、计算机等耐用消费品的普及率差距仍然很大。从全员劳动生产率看，2016年非农产业达到人均12.13万元，而农业只有2.96万元，前者是后者的4.09倍。从基础设施看，根据第三次全国农业普查，2016年全国农村还有46.2%的家庭使用普通旱厕，甚至还有2%的家庭没有厕所；26.1%的村生活垃圾、82.6%的村生活污水未得到集中处理或部分集中处理；38.1%的村村内主要道路没有路灯。从基本公共服务看，2016年67.7%的村没有幼儿园、托儿所；18.1%的村没有卫生室、45.1%的村没有执业（助理）医师。从社会保障看，目前农村低保、新农保、新农合保障标准也明显低于城镇居民和城镇职工。这还仅仅是数量上的差距，如果看质量，城乡差距就更大了。放眼全世界，像目前我国这种城乡差距也是不多的。这种局面不改变，将会阻碍我国全面建设现代化目标的实现。

第二，这是满足人民日益增长的美好生活需要的需要。社会主要矛盾的变化，对农业农村发展提出了新要求。从城镇居民来看，对农产品量的需求已得到较好满足，但对农产品质的需求尚未得到很好满足；不仅要求农村提供充足、安全的农产品，而且要求农村提供清洁的空气、洁净的水源、恬静的田园风光等生态产品，以及农耕文化、乡愁寄托等精神产品（朱启臻，2018）。从农村居民来看，不仅要求农业得到发展，而且要求农村经济全面繁荣；不仅要求在农村有稳定的就业和收入，而且要有完善的基础设施、便捷的公共服务、可靠的社会保障、丰富的文化活动，过上现代化的、有尊严的生活；不仅要求物质生活上的富足，而且要求生活在好山、好水、好风光之中。无论是从城市居民还是农村居民的角度，都要求全面振兴乡村。

第三，这是具备条件启动实施的国家战略。从农村内部来看，十六大以来，城乡统筹取得积极进展，在新农村建设方面采取了很多措施，农村水、电、路等基础设施条件明显改善，免费义务教育、新农合、新农保、低保等基本公共服务实现了从无到有的历史性变化。近年来，一些地方在美丽乡村建设方面摸索出了好的做法，农业正在绿起来，农村正在美起来。这为实施乡村振兴战略奠定了扎实的基础。从国家能力看，我国工业化城镇化水平已有很大提高，2016年我国乡村人口占比已下降到42.65%、第一产业就业占比已下降到27.7%、第一产业国内生产总值占比已下降到8.6%，有条件以城市这个"多数"带动乡村这个"少数"、以工业这个"多数"支援农业这个"少数"。这为实施乡村振兴战略创造了良好条件。

第四，这是对其他国家经验教训的借鉴。欧洲的部分发达国家，曾实行单一的农业政策，通过价格干预等措施促进农业发展和农民增收。面对环境问题恶化、年轻人口大量流失、乡村不断衰落，他们都转向实行综合性的乡村发展政策，把农业生产、乡村环境、农民福利等问题一揽子解决。日本、韩国工业化城镇化发展到一定阶段后，也都先后实施乡村振兴计划。而拉美、南亚一些国家没有能力或没有政治意愿实施乡村振兴，大量没有就业的农村人口涌向大城市，导致形成严重的社会问题，这是其落入中等收入陷阱的重要原因之一。我国正处于中等收入发展阶段，能否像一些专家预测的那样在2024年前后迈入高收入发展阶段，进而顺利地向现代化目标迈进，在很大程度上取决于"三农"问题解决得如何。从正反两方面情况看，我国现代化进程已到了实施乡村振兴战略的时候。

根据十九大的部署，2035年我国要基本实现社会主义现代化，这比以前的部署提前了15年；2050年要把我国建成富强民主文明和谐美丽的社会主义现代化强国，这比以前描绘的目标更高。尽管在未来3年决胜全面建成小康社会过程中，农业农村还会发生新的变化、取得新的进步，但到2020年实现全面建成小康社会目标时，我国城乡二元结构仍将相当突出。从这个起点出发，我国将迈入全面建设社会主义现代化新征程，农业农村发展如何跟上整个国家现代化的步伐，是摆在我们面前的重大挑战。如果说小康不小康关键看老乡，那么也可以说，现代化不现代化关键看农业农村农民。实施乡村振兴战略，根本出发点就是要使农业农村农民现代化跟上国家现代化的步伐。

二、准确把握乡村振兴"五句话、二十字"总要求的深刻内涵

十九大《报告》用"五句话、二十字"概括了乡村振兴的总要求，即"产业兴旺、生态宜居、乡风文明、治理有效、生活富裕"。十六届五中全会《建议》曾提出过"五句话、二十字"的新农村建设总要求，即"生产发展、生活宽裕、乡风文明、村容整洁、管理民主"。那时，我国刚刚实现总体小康、迈入建设全面小康新征程，城乡差距很大，农村基础薄弱，提出的新农村建设目标既要鼓舞人心、又不能让人感到高不可攀。现在，我们进入了中国特色社会主义新时代，社会主要矛盾发生了变化，需要与国家现代化目标对标，对乡村振兴的总要求作出新概括。

两相比较，这次提出的"五句话、二十字"总要求，除"乡风文明"外，其他要求的变化不仅体现在字面的调整上，更体现在内涵的深化上，可以说是其升级版。

（一）从"生产发展"到"产业兴旺"，要求农业农村经济更加全面地繁荣发展

无论是新农村建设还是乡村振兴，第一位的任务都是发展生产力、夯实经济基础。但在不同发展阶段，发展生产力的着力点是不同的。2005年前后，农业面临的主要矛盾是供给不足，发展农业生产、提高农产品供给水平是主要任务，相应的要求便是"生产发展"。经过这些年的努力，我国农业综合生产能力有了很大提高，农业的主要矛盾已经由总量不足转变为结构性矛盾，主要表现为阶段性的供过于求和供给不足并存。面向未来，我国农业综合生产能力还需要进一步提高，而且要把提高农业综合效益和竞争力作为主攻方向。与此同时，还要拓展发展农村生产力的视野，全面振兴农村二三产业，防止农村产业空心化。当年，乡镇企业"异军突起"开辟了我国工业化的第二战场，虽然分散布

局造成环境污染、土地资源低效利用，但提供了大量就业，使一些乡村完成了资本积累。随着20世纪90年代初期乡镇企业改制、集中布局的推进，以及90年代后期土地管理制度的调整，除了硕果仅存的部分"明星村"，全国大多数乡村的二三产业发展陷入低谷。如果这个局面不改变，农村局限于发展农业、农业局限于发展种养，在我国这种资源禀赋条件下，农民不可能得到充分就业，乡村不可能得到繁荣发展。现代化的农村，不仅要有发达的农业，而且要有发达的非农产业体系。为此，要瞄准城乡居民消费需求的新变化，以休闲农业、乡村旅游、农村电商、现代食品产业等新产业新业态为引领，着力构建现代农业产业体系、生产体系、经营体系，推动农业向二三产业延伸，促进农村一二三产业融合发展，使农村产业体系全面振兴。

（二）从"生活宽裕"到"生活富裕"，要求持续促进农民增收、促进农民消费升级、提高农村民生保障水平

提高农民收入和消费水平，是农业农村发展的根本落脚点。2005年前后，我国农村居民生活水平刚刚从温饱转向小康，消费支出的恩格尔系数仍高达46%左右，处于联合国划分的40%～50%的小康标准范围内，总体上刚刚温饱有余。按每人每年2 300元（2010年不变价格）的现行农村贫困标准，2005年全国农村还要贫困人口28 662万人，占当时农村人口的比重高达30.2%。当时，农业税刚刚取消，农业剩余劳动力转移刚刚迈过刘易斯第一拐点、就业很不充分，新农合制度刚刚建立、筹资水平和保障程度很低，低保和新农保制度尚未建立，农村义务教育尚未全面免费。基于当时这种现实，把"生活宽裕"作为未来新农村的一种愿景，是恰当的。随着这些年农民就业和收入来源的多元化，农村教育、医疗、养老、低保制度的完善，农民收入水平和生活质量有了很大提高。2016年全国农村居民消费支出的恩格尔系数为32.2%，即将跨越联合国划分的30%～40%的相对富裕标准，进入20%～30%的富足标准。2016年全国农村贫困人口仅

剩下 4 335 万人，仅占农村人口的 4.5%。这表明，即便按国际标准，把"生活富裕"作为未来乡村振兴的一种愿景，也是可望可即的。实现"生活富裕"，必须注重提高农民的就业质量和收入水平，把农民作为就业优先战略和积极就业政策的扶持重点，加强职业技能培训，提供全方位公共就业服务，多渠道促进农民工就业创业；推动城乡义务教育一体化发展，努力让每个农村孩子都能享有公平而有质量的教育，使绝大多数农村新增劳动力接受高中阶段教育、更多接受高等教育；完善城乡居民基本养老保险制度，完善统一的城乡居民基本医疗保险制度和大病保险制度，统筹城乡社会救助体系、完善最低生活保障制度。

（三）从"村容整洁"到"生态宜居"，要求促进农业农村可持续发展，建设人与自然和谐共生的现代化农业农村

生态环境和人居条件既是从外部看乡村的"面子"，也是衡量乡村生产生活质量的"里子"。2005 年前后，我国农业仍处于增产导向的发展阶段，没有精力关注农业资源环境问题。农村还不富裕，没有定力和底气抵制城市污染下乡。农村建设缺乏规划，人居环境脏乱差，大多数农村处于"垃圾靠风刮、污水靠蒸发"的状况，部分农村甚至处于"交通靠走、通讯靠吼、点灯靠油"的局面。基于这种现实，同时为了避免大拆大建、加重农民负担，当时仅仅提出了"村容整洁"的要求，一些地方也仅限于"有钱盖房、没钱刷墙"。目前，我国农业生产中存在的资源透支和环境超载问题已得到充分暴露，有必要也有能力促进农业绿色发展。农民衣食住行等物质生活条件得到改善，对优美生态环境的需要日益增长。发展休闲旅游养老等新产业，吸引城市消费者，也要求有整洁的村容村貌、优美的生态环境、舒适的居住条件。适应这些新的变化，未来有必要把"生态宜居"作为乡村振兴的重要追求。为此，要以体制机制创新促进农业绿色发展，强化土壤污染管控和修复，加强农业面源污染防治；加大农村生态系统保护力度，开展农村绿化行动，完善天然林保护制度，扩大退耕还林

还草；开展农村人居环境整治行动，继续搞好农村房前屋后的绿化美化、垃圾和污水处理、村内道路硬化。

（四）从"管理民主"到"治理有效"，要求健全自治、法治、德治相结合的乡村治理新体系

乡村善治是国家治理体系和治理能力现代化的基础。2005年前后，农村税费改革正在推进，公共财政覆盖农村刚刚开始，农村基础设施和公益事业还需要农民负担部分费用；乡村债务较为严重，如何化解需要审慎决策；农业补贴制度刚刚建立，补贴资金如何真正发放到农民手中需要周密部署；农村基层民主选举制度还不完善。解决好这些问题，缓解农村社会矛盾，当时把着力点放在"管理民主"上，强调在农村社区事务管理中村干部要尊重农民的民主权力，规范的是干群关系。随着农村人口结构、社区公共事务的深刻调整，以及利益主体、组织资源的日趋多元，仅仅依靠村民自治原则规范村干部与群众的关系是不够的。城乡人口双向流动的增多、外来资本的进入、产权关系的复杂化，需要靠法治来规范和调节农村社区各类关系。但自治和法治都是有成本的，如果能够以德化人、形成共识，促进全社会遵守共同行为准则，就可以大幅度降低农村社会运行的摩擦成本。为此，需要在完善村党组织领导的村民自治制度的基础上，进一步加强农村基层基础工作，根据农村社会结构的新变化、实现治理体系和治理能力现代化的新要求，健全自治、法治、德治"三治结合"的乡村治理机制。

（五）以更高标准促进乡风文明

尽管"乡风文明"保留了字面的一致，但内涵也在发生变化。在未来现代化进程中，要深入挖掘乡村优秀传统文化蕴含的思想观念、人文精神、道德规范，结合时代要求继承创新，让乡村文化展现出永久魅力和时代风采。要注重人的现代化，提高农民的思想觉悟、道德水准、文明素养，普及科学知识，抵制腐朽落后

文化侵蚀。特别是在婚丧嫁娶中，要摒弃传统陋习，减轻农村人情消费负担。积极应对农村人口老龄化，构建养老、孝老、敬老政策体系和社会环境。需要注意的是，促进乡风文明不仅是提高乡村生活质量的需要，也有利于改善乡村营商环境、促进乡村生产力发展。

三、牢牢把握优先发展和融合发展两大原则

在城乡二元结构仍十分明显的背景下，要促进农业农村现代化跟上国家现代化步伐，必须补齐农业现代化这个"四化同步"的短板、农村现代化这个国家现代化的短腿、农民现代化这个人的现代化的弱项。为此，必须深化对"农业农村农民问题是关系国计民生的根本性问题"这一重大论断的认识，真正做到"始终把解决好'三农'问题作为全党工作重中之重"。特别是要贯彻新发展理念，坚持农业农村优先发展和城乡融合发展。

（一）坚持农业农村优先发展，就是要发挥政府有形之手的作用，加快农村基础设施和公共服务发展步伐

改革开放以来，我国基础设施和公共服务发展的重点长期放在城市。这既是提高公共资源配置效率的客观需要，也是在公共资源配置决策过程中城市影响力大于农村影响力的必然结果。还要看到，在市场力量的作用下，公共资源以外的其他各类资源要素会自发地流向回报率高的工业和城市，农业和农村在这场资源要素争夺战中往往会败下阵来。特别是对我国这种后发追赶型国家而言，在现代化进程中，工业化城镇化往往是快变量，农业农村农民向现代化转型往往是慢变量。在快速工业化城镇化进程中，要想避免农业衰退、乡村衰落，实现国家协调均衡发展，必须牢固树立农业农村优先发展的理念，切实加大对农业农村发展的支持力度（叶兴庆，2017）。

重点是两个方面：一是推动公共资源向农业农村优先配置。

这是消除城乡之间基本公共服务存量差距的迫切需要，也是防止城乡之间基本公共服务出现增量差距的必然要求。经过多年努力，农村基本公共服务体系的"四梁八柱"已经搭建起来，实现了从"无"到"有"的历史性变革。目前主要问题在于公共服务领域的城乡差距仍然太大，农村公共服务的保障水平太低。应把从"有"到"好"作为主攻方向，继续推动城乡义务教育一体化发展、着力提高农村义务教育质量和便利性，完善城乡居民基本养老保险制度、着力增加农民基础养老金，完善统一的城乡居民基本医疗保险制度和大病保险制度、着力提高农民报销比例，统筹城乡社会救助体系、着力提高农村低保标准和覆盖面。加大农村道路、供水、供电、通讯等基础设施投入，加快农村生活垃圾、污水处理能力建设。二是提高农业支持保护政策的效能。最近两年，国家已开始着手调整完善农业支持保护政策，如实行棉花目标价格补贴试点、推行玉米"市场化收购＋生产者补贴"、推进农业"三项补贴"制度改革。今后我国农业支持保护政策的力度还应继续加大，但要调整政策的着力点。应突出竞争力指向，加大对农田水利、土地整治、农业科技、职业农民培训等的投入，促进农业降成本、提效率。还应突出绿色生态指向，加大对退耕还林、退耕还湿和退养还滩、节水灌溉、耕地地力保护、化肥和农药减量、农业废弃物回收、地下水超采和重金属污染地区治理等的投入，促进农业可持续发展。

（二）坚持城乡融合发展，就是要发挥市场无形之手的作用，促进城乡产业优势互补、互为支撑

受城乡二元经济体制的影响，过去一个时期内我国城乡间的发展是相互隔绝的，要素不能自由流动，产品不能等价交换，产业缺乏合理分工。工业化城镇化不仅未能有效带动农业农村发展，而且缺乏农业农村发展的支撑，整个国民经济未能实现良性循环。改革开放以来，随着城乡二元经济体制的逐步消融，城乡间资源再配置效应的释放成为我国全要素生产率提高的重要源泉，工业

化城镇化对农业农村发展的带动作用也日益明显。但目前我国城乡二元经济体制的桎梏并未完全破除，城乡要素市场和产品市场一体化程度有待提高，特别是城乡产业发展应形成优势互补、互为支撑的新格局。

我国经济发展已由高速增长阶段转向高质量发展阶段。实现高质量发展，要求城乡资源配置合理化、城乡产业发展融合化。今后，解决好"三农"问题要借助城镇的力量，解决好城市的问题也要借助乡村的力量，城市与乡村应水乳交融、双向互动、互为依存。为此，既要继续促进城乡要素自由流动，也要强化城乡产业互动。一是农村要对城镇的新需求做出灵敏反应。城镇居民对农产品量的需求已得到较好满足，但对农产品质的需求尚未得到很好满足；不仅要求农村提供充足、安全的物质产品，而且要求农村提供清洁的空气、洁净的水源、恬静的田园风光等生态产品，以及农耕文化、乡愁寄托等精神产品。捕捉这些新需求，应加快推进农业发展从增产导向转向提质导向，大力发展农村休闲旅游养老等新产业新业态。二是城镇要对农村的新需求作出灵敏反应。发展资源节约、环境友好型农业，迫切需要新型肥料和低毒高效农药；促进农业领域的"机器换人"、提高农业劳动生产率，迫切需要性价比高的农业机械，特别是适合丘陵山区和经济作物生产的小型农业机械。改善农村人居环境、提高农民生活品质，迫切需要新型建筑装饰材料、皮实耐用的垃圾和污水处理设备、经济适用的厨卫等家庭生活用品。捕捉这些新需求，应加快调整工业部门的技术结构和产品结构，提高"工业品下乡"的针对性和效率。

四、围绕"人、地、钱"推进体制机制创新

实施乡村振兴战略是一个系统工程，需要科学制定规划，全面推进各项振兴措施落地。核心是围绕"人、地、钱"三个关键，推进体制机制创新。

（一）促进乡村人口和农业从业人员占比下降、结构优化

一般认为，一国城镇化率超过30%后就进入城镇化快速发展阶段，超过70%后城镇化就趋于稳定。我国从1996年城镇化率超过30%以来，城镇化率以年均超过1个百分点的速度快速发展。尽管如此，2016年我国城镇化率也仅为57.3%，仍处于城镇化快速发展阶段。尤其是来自农村的城镇常住人口中相当部分还未完全融入就业和居住的城镇。按照国家新型城镇化规划，2020年我国按常住人口计算的城镇化率也仅为60%，按户籍人口计算的城镇化率则只有45%。总体而言我国仍处于"要富裕农民必须减少农民"的发展阶段，必须坚定不移推进以人为核心的新型城镇化，继续促进乡村人口进城和农业劳动力向非农产业转移。同时也要注意到，我国乡村人口进城和农业劳动力向非农产业转移具有"精英移民"的特征，进城的人口和转移的劳动力在年龄、受教育程度、性别比例等方面明显优于留在农业农村的那部分人口和劳动力。

从日本等国家和地区的经验看，年轻人外流、老龄化程度高，与乡村衰败互为因果。实现我国乡村振兴，必须在促进乡村人口和农业从业人员占比继续下降的同时，注重优化乡村人口结构和农业劳动力结构，提高乡村人力资本质量。一要优化农业从业者结构。加快培养现代青年农场主、新型农业经营主体带头人、农业职业经理人。既要重视从目前仍在农村的人中发现和培养新型职业农民，也要重视引导部分有意愿的农民工返乡、从农村走出来的大学生回乡、在城市成长的各类人才下乡，将现代科技、生产方式和经营模式引入农业农村。二要优化乡村居民结构。现代化国家的乡村，其价值既体现在提供农产品和生态产品，也体现在提供一种高品质的生活，居住和生活在乡村地区的人大部分并不是典型意义上的"农民"即农业从业人员，甚至也不是原来务农、后来转向二三产业的"农民工"，而是来自周边城镇地区的教师、医生、律师、公务员等劳动人口和非劳动人口。在我国未来

189

现代化进程中，既应当让目前的乡村人口进城就业和定居，也应当创造条件让部分在城镇就业的人口下乡居住和生活。只有这样，乡村才能保持生机和活力。三要加快培养造就一支懂农业、爱农村、爱农民的"三农"工作队伍，全面提高农村地区国家公务员、科技人员、教师、医生等的能力和水平。

（二）加快建立乡村振兴的用地保障机制

深化农村土地制度改革，是促进现代农业建设的迫切需要，是发展农村新产业新业态的必然要求，也是优化乡村人口结构的重要条件。一要以农业现代化为目标完善农村土地"三权分置"制度。随着承包户就业结构、收入结构乃至居住地的变化，"农一代"逐步退出、"农二代"不愿务农，以及城乡社会保障制度的健全，承包地的生计保障功能在下降、生产要素功能在彰显，应据此调整完善对集体所有权、农户承包权、土地经营权的赋权。为防止"不在村地主"可能导致的土地撂荒、"财产幻觉"可能导致的地租过快上涨，对承包权的赋权应适可而止。二要完善农业设施用地管理政策。对农产品冷链、初加工、休闲采摘、仓储等设施用地，停车场、厕所、餐饮等配套用地，应实行更灵活和宽松的管理政策。三要优化城乡建设用地和乡村建设用地布局。土地利用总体规划必须顺应建设用地布局调整优化的需要，县级政府要尽快组织编制村级土地利用规划，调整优化村庄用地布局，以有效利用农村零星分散的存量建设用地。土地利用总体规划必须有前瞻性，应预留部分规划建设用地指标，为未来单独选址的农业设施和休闲旅游设施等留出空间。切实落实"将年度新增建设用地计划指标确定一定比例用于支持农村新产业新业态"的既有政策。审慎改进城乡建设用地增减挂钩和耕地占补平衡操作办法，既要考虑获取土地增值收益为当下乡村振兴筹集资金的需要，也要考虑为未来乡村发展留出用地空间。切不可为了眼前的蝇头小利而牺牲长远发展空间，不要急于把农村建设用地指标腾挪到城市、把欠发达地区建设用地指标腾挪到发达地区。

四要探索盘活农村闲置宅基地和闲置农房的有效途径。在不以买卖农村宅基地为出发点的前提下，积极探索宅基地所有权、资格权、使用权"三权分置"，落实宅基地集体所有权，保障宅基地农户资格权和农民房屋财产权，适度放活宅基地和农民房屋使用权。重点是通过放活使用权，探索有效利用农村闲置宅基地和农民闲置房屋的具体办法。例如，农村集体经济组织可以将村庄整治、宅基地整理等节约的建设用地，以入股、联营等方式，发展乡村休闲旅游养老等产业和农村三产融合项目。又如，农村集体经济组织可以通过出租、合作等方式，盘活利用空闲农房及宅基地。

（三）建立健全有利于各类资金向农业农村流动的体制机制

振兴乡村需要大量资金投入。应从财政、金融、社会资本等多个渠道筹集乡村振兴所需资金。一要改革财政支农投入机制。一方面，要坚持把农业农村作为财政支出的优先领域，确保农业农村投入适度增加；另一方面，要把主要精力放在创新使用方式、提高支农效能上。要做好"整合"和"撬动"两篇文章。"整合"，就是要发挥规划的统筹引领作用，把各类涉农资金尽可能打捆使用，形成合力。"撬动"，就是要通过以奖代补、贴息、担保等方式，发挥财政资金的杠杆作用，引导金融和社会资本更多地投向农业农村。二要加快农村金融创新。农村存款相当部分不能在农村转化为投资，通过金融机构的虹吸效应流向城市，是亟待解决的现实问题。要从"建机制"和"建机构"两方面采取措施。"建机制"，就是要落实涉农贷款增量奖励政策，对涉农业务达到一定比例的金融机构实行差别化监管和考核办法，适当下放县域分支机构业务审批权限，解决投放"三农"贷款积极性不足的问题。"建机构"，就是要优化村镇银行设立模式、提高县市覆盖面，开展农民合作社内部信用合作，支持现有大型金融机构增加县域网点，解决投放"三农"贷款市场主体不足的问题。三要鼓励和引导社会资本参与乡村振兴。鼓励社会资本到农村发展适合企业化经营的现代种养业、农业服务业、农产品加工业，以及休闲旅游养老等产业。创新利益联结机制，引导社会资本带动农民而不是替代农民。加强产权保护，稳定投资者预期。四是激发农民投资积极性。在直接受益的原则下，可以通过一事一议等方式，引导农民增加对村内道路等基础设施建设的投资投劳。

科学规划　从容建设
推动乡村振兴战略落实落地

吴　晓

实施乡村振兴战略，是一项长期的历史性任务，必须强化规划引领，通过科学编制乡村振兴战略规划，明确阶段性目标，细化实化工作重点和政策举措，确保乡村振兴战略落地实施。

一、充分认识实施乡村振兴战略的重大意义，找准乡村振兴战略规划的功能定位

党的十九大提出实施乡村振兴战略，这是以习近平同志为核心的党中央在深刻把握我国国情农情，深刻认识我国城乡关系变化特征和现代化建设规律的基础上，着眼于党和国家事业全局，对"三农"工作作出的新的战略部署、提出的新的目标要求，是新时代"三农"工作的新旗帜和总抓手。

科学管用的规划是乡村振兴的路线图、施工图和时间表。在2017年底召开的中央经济工作会议上，习近平总书记明确要求制定乡村振兴战略规划，科学把握乡村振兴战略总要求和乡村发展规律，提高前瞻性、系统性；充分认识乡村振兴任务的长期性，保持历史耐心，避免超越发展阶段，同时又要突出重点，不断取得阶段性成果；针对不同类型地区采取不同办法，做到顺应村情

吴晓系国家发展和改革委员会农村经济司司长。

民意，既要政府、社会、市场协同发力，又要充分发挥农民主体作用，目标任务要符合实际，保障措施要有力，具有可操作性。在中央农村工作会议上，习近平总书记再次强调，要科学规划、注重质量、从容建设，不追求速度，更不能刮风搞运动。李克强总理、汪洋副总理也多次对编制乡村振兴战略规划作出指示。为贯彻落实党中央、国务院决策部署，根据中央1号文件要求，由国家发展改革委会同有关部门编制《乡村振兴战略规划（2018—2022年）》（以下简称《规划》）。

《规划》编制以习近平新时代中国特色社会主义思想为指导，紧紧围绕贯彻落实党的十九大、中央经济工作会议、中央农村工作会议精神，以2018年中央1号文件为依据，明确至2020年全面建成小康社会和2022年召开党的二十大时的目标任务和实施路径，细化实化工作重点和政策措施，和中央1号文件一起为实施乡村振兴战略构建起国家层面的政策框架体系，是指导各地区各部门编制地方规划和专项规划、分类有序推进乡村振兴的重要依据和行动指南。

二、准确把握乡村振兴战略的总体要求，切实发挥规划战略导向作用

从2018年到2022年，是实施乡村振兴战略的第一个五年，处在"两个一百年"奋斗目标的历史交汇期，乡村振兴既要为全面建成小康社会提供有力支撑，又要为农业农村跟上全面建设社会主义现代化国家新征程的步伐打下良好基础。在规划编制过程中，我们特别注意把握以下几个方面：

（一）科学研判城乡发展规律和趋势，增强规划前瞻性

习近平总书记明确要求，规划编制要树立城乡融合、一体设计、多规合一理念，统筹考虑产业发展、人口布局、公共服务、土地利用、生态保护等。对未来一段时期特别是未来5年农业农

村经济社会生态等发展趋势的研判，是科学编制《规划》的前提，主要基于以下判断：一是产业发展方面。农业产业结构加快调整，粮食生产基本平稳，畜牧业、渔业比重逐步上升。农业生产呈现主体职业化、方式机械化和产品绿色化趋势。城乡产业联系更加紧密，农村产业融合呈现蓬勃发展态势，农产品加工业、农业生产性服务业、休闲农业和乡村旅游、互联网＋农业等将成为乡村产业振兴的重要支撑。二是人口布局方面。乡村人口规模和村庄数量持续减少，乡村人口老龄化加剧，农业劳动力规模继续缩减。乡村人口向城镇转移的大趋势不会改变，部分区域可能出现逆城镇化现象。乡村分化趋势更加明显，复兴、消亡和整合态势并存，特色小镇、美丽宜居乡村将成为乡村振兴的重要载体。三是土地利用方面。乡村耕地保障压力依然存在，农地经营权加快流转。宅基地闲置、乡村空心化等现象进一步发展。四是生态保护方面，农业污染恶化趋势得到一定遏制，农村人居环境整治加快推进，但乡村生态环境保护和修复的形势依然十分严峻。

（二）深刻领会乡村振兴战略的内涵要义，提高规划系统性、指导性和可操作性

《规划》编制牢固树立新发展理念，在谋篇布局、指标设置、战略任务、政策举措等各个方面充分体现"产业兴旺、生态宜居、乡风文明、治理有效、生活富裕"的总要求，把农村经济、政治、文化、社会、生态和党的建设作为一个有机整体，统筹谋划、协调推进，促进农业全面升级、农村全面进步、农民全面发展，增强系统性。把维护广大农民根本利益、促进广大农民共同富裕作为出发点和落脚点，聚焦今后五年乡村振兴的主攻方向，细化实化重点任务和关键举措，部署重大工程、重大计划和重大行动，建立乡村振兴指标体系，明确保障措施，增强规划可操作性和约束性，确保乡村振兴战略顺利实施，取得阶段性成果。

（三）坚持农业农村优先发展，加快补齐农业农村发展短板

农业仍然是"四化同步"的短腿，农村仍然是全面建成小康社会的短板。党的十九大第一次明确提出农业农村优先发展，这是对"三农"工作指导理念上的重大提升，是"三农"工作重中之重的必然要求。一是在指导思想上，切实加强党对"三农"工作的领导，完善实施乡村振兴战略领导责任制，真正落实农业农村优先，改变"三农"工作"说起来重要、干起来次要、忙起来不要"的状况，为实现乡村振兴提供坚强保证。二是在要素配置上，从坚持财政优先保障、建立高标准农田建设等新增耕地指标和城乡建设用地增减挂钩节余指标跨省域调剂机制等多个方面，拓宽乡村振兴资金筹集渠道；从加强职业农民培育、农村专门人才培养、鼓励和支持各类人员返乡下乡兴业创业等多个角度，强化乡村振兴人才支撑；以盘活存量、用好流量、辅以增量等多种方式，保障农村新产业新业态发展用地，形成推进乡村振兴的强有力制度供给。三是在基础设施和公共服务方面，继续把重点放在农村，推进城乡基础设施共建共享、互联互通，建立健全全民覆盖、普惠共享、城乡一体的基本公共服务体系，完善农村社会保障制度。

（四）坚持乡村振兴和新型城镇化双轮驱动，构建城乡融合的乡村振兴新格局

《规划》围绕重塑城乡关系，力图对工业化、城镇化进程中乡村的地位重新认识、重新定位。一是统筹安排城乡发展空间。按照主体功能定位，对国土空间的开发、保护和整治进行总体布局，完善城乡布局结构，着力形成田园乡村与现代城镇各具特色、交相辉映的城乡发展格局。二是优化乡村生产生活生态空间。适应现代农业和农村产业融合发展需要，统筹利用乡村生产空间，充分发挥各地区比较优势，把乡村生产逐步融入区域性产业链和生产网络。适应农民生活现代化需要，合理布局乡村生活空间，完

善乡村服务功能。适应生态文明建设需要，严格保护乡村生态空间，提升生态功能和服务价值。三是改革完善城乡融合发展体制机制。着力破除阻碍要素下乡各种障碍和体制机制弊端，使市场在资源配置中起决定性作用，更好发挥政府作用，推动形成工农互促、城乡互补、全面融合、共同繁荣的新型工农城乡关系。

（五）切实发挥农民在乡村振兴中的主体作用，激发农村发展活力

习近平总书记指出，要坚持不懈推进农村改革和制度创新，充分发挥亿万农民的主体作用和首创精神，不断解放和发展农村社会生产力。一是激活资源要素"增元气"。深化农村土地制度改革，加快农村集体建设用地管理制度改革，支持返乡下乡人员采取入股、联营等方式使用农村集体土地。二是以发展提升产业"强体魄"。产业兴旺是实施乡村振兴战略的重点，要加快实施产业兴村强县行动，以优势特色农业产业为依托，以农村一二三产业融合发展为主攻方向，着力打造"一村一品"、"一乡一业"的发展格局，扶持壮大集体经济，带动农民共同富裕。三是培育文明乡风"提精神"。创新方式方法，发动村里的贤人、能人、富人，努力形成示范作用，激发村民参与营造新风尚的积极性和主动性。四是加强基础工作"聚心气"。充分发挥村民会议、村民代表会议、村民议事理事会的作用，强化村级组织服务村民能力，构建在基层党组织领导下的村级自治组织和集体经济组织融合运行机制，提升农村基层组织号召力和凝聚力。

（六）充分考虑各地差异和特点，分类有序推进乡村振兴

针对乡村形态格局多样性分化的趋势，注重地域特色，体现乡土风情。根据不同村庄的发展现状、区位条件和资源禀赋，因地制宜设计振兴路径，按照集聚提升、城郊融合、特色保护、搬迁撤并四种类型，分类推进乡村发展，精准施策，增强规划指导性。合理安排乡村振兴优先序，科学把握节奏力度，既尽力而为、

又量力而行，扎实有序推进乡村振兴，久久为功，不搞一刀切。

三、围绕补短板强弱项，明确乡村振兴阶段性任务

围绕补短板强弱项，《规划》聚焦乡村振兴制度框架和政策体系的构建，合理设定阶段性目标，明确今后五年的重点任务，努力走出一条中国特色社会主义乡村振兴道路。

（一）提高农业发展的创新力、竞争力和全要素生产力

按照质量第一、效益优先、高质量发展的要求，着力构建乡村现代产业体系，促进产业兴旺。一是坚决守住粮食安全底线。实施藏粮于地、藏粮于技战略，夯实粮食生产能力，确保需要时能产得出、供得上。二是坚定不移推进农业供给侧结构性改革。坚持质量兴农、绿色兴农，走优质化、特色化、品牌化农业发展道路，调整优化农业生产力布局，加快构建现代农业产业体系、生产体系、经营体系。三是推动农村一二三产业深度融合，以市场需求为导向，以完善利益联结机制为核心，以制度机制和商业模式创新为动力，构建农业与二三产业交叉融合的现代产业体系，实现产业发展与农民增收的双赢。四是处理好规模经营主体发展与小农户之间的关系，充分尊重农民意愿，支持发展以家庭经营为主导的适度规模经营，通过社会化服务等把小农生产逐步引入现代农业发展轨道。

（二）促进农业农村绿色发展

牢固树立绿水青山就是金山银山的理念，坚持尊重自然、顺应自然、保护自然，统筹山水林田湖草系统治理，加快转变生产生活方式，建设生活环境自然优美、生态系统稳定健康、人与自然和谐共生的生态宜居乡村。一是健全农业资源休养生息制度，扩大轮作休耕试点，加强农业投入品规范化管理，全面实现农业废弃物无害化处理，提高资源化利用水平，切实保护产地环境。

二是继续实施农业环境突出问题治理工程，加大治理力度，完善政策法规制度和技术路径，有效遏制农业生态环境恶化趋势。三是开展农村人居环境整治行动要把农村人居环境整治、厕所革命作为实施乡村振兴战略的一项具体工作来推进，不断抓出成效。四是实施生态修复重大工程，统筹山水林田湖草系统治理，大力实施国土绿化行动，加快构筑国家生态安全屏障。

（三）繁荣发展乡村文化

以社会主义核心价值观为引领，坚持精神文明和物质文明一起抓，传承发展中华优秀传统文化，激发乡村文化创新创造活力，提升农民精神风貌，培育文明乡风、良好家风和淳朴民风，焕发文明新气象，凝聚实现乡村振兴的强大精神力量。一是加强农村思想道德建设。坚持教育引导、实践养成、制度保障，把社会主义核心价值观融入到农村发展各方面。二是传承发展农村优秀传统文化，在保护传承的基础上，创造性转化，创新性发展，不断赋予时代内涵。三是丰富乡村文化生活，推动城乡公共文化服务体系融合发展，增加优秀乡村文化产品和服务供给，活跃繁荣农村文化市场，为广大农民提供高质量的精神营养。

（四）健全现代乡村治理体系

实施乡村振兴战略，最坚实的力量在基层。十九大报告中明确提出"加强农村基层基础工作"，就是要强化农村基层党组织领导核心地位，健全自治、法治、德治相结合的乡村治理体系。一是深化村民自治实践，坚持自治为基，加强农村基层群众性自治组织建设，健全和创新村党组织领导的充满活力的村民自治机制，推动社会治理重心向基层下移，让农民"说事、议事、主事"。二是提高农村基层法治水平，坚持法治为本，树立依法治理理念，强化法律在维护农民权益、规范市场运行、农业支持保护、生态环境治理、化解农村社会矛盾等方面的权威地位，将政府涉农各项工作纳入法治化轨道。三是提升乡村德治水平。坚持德治为先，以德治滋养法治、涵养自治，让德治贯穿乡村治理全过程。适应农村"熟人社会"特征，发挥好带头人、新乡贤等积极作用。

（五）加快补齐农村民生短板

坚持在发展中保障和改善民生，围绕农民群众最关心最直接最现实的利益问题，提高农村美好生活保障水平，满足农民群众日益增长的民生需要，让农民群众有更多实实在在的获得感、幸福感。一是坚决打好精准脱贫攻坚战，把提高脱贫质量放在首位，制定并实施打好精准脱贫攻坚战三年行动计划，采取更加有力的举措、更加集中的支持、更加精细的工作，确保到2020年我国现行标准下农村贫困人口实现脱贫，贫困县全部摘帽，解决区域性整体贫困。二是加强农村基础设施建设，继续把基础设施建设重点放在农村，持续加大投入力度，加快补齐农村基础设施短板，促进城乡基础设施互联互通，推动农村基础设施提档升级。三是提升农村劳动力就业质量，坚持就业优先战略和积极就业政策，健全城乡均等的公共就业服务体系，不断提升农村劳动者素质，拓展农民外出就业和就地就近就业增收空间，实现更高质量和更充分就业。四是增加农村公共服务供给，继续把国家社会事业发展的重点放在农村，促进公共教育、医疗卫生、社会保障等资源向农村倾斜，逐步建立健全全民覆盖、普惠共享、城乡一体基本公共服务体系，推进城乡基本公共服务均等化。

四、强化规划实施，推动乡村振兴战略落实落地

党中央关于乡村振兴的大政方针已经明确，接下来就是要把党中央的战略部署落到实处，把宏伟蓝图一步一步变为现实。乡村振兴战略规划的实施，要坚持党的领导，更好履行各级政府职责，运用市场化、法治化手段，最大程度激发各类主体的活力和

创造力，形成强大合力，推动各项任务举措落地实施。

（一）加强组织领导

办好农村的事，实现乡村振兴，关键在党。坚持乡村振兴重大事项、重要问题、重要工作由党组织讨论决定的机制，落实党政一把手是第一责任人、五级书记抓乡村振兴的工作要求，为《规划》实施提供坚强保证。建立市县党政领导班子和领导干部推进乡村振兴战略的实绩考核制度，将考核结果作为选拔任用领导干部的重要依据。

（二）完善规划体系

按照中央1号文件部署，各地区各部门将编制乡村振兴地方规划和专项规划或方案。通过建立城乡融合、区域一体、多规合一的规划体系，把《规划》确定的目标任务、工程计划行动分解落实到部门和地方，进一步明确责任主体、实施时间表和路线图，压紧压实、确保落地。

（三）注重典型带动

既坚持乡村的全面振兴和乡村全覆盖，也突出重点地区、重点问题和重点环节，针对不同发展水平、不同类型的村庄，分类有序推进相关工作。尊重并发挥基层首创精神，从各地区乡村发展的难点、焦点中寻找突破口和切入点，推动顶层设计和基层实践探索良性互动、有机结合。

（四）动员社会参与

搭建社会参与平台，加强组织动员，构建政府、市场、社会协同推进的乡村振兴参与机制。创新宣传形式，广泛宣传乡村振兴相关政策和生动实践，最大限度凝聚全社会共识和力量。建立乡村振兴专家决策咨询制度，组织智库加强理论研究。吸引各类资源要素向乡村集聚，推进乡村振兴早见成效。

加强生态宜居建设
推动乡村生态振兴

吴舜泽

党的十九大提出"实施乡村振兴战略",将生态宜居作为乡村振兴五项总体要求之一。正确理解和把握生态宜居的内涵,对实施乡村振兴战略具有重要意义。

一、我国乡村振兴战略中生态宜居的核心内涵与重要地位

宜居是人们对自身生活环境的直观感受和主观体验,体现了人们对生活条件的最基本需求,也是百姓心中最朴实的"中国梦"。广义的"宜居"包括适宜的居住、生活和工作条件,狭义的理解仅指适宜居住。1961年世界卫生组织从居住环境角度提出了"宜居"应具备安全性、健康性、便利性和舒适性四个基本条件。国际城市规划领域一般认为宜居包括三个层面的内容:一是公共卫生和污染等层面上的宜居;二是舒适和生活条件完善所带来的宜居;三是由历史建筑和优美的自然环境所带来的宜居。1996年联合国第二次人类住区大会提出适宜居住的人类社区体现在空间、社会和环境的特点与质量上。2018年2月4日中央1号文件《中共中央、国务院关于实施乡村振兴战略的意见》(以下简称《意见》)

吴舜泽系生态环境部环境与经济政策研究中心主任。

提出"乡村振兴，生态宜居是关键。良好生态环境是农村最大优势和宝贵财富"，以及"农村人居环境明显改善，美丽宜居乡村建设扎实推进……农村生态环境明显好转，农业生态服务能力进一步提高"等有关生态宜居的目标任务，并从统筹山水林田湖草系统治理、加强农村突出环境问题综合治理、建立市场化多元化生态补偿机制、增加农业生态产品和服务供给四方面进行了工作部署。《意见》还要求"持续推进宜居宜业的美丽乡村建设"。可见，我国乡村振兴战略中的生态宜居，着重强调了良好生态环境在宜居中的作用，聚焦于人居环境和农业生产的环境保护，既不局限于狭义的居住环境，也不涉及居民生活和工作的社会条件。

（一）乡村生态宜居是农村人居环境改善的基本要求

由于历史多种原因，我国农村环境基本公共服务和农村环境监管能力欠账较多，农村生态环境问题比较突出，影响村民的生产生活，农村人居环境"脏乱差"现象比较普遍，与全面建成小康社会要求和农民群众期盼还有较大差距。近年来，环境保护部接到的群众来信、来访中，反映农村环境问题的来信占总数的七成以上，来访约占八成，能否妥善处理这些农村环境信访问题，也事关社会和谐稳定。为此，党的十九大将"开展农村人居环境整治行动"作为着力解决的突出环境问题之一，并在2018年中央1号文件中进一步明确总体思路，时隔一天，中办、国办就联合公布了《农村人居环境整治三年行动方案》（以下简称《方案》）全面部署工作任务。这一系列举措凸显了开展农村人居环境整治，推动乡村宜居建设在实施乡村振兴战略中的重要地位。

（二）乡村生态宜居是统筹城乡民生保障的重要任务

"良好生态环境是最公平的公共产品，是最普惠的民生福祉。"城市环境与农村环境是有机整体，唇齿相依，农村生态环境直接关系到城乡居民的"菜篮子""米袋子"和"水缸子"安全，守住管好"天下粮仓",就要减少农村土壤、水环境污染,确保农产品的质量安全。保不住这个底线,就会给食品安全造成更大的挑战,百姓的健康福祉都将成为空想。为此,《意见》将"持续改善农村人居环境"作为"提高农村民生保障水平,塑造美丽乡村新风貌"的七项任务之一进行了部署,以加快补齐农村生态环境改善的短板。

(三)乡村生态宜居是美丽中国建设的重要内容

优美整洁有序、无污染是人们对居住环境最直观的感受,也是人们生活最基本的安全、健康的需求。习近平总书记在论述生态文明建设时十分重视农村生态环境保护与人居环境改善在推进生态文明,建设美丽中国中的重要作用。他强调,"中国要美,农村必须美,美丽中国要靠美丽乡村打基础,要继续推进社会主义新农村建设,为农民建设幸福家园。搞新农村建设要注意生态环境保护,因地制宜搞好农村人居环境综合整治,尽快改变农村脏乱差的状况,给农民一个干净整洁的生活环境。"

(四)乡村生态宜居是生态文明建设的必然要求

无论是自然生态空间管护,提升生态产品供给能力,还是解决突出环境问题,乡村生态宜居建设都是践行生态文明理念广阔而重要的领域。《意见》提出要"牢固树立和践行绿水青山就是金山银山的理念,落实节约优先、保护优先、自然恢复为主的方针,统筹山水林田湖草系统治理,严守生态保护红线,以绿色发展引领乡村振兴。""必须尊重自然、顺应自然、保护自然,推动乡村自然资本加快增值,实现百姓富、生态美的统一。"《方案》在村容村貌提升方面,着重强调了"统筹兼顾农村田园风貌保护和环境整治",慎砍树、禁挖山、不填湖、少拆房,促进人与自然和谐共生、村庄形态与自然环境相得益彰。

专栏　国家生态文明建设的重要部署及农村相关要求

2007年党的十七大首次用"建设生态文明"一词在建设小康社会目标中，从"基本形成节约能源资源和保护生态环境的产业结构、增长方式、消费模式""生态环境质量明显改善"和"生态文明观念在全社会牢固树立"三大方面提出了具体目标和工作要求。其中包括，保护土地和水资源；加大节能环保投入，重点加强水、大气、土壤等污染防治，改善城乡人居环境。

2012年党的十八大细化了工作要求，部署了"优化国土空间开发格局""全面促进资源节约""加大自然生态系统和环境保护力度""生态文明制度建设"四大重点任务。党的十八届三中全会进一步明确了生态文明建设的基本途径和方略，提出"紧紧围绕建设美丽中国深化生态文明体制改革，加快建立生态文明制度，健全国土空间开发、资源节约利用、生态环境保护的体制机制，推动形成人与自然和谐发展现代化建设新格局"，强调"建设生态文明，必须建立系统完整的生态文明制度体系……用制度保护生态环境"。要求控制开发强度，调整空间结构，促进生产空间集约高效、生活空间宜居适度、生态空间山清水秀，给自然留下更多修复空间，给农业留下更多良田；构建科学合理的城市化格局、农业发展格局、生态安全格局；严守耕地保护红线，严格土地用途管制等。

2017年党的十九大从推进绿色发展、着力解决突出环境问题、加大生态系统保护力度、改革生态环境监管体制四个方面对"加快生态文明体制改革，建设美丽中国"进行了工作部署。要求加强农业面源污染防治，开展农村人居环境整治行动；完成生态保护红线、永久基本农田、城镇开发边界三条控制线划定工作；严格保护耕地，扩大轮作休耕试点；统一行使监管城乡各类污染排放和行政执法职责。

回顾过去十年，特别是党的十八大以来的这5年，是我国生态文明建设力度最大、举措最实、推进最快、成效最好的时期。思想认识程度之深前所未有，污染治理力度之大前所未有，制度出台频度之密前所未有，监管执法尺度之严前所未有，环境改善速度之快前所未有。

二、乡村生态文明建设现状

（一）乡村生态文明建设显著加强

一是农村人居环境面貌改善取得新突破。2008—2017年，中央财政累计投入农村环保资金435亿元，有13.8万个村庄开展了环境整治。整治后的村庄环境"脏乱差"问题得到有效解决，环境面貌焕然一新。通过实施"以奖促治"政策，带动相关部门和地方加大农村环境整治力度，促进了生态乡镇、生态村建设，使示范地区环境质量不断改善。全国已有4 590多个国家级生态乡镇，成为当地经济、社会与环境协调发展的典范，夯实了农村生态文明建设的基础。

二是乡村生态保护与建设取得成效。天然林资源保护、退耕还林还草、退牧还草、防护林体系建设、河湖与湿地保护修复、防沙治沙、水土保持、石漠化治理、野生动植物保护及自然保护区建设等一批重大生态保护与修复工程稳步实施。强化外来物种入侵预防控制，全国农业生态恶化趋势初步得到遏制、局部地区出现好转。

三是乡村生态文明政策体系逐步建立。围绕农村人居环境改善、农村绿色发展出台了一系列规范文件。国务院办公厅印发《关于改善农村人居环境的指导意见》，环境保护部、财政部等部门制定实施《全国农村环境综合整治"十三五"规划》《关于加强"以奖促治"农村环境基础设施运行管理的意见》《中央农村节能减排资金使用管理办法》《培育发展农业面源污染治理、农村污水垃圾处理市场主体方案》，国家发改委《关于加快发展农业循环经济的指导意见》，财政部、农业部《关于建立以绿色生态为导向的农业补贴制度改革方案》，农业部《关于推进农业废弃物资源化利用试点方案》等。环境保护部发布了有关农村生活污染防治、饮用水水源地环境保护等技术指南和规范。全国三分之二以上的省份建立了农村环保工作推进机制，成立领导小组。

四是农村环境监管能力得到提升。 基层环保机构和队伍得到加强，2014年全国乡镇环保机构数量约占全国乡镇总数的10%，比2010年增加了60%；乡镇环保机构人员比2010年的7 100人增加了68%。推进环境监测、执法、宣传"三下乡"，农民环保意识得到提升，农村环境管理能力和项目实施水平得到提高。

（二）乡村环境与生态宜居要求差距尚远

一是农村人居环境总体水平较低。 截至2016年，我国仅有不到20%的村庄进行了环境综合整治，大量农村仍存在"柴草乱堆、污水乱流、粪土乱丢、垃圾乱倒、杂物乱放、畜禽散养"等一系列问题，非规模化畜禽养殖占46%，成为影响村庄环境的主要来源。生活垃圾和生产废弃杂物"围村、塞河、堵门"以及污水"乱排、乱倒、横流"问题严重而普遍，不仅对大气、地表水和地下水造成一定污染，更影响镇容村貌，制约农村人居环境的整体提升。

二是农村基本环境公共服务供给远远滞后于农村生产生活发展速度。 目前，我国仍有40%的建制村没有垃圾收集处理设施，78%的建制村未建设污水处理设施，40%的畜禽养殖废弃物未得到资源化利用或无害化处理，农村环境"脏乱差"问题依然突出。38%的农村饮用水水源地未划定保护区（或保护范围）。社会化的专业技术服务力量尚未形成，缺乏适用农村特点的污染治理技术。农村环境监测与统计尚未全面展开，农村环境保护存在底数不清、情况不明的问题。

三是农业生态产品和服务供给的环境风险增大。农业投入品投入高、利用率低。我国只占世界10%的耕地，却用了世界35%的化肥，2015年全国化肥施用量914.3千克/公顷，是国际公认警戒线的4.1倍。2015年全国单位面积农药施用（折百）量为14.1千克/公顷，是发达国家的2倍。2015年我国水稻、玉米、小麦三大粮食作物化肥利用率仅为35.2%，农药利用率为36.6%，农膜和农药包装废弃物回收率低。据《关于推进农业废弃物资源化利用试点的方案》估算，我国每年农膜使用量200多万吨，当季回收率不足三分之二，部分残膜进入农田土壤后，分解产生有毒物质污染土壤，改变土壤理化性质，造成耕地土质恶化。农药瓶袋等废弃包装物随意抛弃于沟渠边、池塘旁，直接污染水体。

四是农业生态系统退化明显，自然生产条件稳定性下降。根据《全国农业可持续发展规划（2015—2030年）》的数据，全国水土流失面积达295万平方千米，年均土壤侵蚀量45亿吨，沙化土地173万平方千米。全国土壤盐碱化的面积达到了1 200万公顷，每年水土流失导致的耕地损失大约7万公顷。东北黑土区耕地有机质含量下降，南方部分地区耕地重金属超标。北方草原的平均超载率达到36%，90%的天然草原出现不同程度的退化，中度和重度退化草原面积仍占1/3以上。草原旱灾、鼠虫害和毒害草灾害频发，已恢复的草原生态系统仍很脆弱。近十年来湿地面积减少了340万公顷。重要水生生物产卵场、索饵场、越冬场和洄游通道遭到不同程度污染和破坏，鱼类栖息地持续丧失，天然渔业资源量锐减，水生生物资源严重衰退。据不完全统计，目前入侵我国的外来物种高达529种，每年造成的经济损失超过千亿元，已成为生物多样性利用与保护、经济社会可持续发展的重大威胁。

（三）乡村环境治理体系和治理能力建设滞后

一是农村生态保护与污染治理的制度供给不足。一些地方政府尚未建立起农村环境综合整治工作的有效推进机制，责任分工不明确，工作部署不落实。适用于农村管理的相关法规、农村环保标准体系不健全，农村生活污水处理、污染物排放标准、农村生活垃圾处理处置技术规范等亟待制定。农村环境治理市场化机制亟待建立，社会资本参与度不高。一些地方的农村环保设施建成后，存在着管理主体不明确、设施运行维护资金不落实、运行管护人员不足、规章制度不健全等问题，导致一些设施不能正常运行。

二是农村环境治理主体地位缺失，治理能力薄弱。乡村基层组织薄弱，村民组织化程度低，主动性不足。各地在推进农村环境综合整治中，主要依靠上级政府的行政推动，农民群众主体作用未得到充分发挥。地方各级环保部门农村环保工作力量非常薄弱，约90%的乡镇没有专门的环保工作机构和人员，缺乏必要的设备装备和能力，难以保证有效开展工作。

三、推进乡村生态宜居建设应采取的措施

2018年中央1号文件和《方案》对乡村生态宜居建设进行了全面部署，是各地开展工作的基本蓝图。文件中提出了"以建设美丽宜居村庄为导向，以农村垃圾、污水治理和村容村貌提升为主攻方向"的总体思路，明确了"到2020年，实现农村人居环境明显改善，村庄环境基本干净整洁有序，村民环境与健康意识普遍增强"的工作目标，重点部署了推进农村生活垃圾治理、开展厕所粪污治理、梯次推进农村生活污水治理、提升村容村貌、加强村庄规划管理、完善建设和管护机制等6方面的重点任务，以及14项具体措施和保障要求。这些措施中可以概括为以下几方面的重点和亮点。

（一）强化制度供给

用"制度保护生态环境"是生态文明建设的基本要求。制度建设也是国家乡村振兴战略的重中之重，是国家乡村振兴战略三阶段工作目标中的第一阶段目标。《意见》着重强调要建立市场化多元化生态补偿机制；落实农业功能区制度，完善生态保护成效与资金分配挂钩的激励约束机制；鼓励地方在重点生态区位推行商品林赎买制度，健全地区间、流域上下游之间横向生态保护补偿机制，探索建立生态产品购买、森林碳汇等市场化补偿制度；建立长江流域重点水域禁捕补偿制度等。针对农村人居环境改善制度建设的突出短板，《方案》要求健全农村生活垃圾污水治理技术、施工建设、运行维护等标准规范，研究推进农村人居环境建设立法工作，鼓励各地区结合实际，制定农村垃圾治理条例、乡村清洁条例等地方性法规规章和规范性文件。在农村环境基础设施建设与运维方面，要求"坚持先建机制、后建工程"，探索规模化、专业化、社会化运营长效机制。

（二）加强组织保障

《方案》要求"完善中央部署、省负总责、县抓落实的工作推进机制"。明确了各级党委和政府的分工职责，重点解决农村人居环境改善有人抓有人管的问题。特别强调要"加强考核督导"，要"将农村人居环境整治工作纳入本省（自治区、直辖市）政府目标责任考核范围，作为相关市县干部政绩考核的重要内容"；定期组织督导评估，评估结果向党中央、国务院报告，通报省级政府，并以适当形式向社会公布；将农村人居环境工作作为中央环保督察的重要内容；强化激励机制，评估督察结果要与中央支持政策直接挂钩。《意见》还专门明确了农村基层党组织在乡村治理体系中的基础核心地位。

结合《意见》要求"干部配备方面优先安排""深入推进综合行政执法改革向基层延伸，创新监管方式，推动执法队伍整合、执法力量下沉，提高执法能力和水平"等精神，要重点加强乡镇农村环境监管能力建设，结合省以下环保机构监测监察执法垂直管理制度改革，进一步强化基层环境监管执法力量，对具备条件的乡镇及工业聚集区，要加强基层环境执法体系建设，充实人员力量，保障运行经费，推进全国农村环境质量试点监测工作。

（三）加大经费投入

推进投融资体制机制创新，拓宽资金筹集渠道。一方面加大政府投入，《方案》进一步明确了中央和地方各级政府相关投入的职责，农村人居环境改善投入主体以地方为主，中央补助为辅的政府投入体系。同时强调地方政府要"合理保障农村人居环境基础设施建设和运行资金"，中央加大金融支持力度，如发放抵押补充贷款、鼓励扩大对农村人居环境整治的贷款投放，支持收益较好、实行市场化运作的农村基础设施重点项目开展股权和债权融资，积极利用国际金融组织和外国政府贷款建设农村人居环境设施。另一方面调动社会资本参与，如通过特许经营等方式吸引社会资本参与农村垃圾污水处理项目。

（四）重视规划引领

做好科学谋划、顶层设计，为整体统筹有序推进奠定基础。一方面要求各级政府细化《方案》，编制本地区实施方案，并将实施方案中的工作目标、建设任务、体制机制创新等作为督导评估和安排中央投资的重要依据；另一方面从加强村庄规划管理切入，保证规划落地，全面完成县域乡村建设规划编制或修编，鼓励推行多规合一。结合村庄实际，推进实用性村庄规划编制实施，实现村庄规划管理基本覆盖。转变村庄规划编制模式，推行政府组织领导、村委会发挥主体作用、技术单位指导的村庄规划编制机制。村庄规划的主要内容应纳入村规民约。加强乡村建设规划许可管理，建立健全违法用地和建设查处机制，确立村庄规划的权威地位。

（五）强调技术帮扶

解决乡村环境治理专业技术力量薄弱问题。鼓励科技下乡，鼓励基层农技站、环保科研事业单位、环保企业、咨询服务公司及相关人才，以多种方式对乡镇、村级干部、村民进行技术指导，提供技术服务和培训。《方案》要求加强农村人居环境项目建设和运行管理人员技术培训，加快培养乡村规划设计、项目建设运行等方面的技术和管理人才，选派规划设计等专业技术人员驻村指导。

四、乡村生态宜居建设需注意的问题

乡村生态宜居建设必须考虑农村环境管理对象的特殊性、复杂性，不能简单照搬城市和工业环境管理的技术、管理手段等，特别需要注意以下三个方面问题：

（一）坚持因地制宜、分类指导，不搞一刀切

我国农村自然条件和经济发展水平区域差异显著，村庄类型多样，规模与分布千差万别。实施人居环境改善需要针对不同地区特色、区位条件、村庄人口聚集程度和污染产生情况，本着既尽力而为又量力而行、集中与分散相结合的原则，科学制定实施方案、编制村庄规划，设定阶段性渐进性目标任务，分类、梯次推进，选择适应农村特点的治理技术、管理方式和社会服务体系。例如，《方案》对东部地区、中西部城市近郊区等有基础、有条件的地区，中西部有较好基础、基本具备条件的地区，以及地处偏远、经济欠发达地区等三类地区分别提出了行动目标。从实践看，浙江安吉县有些村庄，根据村民集聚情况、地形和可利用土地情况，选择建设多种污水处理设施，既有无动力式也有动力式，有适合幼儿园小学或十几户聚集的，也有适合散户的，节约了村庄

污水管道建设费用，有效避免了村庄集中建设污水处理设施常见的土地占用矛盾。

（二）要激活村庄治理的内在动力，深化村民自治实践

村民是农村人居环境改善的最终受益者，也应成为村庄治理的主体。一方面要让村民在村庄治理过程中真正受益，特别是通过绿色产业发展，创造更多生态公益岗位，让村民亲身体会到良好的生态环境是其生活改善的根基，从而激发其保护环境的主体意识，创造乡村新的发展机遇和可持续发展的不竭动力；另一方面乡村治理必须要充分发挥村民主人翁作用，不断提升村民自治能力。村庄治理要充分尊重村民意愿，发挥村民熟悉家乡的优势，广纳村民意见，这样才能做到顺民意、接地气、易实施。要建立政府、村集体、村民等各方共谋、共建、共管、共评、共享机制，让村民全过程参与农村垃圾、污水治理设计、实施、监督，成为村庄治理的真正主体。要自治、法治、德治相结合，总结推广一些地方完善村民自律规约、成立乡贤理事会、培育文明新风等做法，引导村民自治组织和基层协商的实践探索规范有序发展，着力提高村民组织化程度，提升基层组织能力，健全社会服务体系，加快形成政府负责、村民自治和社会协同的乡村治理新格局。

（三）要有强有力的统一领导，建立高效的统筹协调机制，形成多部门协同共治

要进一步理顺各部门、各级政府之间的职责与分工，改革创新农村环境保护综合管理的体制机制，建立新型的部门间合作治理模式。特别是在农村治污设施土地使用、融资问题、相关政策制定方面，加强部门合作，整合各种资源，形成合力，形成上下联动、部门协作、高效有力的工作推进机制。例如，贵州省县域整合"一事一议奖补""财政扶贫""新农村建设补助""清洁工程""农村环境综合整治"等专项资金，县新农办等专职处理涉农

事务的机构的整合政策、资源、项目，合理安排，统筹部署，提高资金使用效益。广东省郁南县以县域为单元，将"城镇与农村治理""污水与垃圾治理""供排水与农村污水治理""流域与农村污水治理""分散与集中治理"等收益各异的治理对象实施"肥瘦搭配"的打包捆绑模式，统一规划、统一建设、统一运行、统一管理，以破解企业单独治理农村环境污染收益低、积极性差、规模效应有限的难题，吸引社会资本进入农村环境治理领域。

加快构建实施乡村振兴战略政策体系

张天佐

党的十九大明确提出实施乡村振兴战略，这是以习近平同志为核心的党中央着眼决胜全面建成小康社会、全面建设社会主义现代化强国做出的重大部署，也是做好新时期"三农"工作的战略统领。经过40年的改革开放，我国农业农村发展取得了举世瞩目的成就，但是，从全局看，城乡发展不协调、乡村发展不充分，农村经济、政治、社会、文化和生态文明建设不平衡的问题依然突出。实施乡村振兴战略，核心是要坚持农业农村优先发展的原则，建立健全城乡融合发展的体制机制和政策体系，彻底破除城乡二元结构，加快推进农业农村现代化。

一、深刻认识实施乡村振兴战略的重大意义

实施乡村振兴战略，加快推进农业农村现代化，体现出中央对"三农"工作战略定位和方针政策的长远谋划，顺应社会主义现代化的发展趋势，顺应农业农村发展的内在要求，顺应广大农民对美好生活的期待向往，影响深远、意义重大。

（一）实施乡村振兴战略是建设社会主义现代化强国的必然要求

建设社会主义现代化强国，最艰巨的任务在农村，最大的潜

张天佐时任农业农村部产业政策与法规司司长，现任农村合作经济指导司司长。本文写于2018年5月。

力和后劲也在农村。党的十九大报告明确提出，要加快推进农业农村现代化，以乡村振兴战略统领现代化进程中的农业农村发展，这是农业现代化的新提升、新农村建设的再升级和对统筹城乡发展的新要求，为新时代农业农村改革发展明确了重点，指明了方向。当前，我国最大的发展不平衡，是城乡发展不平衡，最大的发展不充分，是农村发展不充分。实施乡村振兴战略，就是要在现代化进程中把农业农村摆上突出位置，补齐农业发展的短腿，补足农村发展的短板，使农业农村现代化跟上国家现代化步伐。

（二）实施乡村振兴战略是建设现代化经济体系的必然要求

农业是国民经济的基础，农村经济是国民经济的重要组成，建设现代化经济体系，必须优先解决好农业和农村经济发展中不平衡不协调不可持续的问题。我国农业基础条件依然薄弱，结构性矛盾比较突出，经营方式依然处在由传统向现代转变的过程之中，乡村产业发展水平仍然较低，农村资源优势还没有很好地转化为经济优势。实施乡村振兴战略，就是要在建设现代化经济体系的过程中，进一步夯实农业基础，推动农业农村经济发展质量变革、效率变革和动力变革，推动乡村产业全面振兴。

（三）实施乡村振兴战略是建设美丽中国的必然要求

党的十九大报告指出，建设生态文明是中华民族永续发展的千年大计。要看到，当前农业主要依靠资源消耗的粗放经营方式没有根本改变，农业农村污染防治仍相对薄弱，影响人民群众生产生活的突出环境问题仍未根本遏制，发展绿色农业的任务十分艰巨。守住绿水青山、建设美丽中国，农业是主阵地，农村是主战场，农民是主力军。实施乡村振兴战略，就是要把农业绿色发展摆在生态文明建设的突出位置，全面建立以绿色生态为导向的制度体系，基本形成与资源环境承载力相匹配、与生产生活生态相协调的农业发展格局，打赢农业绿色发展攻坚战，努力实现农业可持续发展、农民更加富裕幸福、乡村更加美丽宜居。

（四）实施乡村振兴战略是坚持以人民为中心的发展思想的必然要求

坚持以人民为中心的发展思想，农民群众是最需要关注的群体。从发展水平来看，农民收入显著落后于城镇居民。2016年城乡居民收入的相对差距仍高达2.72 : 1，全国仍有60%的农户人均可支配收入没有达到全国平均水平，贫困县农民人均收入水平相当于全国平均水平的60%多。从发展条件来看，农村基础设施建设依然滞后，远不适应现代农业发展和新农村建设的要求；农村基本公共服务在领域、范围、质量上都与城镇有较大差距，无论是低保、养老等社会保障，还是教育、医疗等社会事业，农村都明显落后；一些农村基层党组织战斗力不强，村民自治制度有待完善，农村法治建设需要加强，乡村治理体系亟须健全。坚持以人民为中心的发展思想，就要把提高农民的发展能力、优化农村发展环境摆上优先位置。要把打赢精准脱贫攻坚仗、提高农民收入作为决胜小康的重点，着力健全农民增收长效机制，推进居民收入均衡化；要顺应人民对美好生活的新期待，推进城乡公共服务均等化、基本权益平等化和乡村治理现代化，切实改善农村发展条件，激发农民的积极性和创造力。

（五）实施乡村振兴战略是顺应城乡发展规律的必然要求

从发达国家的经验看，当城镇化水平超过30%时，城镇化进入高速成长期，大量农村劳动力进入城市就业；当城镇化水平超过70%时，城镇化又进入缓慢发展阶段，经济活动和人口持续不断地由城市中心向外围扩散，形成"逆城市化"趋势。由于国情不同，我国的城镇化发展既有遵从一般规律的一面，也表现出一定的特殊性。虽然目前的城镇化水平还不到60%，但在一些地方已经出现了资金、人才等要素回流农村的趋势，城乡双向交流、相互交融的苗头已经开始显现。这就要求我们，一方面要顺应城镇化发展规律，加快农村转移人口城镇化进程；另一方面，要提前做好承接"逆城市化"的准备。针对当前乡村发展规划缺位、建设落后的现实情况，要坚持农业农村优先发展，进一步优化城乡规划体系，完善城乡功能布局，打造产业协同的经济体系，促进资源配置优化，整体效能提升，农村加快发展，城乡共同繁荣。

二、构建实施乡村振兴战略政策体系把握的原则

构建实施乡村振兴战略的政策体系，必须以习近平新时代中国特色社会主义思想为指导，以满足农民群众日益增长的美好生活需要和破除城乡发展不平衡、农业农村发展不充分问题为出发点，坚持农业农村优先发展，按照产业兴旺、生态宜居、乡风文明、治理有效、生活富裕的总要求，建立健全城乡融合的体制机制，加快实现农业农村现代化。在政策体系构建上，应坚持以下原则：

（一）坚持促进城乡融合发展的基本思想

改变城乡两类制度设计、两种标准安排的政策格局，建立健全城乡融合发展的体制机制，推动城乡统筹规划、产业融合发展、要素合理流动、资源均衡配置、公共服务均等，为形成以工促农、以城带乡、工农互惠、城乡一体的新型工农、城乡关系提供制度保障。

（二）坚持激励与约束相结合的机制设计

坚持激励约束并重。加强对人才、技术、资金等各类要素进入农村、留在农村的正向激励和引导；同时，要树立底线思维，统筹制定产业准入负面清单、财政支农比例、信贷支农责任、资源环境开发保护底线等约束性措施，加快形成激励有效、约束有力的制度环境。

（三）坚持着力发挥市场作用的政策导向

减少政策对市场机制的干扰和扭曲，加快农产品价格、农用水价、农村土地制度等市场化改革，加快建立政府撬动社会资源到农村投资兴业的机制，进一步激活资源要素，充分发挥市场在资源配置中的决定性作用和更好发挥政府作用，推动形成城乡统一开放、竞争有序的市场体系。

（四）坚持切实保障农民利益的价值取向

把增进农民福祉、促进人的全面发展作为出发点和落脚点，加快调整国民收入分配格局，构建农民收入稳定增长机制，增强农民自我发展能力，保障农民平等参与、平等发展权利，保障农民共享发展成果。

（五）坚持调动各方积极参与的制度安排

始终将农民作为农业农村发展的主体，尊重农民、依靠农民、造福农民，激发内生动力。同时，要完善组织机制，充分发挥市场主体、社会组织和各界的作用，推动形成多方力量参与、多种形式推进的良好局面，凝聚实施乡村振兴战略的强大合力。

三、加快构建实施乡村振兴战略政策体系

构建乡村振兴战略政策体系，应切实落实中央"重中之重"要求，保障要素配置、资源条件、公共服务、社会事业、人才队伍优先向农业农村倾斜，形成"支持保护精准有力、体制机制顺畅高效、微观主体充满活力"的制度环境。要重点建立健全10个方面的政策和制度。

（一）建立健全农业农村优先保障的财政政策

实施乡村振兴战略，显著缩小城乡差距，在财政安排上必须

优先向农业农村倾斜。资金来源要立足三个渠道：一是公共财政要更大力度向"三农"倾斜。建立健全财政投入保障制度，确保投入力度不断增强，总量不断增加，确保财政投入与乡村振兴目标任务相适应。二是土地收益要更多地用于乡村建设。要改变长期以来土地出让收益"取之于乡，用之于城"的格局，把土地增值收益更多用于乡村振兴。要按照中央1号文件的要求，集中力量推动高标准农田建设，建立高标准农田建设等新增耕地指标和城乡建设用地增减挂钩节余指标跨省域调剂机制，将所得收益全部用于支持脱贫攻坚和乡村振兴。三是通过发行政府债券筹集资金，专项用于乡村振兴领域的公益性项目建设。资金使用要突出三个重点：一是重点用于农村水、电、路、田等基础性公益性设施建设；二是采用财政资金贴息、奖补、保费补贴、风险补偿和设立专项基金等方式，撬动金融和社会资本投入农业农村，发挥财政资金"四两拨千斤"作用，加快形成多元投入格局；三是推广政府和社会资本合作PPP模式，支持社会资本以特许经营等方式参与农村公益性项目建设运营。资金管理要强化整合。加快推进各类涉农资金整合，推广"大专项＋项目清单"管理方式，强化县级政府的主导作用，按照目标、任务、责任、资金"四到县"原则，允许县级政府在"大专项"内因地制宜统筹使用。

（二）建立健全激励约束并重的金融支农政策

扭转农村资金外流趋势，吸引金融资本进入农业农村，关键是强化金融支农激励约束机制。商业性金融机构，采取涉农贷款增量奖励，实行差别化存款准备金率，放宽涉农不良贷款容忍度，推行涉农贷款尽职免责等措施，加快健全激励制度。开发性金融机构，明确一定信贷比例专项用于乡村建设。农村政策性金融机构，明确信贷资金主要支持乡村建设。适当放宽村镇银行准入条件，积极稳妥发展农村合作金融，支持农村金融创新。建立健全覆盖农业农村的信贷担保体系，探索土地收益保证贷款，开展订单、应收账款质押，开展大型农机具和农业设施抵押，扩大农村承包地的经营权和农民住房的财产权抵押试点。

（三）建立健全功能互补保障有力的农业保险政策

农业保险是现代农业发展的稳定器和助推器。从发达农业国家实践看，农业保险政策不仅是重大的产业和经济政策，也是重要的社会和政治政策，受到越来越多国家的重视。在农业保险政策框架上，要加快建立以政策性保险为基础、互助性保险和商业性保险为补充，功能互补、保障有力的农业保险政策体系。政策性保险立足于保成本。持续推进粮食等重要农产品保险增品、扩面、提标，积极推进价格保险、收入保险试点，加快建立再保险机制，中央财政通过奖补的办法鼓励地方建立特色优势农产品保险制度。互助性保险立足于防灾难。以渔业船舶、农机具为重点，积极开展互助保险，财政予以适当保费补助。商业性保险立足于保收益。以满足多元化需求为主线，以保较高收益为目标，探索推进农业商业保险。发挥保险担保增信功能。通过提供保费补贴、利息补贴和风险补偿，支持推广"政银保"等保险增信模式。

（四）建立健全渠道多元、制度保障的农民增收政策

实施乡村振兴战略，实现农民富裕是重要目标。完善农民增收支持政策，要把培育农民增收长效机制与短期稳定机制结合起来，为增收新旧动能转换提供政策支撑。工资性收入方面，加快建立城乡平等的就业制度，落实同工同酬的劳动报酬制度，健全进城务工人员的社保制度，不断提高保障水平。家庭经营性收入方面，在重要农产品价格市场化改革中，逐步建立生产者收入补贴制度。通过股份制、股份合作制、发展订单农业和社会化服务等方式，探索建立农户分享二三产业增值收益机制。财产性收入方面，深化农村"三块地"改革，让农民享受更多的农村土地增值收益。推进集体经营性资产股份合作制改革，完善农民对集体资产股份的继承、抵押、担保等权能。转移性收入方面，按照"稳存量、调增量"的原则，稳定增加农民农业补贴收入。根据

"完善制度、提高水平、逐步并轨"的原则，加快完善农村社保制度。推广财政补助资金股权化改革，形成农民可持续收益。

（五）建立健全市场化、多元化生态补偿机制

按照"谁保护谁受益、谁使用谁付费"的原则，加快建立可持续的资源保护补偿政策体系。健全农业资源保护补贴政策。完善草原生态奖补办法，探索建立草原生态补助与畜产品价格挂钩的联动机制。实施以阶梯水价为主要内容的水价改革。加快构建耕地休耕轮作制度。建立重点水域休渔禁捕补偿制度。以政府购买服务方式，建立护草员、护林员等资源管护机制。健全主产区利益补偿机制。完善粮食、生猪、牛羊肉等重要农产品产区和销区利益关系，制定补偿标准，建立稳定的补偿制度，保护和调动主产区生产积极性。健全绿色发展方式补贴。推进投入品减量化、生产过程清洁化、废弃物处理资源化、生产模式循环化。

（六）建立健全以改革赋能为核心的农村土地资源合理配置机制

农村土地是农村最大、最具潜力的资源。盘活资源存量、释放资源活力，核心是要加快农村土地制度改革，让土地等资产要素活起来、流起来、用起来。盘活农村集体经营性建设用地。鼓励和支持原土地使用人、农村集体经济组织与社会资本采取出让、租赁、作价入股、联营等方式，开发农村集体经营性建设用地。在保证数量占补平衡、质量对等的前提下，探索支持农村分散零星的集体经营性建设用地调整后集中入市，重点用于发展乡村产业。激活农民住房使用权。在坚持宅基地集体所有权，稳定农民住房占有权的基础上，探索激活农房使用权的路径方法，充分挖掘农房使用价值。建立农业农村发展用地保障机制。将年度新增建设用地计划指标划出一定比例用于支持乡村产业发展，通过村庄整治、宅基地整理等节约的建设用地，重点用于支持农村三产融合和新产业新业态。根据乡村产业发展需要，扩大农业设施用地的范

围、比例和规模。建立进城落户农民依法自愿有偿退出"三权"机制。打通"三权"退出通道，推动农村各种资源整合利用。

（七）建立健全农村人才激励政策

实施乡村振兴战略，关键是人才队伍振兴。吸引人才、挖掘人才、留住人才，必须加快健全农村人才激励政策。建立农业科技人员激励机制。深化农业科研成果权益改革，允许科研人员通过持股、兼职开展科技服务，充分调动农业科技人员的积极性。建立新型职业农民培育制度。构建教育培训、规范管理、政府扶持"三位一体"制度体系，注重在新型职业农民的基础上培育新型主体，逐步把新型职业农民打造成为懂经营、善管理、有素质的农业农村现代化主体力量。建立乡土专家认定评价制度。对于有一技之长的土专家、田秀才、能工巧匠等农村能人，建立认定评价制度，通过对其能力上认可、经济上鼓励、社会上宣传等方式，激发他们示范带动农民的主动意识和社会责任。建立社会人才到农村创业创新激励机制。要制定优惠政策吸引人才，打造创业平台承载人才。通过财政扶持、用地保障、税费减免、风险补偿等优惠政策，吸引社会人才向农村流动。建立农村创业创新平台（基地），为农村创业创新提供良好环境和服务保障。

（八）建立健全农村基础设施运营管护机制

农村基础设施是农业农村发展的重要支撑。当前，农村基础设施的运营管护还是薄弱环节，重建轻管的现象比较普遍，迫切需要加快建立政府扶持、市场运营、企业主体的运营管护机制，确保建成的基础设施可持续发挥作用。建立运营管护资金筹措机制。制定农村基础设施运营管护补助标准并纳入各级预算，同时，逐步建立农村资源使用和公共服务适当收费机制，多渠道筹集资金。健全运营管护机制。可在财政奖补政策推动下，择优选择市场主体实施市场化、物业化运营管理。也可由基层社区组织建立村庄保洁、河渠道路管护队伍，保障基础设施运营管护。

223

（九）建立健全乡村国土空间资源开发保护制度

牢固树立节约集约利用的资源观，科学适度有序布局农业开发空间，强化资源管控，完善约束政策，加快构建乡村资源可持续利用的制度体系。明确国土资源开发红线。在国家主体功能区基础上，加快划定粮食生产功能区、重要农产品生产保护区，明确田园、草原、森林、湿地、水域等重要国土资源开发红线，强化规划刚性约束，实现资源有序开发。强化政策约束。加快构建以资源管控、环境监控、各类资源承载量标准和产业准入负面清单为主要内容的乡村绿色发展制度体系，强化准入管理和底线约束，坚持环境消纳能力决定产业发展布局，坚决摒弃先污染后治理发展老路。

（十）建立健全农业农村优先发展考核评价制度

落实农业农村优先发展战略思想，必须强化考核评价的目标导向。强化各级政府主体责任。把农业农村优先发展列入国民经济和社会发展计划，作为各级政府的硬约束，切实摆上位置，落到实处。加强重要指标考核。把财政支农投入增幅、粮食产能、缩小城乡居民收入差距、耕地保护、生态环境等体现农业农村优先发展的指标列入政府绩效考核。

乡村振兴与制度创新

张红宇

党的十九大报告作出了实施乡村振兴战略的重大决策部署。中央农村工作会议进一步强调，走中国特色社会主义乡村振兴道路，必须巩固和完善农村基本经营制度，走共同富裕之路。农村基本经营制度是党的农村政策的基石，是乡村振兴的重要制度基础。实施乡村振兴战略，要着眼共同富裕的目标要求，在坚持党在农村基本政策的基础上，大力推进制度创新，强化制度供给，激发乡村发展活力，探索中国特色城乡发展新路径。

一、深化农村土地制度改革

土地是农村最大、最具发展潜力的资源。农村土地制度是乡村振兴最重要的制度支撑。随着工业化、城镇化的快速推进，大量农村劳动力转移进城，中国产业结构和就业结构发生了巨大变化，农业增加值占GDP的比重由1978年的27.7%下降到2016年的8.6%，农业就业人数占比由1978年的70.5%下降到2016年的27.7%。深化农村土地制度改革要考虑双重前提。一方面，实现"四化"同步发展要求继续将农村富余劳动力从土地上解放出来，转移至非农产业，促进农业劳动生产率与国民经济结构优化保持同步增长；另一方面，中国城镇化进程表现出典型的阶段性和区

张红宇时任农业农村部农村经济体制与经营管理司司长。本文写于2018年3月。

域性特征，内陆地区城镇化发展水平历史和现实表现都显著低于沿海地区。从历史上看，明清之际，工商业发达的江浙地区市镇化率已达近14%[①]，高于7%[②]左右的全国平均水平。现阶段，江浙地区的城镇化率为67%，上海更是高达87.9%，而贵州、云南等地则不到45%。对于大量仍然留在农村的居民来说，农村不仅是他们的生产场所，更是生活场所，土地制度安排必须保持一定的灵活性，以保障其发展权利。实施乡村振兴战略，巩固和完善农村基本经营制度，要以"三权"分置为统领，不断完善和创新多重约束下的农村土地产权制度。

（一）坚守底线

坚持农村土地集体所有，坚持家庭经营的基础性地位，这是一切制度创新的前提和出发点，也是农村土地制度改革的基本遵循。农村土地属于农民集体所有，这是农村最大的制度，必须坚持，不可动摇。实践反复证明，农村土地集体所有、家庭承包经营是符合中国国情农情的最优制度设计，不仅支撑了工业化、城镇化的快速发展，也有利于确保广大农民群众平等享有基本生产资料、实现共同富裕，在全球范围内展现了中国特色公有制背景下农地产权制度创新路径。要进一步探索建立健全集体经济组织民主议事机制，确保农民集体有效行使集体土地所有权，充分发挥其在组织建设农田水利基础设施、促进土地集中连片经营、主导土地平整改良、监督土地使用等方面的重要作用。要切实维护农民土地承包权益，继续完善承包经营权的权能内容，健全承包合同取得权利、登记记载权利、证书证明权利的确权登记制度，强化承包权物权化保护。

---

① 刘石吉.明清时代江南市镇研究[M].北京：中国社会科学出版社，1987.

② 赵冈.中国城市发展史论集[M].北京：新星出版社，2006.

（二）稳定预期

土地是农业生产经营中不可替代的生产资料，世界各国都致力于通过调整权属内容、强化权力保护，赋予农地经营者以稳定的经营预期。稳定农村土地承包关系并保持长久不变是中央一以贯之的方针。党的十九大报告作出了第二轮土地承包到期后再延长三十年的重大决定，顺应了社会实践发展需要，符合广大基层干部和农民群众的期待，为乡村振兴奠定了长效制度保障，体现了鲜明的中国特色和中国智慧。一是回应现实关切。第二轮土地承包自2023年起将陆续到期。明确土地承包到期后再延长三十年，既可以给亿万农户吃上定心丸，使他们放心进城务工，流转土地经营权，多途径增加收入；也可以给新型经营主体稳定经营预期，使他们放心投入，改良土壤、提升地力，建设农田基础设施，大力发展现代农业，为农业农村现代化提供更强劲的动力。二是契合战略节点。新一轮承包期起点从二轮承包到期算起，再延长30年就是到2050年左右。这与实现"两个一百年"奋斗目标的战略构想高度契合。新一轮承包期的起点正是全面建成小康社会之时，期满点则是建成现代化社会主义强国、实现中华民族伟大复兴的"中国梦"之时，历史节点和标志性意义重大。将新一轮土地承包期确定为30年，既使农村土地制度安排保持了连续性、稳定性，又给城乡关系、工农关系深刻调整后新的法律政策制定提供了一定的空间和时间节点。当前和今后一段时期，重点是做好承包地确权登记颁证等基础性工作，抓紧研究制定土地承包到期后再延长三十年的具体办法，确保政策衔接、平稳过渡。

（三）提升效率

"三权"分置的制度框架使土地经营权得以突破传统村社社区限制，在更大范围内实现市场化配置，为引入先进生产要素、推动现代农业发展创造了制度前提。随着土地经营权流转规模的扩大，户均不到8亩地的2.3亿承包农户中30%已全部或部分地将承包地流转出去，不再从事农业生产。在江苏、浙江等省份，流出土地农户比例接近50%，北京、上海更是分别高达53%和79%。农村土地经营格局已经由传统的家家包地、户户务农向承包小农和经营大农并存转变。"三权"分置为农地制度创新提供了中国方案和中国范式。作为一种根本性、长远性的制度安排，也需要不断完善和发展。要充分考虑各地资源禀赋和经济社会发展差异，尊重农民意愿，探索土地流转、服务托管等多种放活土地经营权的形式，实现"农地农民有、农地农业用"。要赋予新型经营主体利用土地发展农业生产所必需的各项权利，鼓励土地的集约利用，充分发挥其农业生产要素功能，既提升土地产出率，又保障务农者的劳动效益和收入水平。要立足于大国小农的基本国情农情，既鼓励各类新型经营主体发挥在应用新品种、推广新技术、开拓新市场、践行新理念等方面的优势，又要兼顾小农发展权利，制定多元目标兼顾的扶持措施，提高农业发展质量效益和大国农业竞争力。

二、完善现代农业经营体系

家庭农场、农民合作社、农业产业化企业等各类新型经营主体是实现乡村振兴的重要力量。培育新型经营主体，健全农业社会化服务体系，构建现代农业经营体系，不仅关系到谁来振兴乡村的问题，更关系到怎样振兴乡村的问题。适应高质量发展的时代要求，实施乡村振兴战略，必须深化农业供给侧结构性改革，走质量兴农之路。深入推进农业供给侧结构性改革，加快培育农业农村发展新动能，要充分发挥新型经营主体在引领农业结构调整、发展新产业新业态等方面的重要主导作用。要着眼于创新资源组合方式、主体联结关系，把握新型经营主体发展的典型特征，加快健全现代农业经营体系。

（一）多元融合

区域间经济社会发展的不平衡、农业资源禀赋的多样性，决定了中国农业经营主体的多元化形成和发展路径，以及差异化的功能定位。据统计，目前全国纳入县级以上农业部门名录管理的家庭农场达48.5万家，绝大多数是从土生土长的小农户发展而来，以血缘、亲缘关系为基础，是直接从事初级农产品生产的主力军。农民合作社199万家，联系农民、组织农民、服务自我，是带动小农户实现与现代农业的有机衔接的桥梁和纽带。产业化经营组织超过41万个，产权关系明晰、治理结构完善、管理效率较高，在高端化、品牌化、国际化农产品生产上发挥着巨大的引导示范效应。各类新型经营主体根源于不同的所有制形式、不同的资源组合方式，共同构成了具有中国特色的现代农业经营体系。随着农业产业形态的拓展和产业链条的延伸，各类经营主体之间呈现出功能互补、融合发展的趋势，极大地提升了农业规模经营水平和劳动生产率。一方面，不同主体的纵向融合。充分发挥各自在不同生产经营环节的组织优势，通过建立紧密的利益联结和分配机制，形成产业化联合体等互融共通、协同发展、共同壮大的高效经营模式，进一步延长产业链、提升价值链、完善供应链、拓展生态链。另一方面，同类主体横向融合。加强同类主体之间的联盟与合作，通过合作社联社、家庭农场联盟、产业化联合体等形式，提高主体的组织化程度和规模效益，在更多要素集聚和优化配置基础上实现更大的规模经济和范围经济，提升主体市场竞争能力。

（二）共享利益

新型经营主体之间、新型经营主体和农民之间呈现出鲜明的资源共用、风险共担、利益共享的发展趋势。目前，流转土地给家庭农场的承包农户户均流转收入1 600元，参加合作社的农户户均增收1 600元，农业产业化龙头企业带动辐射农户户均增收达3 500元。随着农业产业链条延伸、作业环节增加、分工分业深化，要继续健全新型经营主体之间、新型经营主体与小农户之间的利益联结机制，实现农业生产要素的优化配置，促进小农户与现代农业发展有机衔接。这是大国小农发展的必然选择，是带动农民走上共同富裕道路的基本路径，体现了富裕农民、提高农民、扶持农民的发展宗旨。要鼓励通过订单合同、合作制、股份制等多种形式的利益联结和组织化方式，促进新型经营主体和小农户共享收益。要大力发展农业生产性服务业，通过在产前、产中、产后各环节提供统一服务，带动普通农户走上现代农业生产轨道。要赋予农民在生产经营、利润分配环节获得更多发言权、收益权，在此基础上推进多元主体可持续发展，最终实现共同分享工业化、城镇化和农业现代化发展红利的目标。

（三）规范有序

规模是规范的基础，规范是质量和声誉的保障。经过多年来自我发育和政策支持，各类新型经营主体蓬勃发展，总体数量和规模不断扩大，成为建设现代农业的骨干力量。当前，新型农业经营主体正处于由数量扩张到质量提升的关键阶段。要把规范化建设作为促进新型农业经营主体可持续发展的"生命线"，一手抓发展、一手抓规范，一手抓数量、一手抓质量，把规范和质量摆在更重要的位置。在规范管理中做大做强、在做大做强中不断规范，建立健全支撑中国农业发展的现代农业经营体系。要高度重视调动工商企业等社会资本参与乡村振兴的积极性，引导他们有序"上山下乡"。既要鼓励他们带来农村急需的资金、技术和管理等先进生产要素资源，带动广大农户共享现代农业发展成果，为乡村振兴注入强劲动力；又要加强准入监管和风险防范，避免出现"老板挤走老乡"，剥夺农民发展权利，侵害农民利益的行为。

三、稳步推进集体产权制度改革

推进农村集体产权制度改革，是实现乡村振兴的一个重要抓手，是典型的农村改革深水区和硬骨头。抓好这项改革，不仅有利于发挥市场在资源配置中的决定性作用，促进城乡要素平等交换和双向流动，也有利于增强农民的集体意识和文化认同，推进乡村治理体系和治理能力现代化，为实施乡村振兴战略、实现农民共同富裕奠定产权制度基础。

（一）坚持根本

经过几千年的历史传承和积淀，我国农村形成了"皇权不下县、县下是宗族"的乡村秩序和"男耕女织、自给自足"的农耕文明。新中国成立后，农村又历经土地改革、农业合作化、人民公社化、家庭联产承包，形成了以党组织为核心、集体经济组织和村民自治组织共同发挥作用的中国特色乡村治理结构。在工业化、城镇化快速推进的背景下，农村人口大量转移，城乡要素加速流动，传统乡村秩序逐渐被打破，农民集体意识日益淡漠，乡村治理问题凸现。破解当前乡村治理的困境，需要充分发挥集体的作用，通过推进农村集体产权制度改革，建立起农民之间的利益纽带、情感纽带、互助纽带，增强集体的凝聚力和向心力，把"散"的农民重新"聚"起来。乡村振兴战略提出，要健全自治、法治、德治相结合的乡村治理体系，进一步明确了这一制度创新的方向。一是在坚持党组织的领导下，明晰集体经济组织和村民自治组织的职能关系，进一步巩固和完善村民自治制度。二是在坚持公平的核心原则下，构建归属清晰、权能完整、流转顺畅、保护严格的中国特色社会主义农村集体产权制度，进一步筑牢依法治国在农村的产权制度基础。三是在坚持集体所有的前提下，建立符合市场经济要求的农村集体经济运行新机制，进一步增强集体经济发展实力和活力，促进物质精神一齐抓，为实现乡风文明和乡村德治奠定物质基础。

（二）明确路径

推进农村集体产权制度改革，必须要树立系统性思维，做好整体谋划和顶层设计，明确改革的重点领域和关键环节，总的路径是要按照因地制宜、重点推进、先行试点、由点及面的方法步骤进行。一要坚持因地制宜。由于各地经济发展水平不同，集体资产构成各异，农民群众诉求多样，农村集体产权制度改革很难用一套方案包打天下，必须因地制宜、分类施策，不搞齐步走、不搞一刀切。条件成熟的地区要率先推进改革，其他地区也可以从当地实际出发，探索资源变资产、资金变股金、农民变股东的具体途径。二要把握改革重点。农村集体产权制度改革事关广大农民的财产权益，情况十分复杂。推进这项改革，需要牢牢把握集体资产清产核资、集体成员身份确认、资产折股量化、股权设置管理等改革重点环节，着力解决集体资产股份有偿退出、抵押担保、继承等改革关键问题。改革过程中，要充分尊重农民群众意愿，把选择权交给农民，确保农民成为改革的参与者和受益者。三要紧盯时间节点。农村集体产权制度改革有明确的时间表、路线图。为完成中央确定的2019年底全面完成清产核资、2021年底基本完成股份合作制改革的目标，必须坚持先行试点、先易后难、由点及面、有序推进。现阶段，股份合作制改革重点是在有经营性资产的村镇，特别是城中村、城郊村和经济发达村。这是一个逐步扩面的过程，也是一个贯穿决胜全面建成小康社会的过程，对此要有历史的耐心。

（三）实现飞跃

改革开放以来，我们废除了人民公社制度，实行家庭联产承包为主的责任制，这是邓小平同志提出的农业改革的"第一次飞跃"，而更为重要的"第二次飞跃"，则是发展适度规模经营，发展集体经济。推进农村集体产权制度改革与发展集体经济，通俗地讲就是"分蛋糕"与"做蛋糕"的关系。改革要分好蛋糕，也要做大蛋糕。通过改革，将经营性资产以股份或者份额形式量化到本集体成员，能够为农民参加集体收益分配提供依据，让群众公平地分享集体经济这块蛋糕。但是，改革并不能直接增加农民的财产性收入，要想让群众分到手的蛋糕越做越大，根本上还是要靠发展壮大集体经济。因此，壮大集体经济，不仅是稳步推进农村集体产权制度改革的终极目的，也是引领农民实现共同富裕的重要途径，方向不可动摇。在发展壮大集体经济这场长途跋涉中，发达地区出发早、办法多，已经在盘活用好经营性资产方面趟出了多条有效路子，确保了集体资产保值增值，实现了利益共享农民受益；欠发达地区虽然起步晚，近年来通过推动资源变资产、资金变股金、农民变股东，也让农民在分享土地权益的同时享有了财产权益，从而找到了符合实际的集体经济发展路径。实践中，有的地方利用集体"四荒"地、林场、水塘等资源发展现代农业项目，并将这些资源折股量化到本集体成员，河南济源发展林地土地股份合作，实现"资源变资产"；有的地方将各级财政补助资金形成的资产确权给集体经济组织，并量化为集体成员股份，重庆、宁夏等地的财政资金股权化改革，实现"资金变股金"；有的地方在尊重承包农户意愿的前提下，引导农户以其承包地经营权入股新型农业经营主体，贵州六盘水发展多种形式的土地股份合作，实现"农民变股东"。总之，壮大集体经济有多种路径选择，关键要立足实际、充分挖掘，探索出符合自身特点的道路。只有这样，才能为实现"第二次飞跃"提供坚强动力，为引领和支撑农民逐步实现共同富裕夯实物质基础。

品牌强农与乡村振兴

唐 珂

实施乡村振兴战略是党的十九大作出的重大战略决策，也是新时代"三农"工作的总抓手。品牌是农业竞争力的核心标志，是现代农业的重要引擎，更是乡村振兴的关键支撑。习近平总书记强调，"品牌是信誉的凝结""粮食也要打出品牌，这样价格好、效益好。"2017年中央1号文件提出"推进区域农产品公用品牌建设，支持地方以优势企业和行业协会为依托打造区域特色品牌，引入现代要素改造提升传统名优品牌。"当前，我国农业农村经济进入高质量发展的新阶段，"质量兴农、品牌强农"已经成为转变农业发展方式、加快脱贫攻坚、提升农业竞争力和实现乡村振兴的战略选择。

一、品牌强农对乡村振兴意义重大

引领产业升级，实现高质量发展的重要抓手。乡村振兴，产业兴旺是首位。产业兴，百业兴。品牌代表着消费结构和供给体系的升级方向，推进品牌强农，有助于农业由增产导向转向提质导向，促进资本、技术、信息、人才等要素向农业农村流动，加快构建现代农业产业体系、生产体系、经营体系，提高农业全要素生产率，培育农业农村发展新动能，助力农村一二三产业融合

唐珂系农业农村部市场与信息化司司长。本文写于2018年5月。

发展。

挖掘资源优势，推进脱贫攻坚的重要举措。乡村振兴，实现脱贫是前提。一个品牌可以带活一个产业，富裕一方农民。当前，我国贫困人口多集中于深度贫困地区，推进品牌强农，有助于将贫困地区的生态、人文等资源优势转化为发展优势和市场优势，发挥品牌溢价功能，让贫困地区优质农产品卖出好价钱，促进地方经济发展和农民增收致富。

倡导绿色发展，促进生态文明的重要驱动。乡村振兴，绿色发展是遵循。绿水青山就是金山银山，绿色是品牌的本质属性。推进品牌强农，有助于将绿色发展理念贯穿于农业生产经营全过程，构建绿色产业链价值链，推进农业绿色化、优质化、特色化、品牌化，变绿色为效益，实现产业与生态的共建共享，推动人与自然的和谐共生。

弘扬农耕文明，坚定文化自信的重要支撑。乡村振兴，文化传承是根基。文化自信是一个国家、一个民族最深沉最持久的力量。品牌是文化传播的重要载体。推进品牌强农，有助于传播中华民族悠久的茶文化、酒文化和饮食文化，弘扬工匠精神、诚信意识和价值取向，为传承农耕文化、唤起文化自觉和彰显文化自信提供坚强支撑。

提升竞争能力，参与全球对话的重要路径。乡村振兴，打造竞争力是关键。在全球经济一体化的大背景下，中国农业在国际交流中的地位和作用日益突出，现在比任何时候都更加呼唤品牌。推进品牌强农，有助于国内外两种资源、两个市场的有效利用和融合发展，打造一批叫得响、过得硬、走得出的国家农业品牌，提升中国农业国际竞争力，提高对外合作层次和开放水平。

二、农业品牌建设取得突破性进展

强化统筹推进，"新三品"协同发展。党的十八大以来，农业品牌建设受到高度关注，力度空前，进程加速，已由过去的以地方和企业创建为主，转变为政府强力推动、企业主动创建、社会积极参与的良好局面。2016年，国务院出台《关于发挥品牌引领作用 推动供需结构升级的意见》，提出农业品牌建设路径。农业部将2017年确定为农业品牌推进年，召开了全国农业品牌推进大会，统筹推进农业品牌建设。各地加强政策创设，通过印发指导意见和实施方案，建立品牌名录，纳入地方政府综合考核等措施，积极推进区域农业品牌发展。有关行业协会、农业企业、研究机构等热情高涨，积极探索发展路径，推动区域公用品牌、企业品牌、产品品牌"新三品"协同发展。

集聚优势资源，强势品牌崭露头角。近年来，各地根据产业发展实际，加大资源整合，积极培育特色产业，一批新的优势产业区正在稳步发展壮大。目前，国家认定了62个中国特色农产品优势区，建设了13个全国性农产品产地市场，洛川苹果、赣南脐橙、斗南花卉、定西马铃薯等强势品牌脱颖而出。中国百强农产品区域公用品牌、十大茶叶区域公用品牌、十大苹果区域公用品牌、十大大米区域公用品牌、最具影响力30个水产品区域公用品牌以及全国各省（区、市）推选出的千余个地方名牌产品，正在赢得消费者信赖，受到社会广泛赞誉。

强化现代营销，品牌影响大幅提升。没有传播就没有品牌。近年来，各地以消费者需求为中心，以市场为出发点，不断创新营销模式和手段，支持鼓励社会参与，充分借助现代传播手段，开展营销推介活动，农业品牌的知名度、影响力显著提升。特别是省部长推介品牌农产品、品牌农产品名人公益代言、精品农货采购周等高端品牌推介活动，以及各地相继开展的市县长推介和明星公益代言活动，将农业品牌创建推向高潮。各级政府加大宣传投入，充分利用中央电视台、新华社、人民网等国家媒体和地方媒体扩大品牌影响，在全社会营造了"宣传品牌、支持品牌、发展品牌、保护品牌"的良好氛围。

强化文化塑造，内涵发展行稳致远。"断霞低映，小桥流水，一川平远。柳影人家起炊烟……"农村寄托着浓厚的乡愁和美好的向往。近年来，各地立足乡土人情，深入挖掘历史地理、名人轶事、饮食文化等题材，创新农业文化元素，灵活运用传统工艺、创意设计、民事体验等方式，积极促进农业产业发展与重要文化遗产、民间技艺、乡风民俗等融合，产业文化博物馆、展览馆、体验馆等纷纷建立，文化学术交流活动日益频繁，进一步丰富了农业品牌的内涵和底蕴，增强农业品牌竞争力。

农业品牌建设在各方推动下取得了明显成效，但也存在一些短板。一是品牌整体不大不强。农业品牌整体投入不足，一些农业大市（县）与品牌创建现状不匹配，农产品"有品无牌、牌小无名"，品牌"好的不多、多的不好"，大产业无大品牌，甚至同一区域还存在同类品牌恶性竞争，品牌同质化发展的现象。二是存在急功近利倾向。政府部门职能较为分散，地理标志认证等一些政策出现了重叠。个别地方认识不到位，缺乏战略思考和配套举措，往往做个规划、搞个推介、得个排行，就认为品牌工作大功告成。一些社会组织和中介机构推出名目繁杂、逐利性强的品牌评选活动，有的假借品牌咨询之名行牟利之实。三是品牌主体动力不足。一些农业企业培育品牌主动性不强，缺乏品牌发展的战略思维、创新办法、有效手段，往往更多关注现实利益，在注册商标、参加评选上不遗余力，而不愿在提高质量上持续加力，久久为功。四是市场监管缺乏手段。我国尚未出台品牌保护的专门法律，政府对品牌的监管保护乏力，知名品牌成为假冒伪劣侵蚀的重灾区，特别是区域公用品牌监管严重滞后，"公地效应"普遍存在，"劣币驱逐良币"的倾向正严重阻碍区域公用品牌发展。

三、推进品牌强农助力乡村振兴

树品牌，把园区建设作为主攻方向。品牌建设要与粮食生产功能区、重要农产品生产保护区、特色农产品优势区和现代农业产业园建设等相结合，将园区优势转化为品牌优势。一是统筹规划，明确发展方向。综合评价区域资源禀赋、基础设施、科技水平和市场空间等要素，筛选出特色鲜明、优势集聚、市场竞争力强的农产品，制定品牌建设规划，明确品牌发展路径。二是强化全程管控，完善标准体系。制定和推行与品牌建设相匹配的生产技术、加工流通和质量安全标准，推进不同标准间衔接配套，强化全流程质量管控，以标准促品牌，以品牌带产业。三是加大扶持力度，注重龙头带动。支持创新能力强、把握市场准、经济效益好、带动作用大的农业企业提升品牌建设能力和水平。农业企业要发挥主力军的作用，增强品牌意识，集聚优势资源，培育品牌文化，弘扬工匠精神，做大做强自主品牌。四是形成利益联结，提升经营水平。引导具有较强经济技术实力及良好商业信誉的农业企业及农民合作社开展品牌创建，促使其内部并与普通农户间形成利益共享、风险共担的联结机制，共同分享品牌溢价收益。

讲品牌，把宣传推介作为主动作为。 宣传推介是品牌营销的必要手段，是提升品牌知名度、美誉度和忠诚度的重要途径。一是展销平台推介品牌。充分利用各类农业展会、产销对接会、产品发布会等营销平台，以丰富多彩的品牌产品展示展销活动和名优产品评选推介活动，扩大品牌农产品影响力。二是批发市场主打品牌。依托农业农村部和省级人民政府共同建设的全国性农产品产地市场，充分发挥价格中心、信息中心、会展中心、物流中心、科技中心的资源优势，打造具有国际竞争力的国家级农业品牌。三是信息化助推品牌。借助大数据、云计算、人工智能、众筹共享等现代信息技术，拓宽品牌认知渠道，让品牌从单向传播转为互动传播，提高品牌传播速度和沟通能力，同时要防范品牌的负面信息被无限放大。四是新闻媒体讲好品牌。要充分发挥媒体舆论引导和价值传播作用，积极推动媒体宣介与品牌建设联姻，在广而告之中让更多优秀品牌家喻户晓。挖掘品牌内涵，借地、借人、借事、借典、借情讲好品牌故事，引导消费者关注品牌、看重品牌、消费品牌、忠诚品牌。

护品牌，把监管保护作为主要手段。 品牌建设要坚持管理与保护并重，发挥政府与市场两个作用，自如运用"看不见的手"

和"看得见的手"，推动农业品牌健康发展。一是政府主导。各级政府和农业农村主管部门要将区域公用品牌管理作为一项重要职责，加强顶层设计，做好规划布局，制定政策、标准以及相关管理规定，授权有关协会做好日常管理，构建公平公正、法制健全、自由竞争的品牌发展环境。推动形成部门协作的监督体系，强化授权管理和产权保护，严厉打击假冒伪劣产品，及时处理误导消费者、扰乱市场秩序的行为。充分调动社会组织积极性，做好品牌研究、咨询、策划、营销、培训以及市场开拓等工作。授权社会组织开展品牌评估、评价等活动，坚持公益性、权威性，做到科学、客观、准确、公开。二是协会主力。行业协会要发挥专业优势、组织优势和机制优势，成为联结政府、企业、消费者的桥梁和纽带。积极推进地理标志认证，制定区域公用品牌的授权、维护、监督、退出等管理制度并组织实施。强化行业自律和自我监督，规范产品生产、经营行为和服务质量，应对危机事件，维护品牌声誉，不断提高公信力。组织行业维权，打击各类侵犯品牌权益的行为。三是企业主体。农业企业作为区域公用品牌的使用主体，要树立"一荣俱荣、一损俱损"的母子品牌意识，打造区域公用品牌价值共同体。严格按照政府部门、行业协会的标准规范，坚持创新驱动，加大新产品、新工艺、新设备的研发力度，提高产品品质，打造良好的品牌形象。

扶品牌，把构建机制作为主体职责。农业品牌建设离不开有效的支持服务，政府特别是农业农村主管部门要扬好帆、掌好舵、护好航，善于因势利导，制定科学的管理机制和激励措施。一是合作机制。加强与发改、财政、市场监管、商务、宣传等部门的合作，强化沟通协商，提升农业品牌在国家品牌战略中的地位，形成创品牌、管品牌、树品牌的联动机制。二是扶持机制。综合运用政策工具支持补齐农业品牌建设短板。有条件的地方设立财政专项资金，加大对区域公用品牌的扶持力度。发挥财政资金引导作用，撬动社会资本参与品牌建设。加强与银行、证券等金融机构合作，支持品牌企业融资发展。三是服务机制。探索建立农业品牌目录制度，对进入目录的品牌实行动态管理。鼓励支持开展绿色、有机和地理标志农产品认证。打造全国性、国际性营销平台，扶持农业品牌"走出去"。

聚品牌，把融合发展作为主导思想。 随着乡村振兴战略的实施，农业品牌的内涵和外延不断丰富，在大力发展区域公用品牌、企业品牌、农产品品牌的同时，也要借助各类涉农品牌优势壮大乡村实力。一是借力农业投入品品牌。围绕发展现代农业和生产有机食品、绿色食品及农产品地理标志认证，满足消费者对农产品安全、营养、美味等需要，倡导加大优质种子、高效肥料、安全农药、先进农机等品牌产品使用。二是打造农业社会化服务品牌。在绿色生产技术、废弃物资源化利用、农资供给、农机利用、产品营销等方面，运用农业装备、信息化、成套解决方案等手段，开展产前、产中、产后全程综合性服务，打造优质农业社会化服务品牌，让农民省力、省钱、省心、赚钱。三是推广现代乡村品牌。立足乡村自然、人文、生态优势，结合美丽乡村、特色村镇建设，历史文化名村名镇保护以及重要农业文化遗产开发利用等途径，推广宜居宜业宜游的乡村品牌，让绿水青山变成金山银山。

"浩渺行无极，扬帆但信风。"未来5～10年，将是中国农业品牌发展的黄金时期，一批"中国第一、世界有名"的农业品牌将闪亮登场，跻身国际舞台，丰富中国百姓和世界人民的餐桌。品牌凝聚共识，品牌引领希望，中国农业品牌发展必将助推乡村振兴战略的全面实施。

创新推动实施乡村振兴战略

陶怀颖

党的十九大报告提出实施乡村振兴战略，这是新时代解决"三农"问题的重大理论创新和战略举措，是习近平新时代中国特色社会主义思想的重要组成部分，是新时代中国特色社会主义伟大事业的重要内容。乡村振兴是在建设现代农业的同时，更加突出完善农村基础设施和公共服务，改善农村生态环境和乡村治理，繁荣乡村经济社会等元素，是统筹"三农"改革发展，推动城乡融合发展的重大战略，是激发乡村发展活力和增强发展动能，破解城乡二元结构，实现城乡一体化发展的重大举措。实施乡村振兴战略，政策导向是坚持农业农村优先发展，目标是同步实现农业农村现代化，这需要农业农村发展思路的拓展创新，组织和资源要素的整合联动，体制机制的创新和政策体系的改革重构。

一、实施乡村振兴战略是实现农业农村现代化的关键之举

党的十九大提出把我国建成富强民主文明和谐美丽的社会主义现代化强国的宏伟目标。农业农村现代化是建设现代化强国不可或缺的重要组成部分，也是现代化国家的内涵在新时代的进一步准确诠释。按照这一部署，乡村振兴战略明确，到2020年，乡

陶怀颖系农业农村部计划财务司司长。本文写于2018年3月。

村振兴取得重要进展，制度框架和政策体系基本形成；到2035年，乡村振兴取得决定性进展，农业农村现代化基本实现；到2050年，乡村全面振兴，农业强、农村美、农民富全面实现。

党的十八大以来，我国农业现代化建设取得重大进展，目前我国粮食生产能力稳定在6亿吨以上，农业科技进步贡献率超过56%，主要农作物耕种收综合机械化水平超过65%，主要农作物良种覆盖率稳定在96%，农田有效灌溉面积比重达到52%；规模化水平明显提高，各类新型农业经营主体已经超过350万家，土地适度规模经营占比达到40%，但与实现农业现代化相比仍有较大差距。同时，我国农村面貌发生了翻天覆地的变化，但城乡二元结构没有根本改变，城乡发展差距大的状况没有根本扭转，城乡发展不平衡不协调是我国经济社会发展存在的突出矛盾。2017年，城镇居民人均可支配收入36 396元，农村居民人均可支配收入13 462元，城乡居民人均可支配收入之比仍高达2.7。每年我国有大量农村人口，其中大多数是青壮年劳动力离开家乡来到城市，十八大以来已经有8 000多万农业转移人口在城里落户，这对农业农村发展来讲，积极的方面是极大地促进了农村生产经营体系的变革创新，消极的影响则是造成了农村的空心化、老龄化，乡村凋敝、乡村衰落问题不容忽视，令人担忧。

习近平总书记强调，"农业还是'四化同步'的短腿，农村还是全面建成小康社会的短板""农村绝不能成为荒芜的农村、留守的农村、记忆中的故乡""没有农业现代化，没有农村繁荣富强，没有农民安居乐业，国家现代化就是不完整、不全面、不牢固的"。党的十九大提出实施乡村振兴战略，明确了产业兴旺、生态宜居、乡风文明、治理有效、生活富裕的目标，既是正确把握当前农业农村发展中存在的薄弱环节和短板，坚持问题导向的必然选择和全面部署，也是农业农村现代化的核心目标和重要任务。实施乡村振兴战略，反映了我们党对农村定位的再认识和对乡村价值的重视，意在更好解决农村发展不充分、城乡发展不平衡等重大问题。对照党的十六届五中全会提出的"生产发展、生活宽裕、乡风文明、村容整洁、管理民主"20字社会主义新农村建设总要求，从"生产发展"到"产业兴旺"，从"生活宽裕"到"生活富裕"，从"村容整洁"到"生态宜居"，从"管理民主"到"治理有效"，不难看出，在中国特色社会主义进入新时代、"三农"事业获得长足发展的新形势下，农业农村发展的战略要求也与时俱进地进行了升级，更加体现农业农村经济社会的整体全面发展要求，更加符合广大农民群众日益增长的美好生活需要。我理解，如果将以农业产业为基础形成的块状经济看做是农业产业和乡村经济发展模式的1.0版，建设社会主义新农村可看做2.0版，乡村振兴集生产加工销售、创业创新、公共服务于一体的经济社会综合体就应是3.0版，不仅注重产业融合发展，更加突出统筹农村基础设施条件和公共服务，统筹农村产权制度改革与乡村治理，统筹乡村经济社会繁荣发展。可以预见，随着乡村振兴战略的深入实施，广大农村地区必将呈现农业产业兴旺、农民生活富庶、农村繁荣昌盛的美好景象，必将展开一幅和谐美丽的乡村田园生产生活画卷。

二、实施乡村振兴战略应同步推动实现农业农村农民全面振兴

农业农村农民问题是关系国计民生的根本性问题。习近平总书记强调，"任何时候都不能忽视农业、不能忘记农民、不能淡漠农村""中国要强，农业必须强，中国要美，农村必须美，中国要富，农民必须富"。乡村振兴涵盖了农业、农村、农民全面振兴，必须统筹联动、一体推进。农业产业兴旺必将带动农民增收致富、促进农村经济繁荣发展，农民富裕起来又能够增强农业产业吸引力、激发农村经济社会内生活力，农村繁荣昌盛则能够为农民提供生产生活、创业创新的良好环境。

产业兴旺是乡村振兴的重要基础。农业产业兴旺要遵循农业供给侧结构性改革的主线，按照推进绿色发展的方向，促进融合

发展的理念，构建现代农业产业体系的目标，提升农业质量效益竞争力，将农业培育成为有奔头的产业。要通过生产体系和经营体系创新，提高土地产出率、资源利用率、劳动生产率，走产出高效、产品安全、资源节约、环境友好的现代农业发展道路；要促进粮经饲统筹、种养加一体、农林牧渔结合、一二三产业融合，发展新产业新业态，推动农业产业全面转型升级，构建紧密关联、相互促进的产业结构；要推动农业生产向粮食生产功能区、重要农产品生产保护区、特色农产品优势区聚集，推动先进要素向现代农业产业园聚集，形成空间布局合理的区域布局结构。

生活富裕是乡村振兴的重要目标，主要是通过富裕农民、提高农民、扶持农民，让农业经营有效益，让农民成为体面的职业。富裕农民必须同时关注小农户和新型农业经营主体两个群体，既要通过农业生产发展增收，更要靠利益分享致富。要培养一大批新型职业农民、农村实用人才带头人，培育发展一批规范经营、拥有较强引领能力的新型经营主体，鼓励农民创业创新，发展现代农业产业；要大力发展农业社会化服务，带动广大小农户同步实现农业现代化；要建立完善农民与农民合作社、农业产业化龙头企业之间的利益联结与分享机制，带动农民共同富裕；要通过农村承包土地确权登记颁证，深化农村产权制度改革，让农民增加财产性收入。

农村振兴需要综合施策，既要有兴旺的产业，富裕的农民，还要有生态宜居的农村环境、乡风文明的农村文化、治理有效的农村社会以及农民良好的精神面貌。要把公共基础设施建设的重点放在农村，推动农村基础设施建设提档升级，让农民公平地享受幼有所育、学有所教、劳有所得、病有所医、老有所养、住有所居、弱有所扶的各项社会保障服务；要持续推进农村人居环境治理，解决农业面源污染问题，保护农村绿水青山；要弘扬农耕文明和优良传统文化；要深化农村土地制度改革、集体产权制度改革，积极开展农民土地入股、集体资产股权量化，以及"两权"抵押和农村集体经营性土地直接入市等创新试点，盘活农村资产资源，释放改革红利，增强农村发展活力，发展壮大农村集体经济，建立完善乡村治理结构，将农村建成农民向往的美好家园。

三、实施乡村振兴战略应坚持多层次融合发展的方式和路径

产业发展到一定阶段有两个鲜明的特点：一个是专业化分工，一个是产业化融合。当今时代，产业融合、跨界融合已经成为经济发展的重要形态，产业相互交叉、相互渗透创造出很多富有生命力的新型业态，比如"互联网+"给经济社会带来的革命性变化。乡村振兴战略是一个系统工程，涉及农业农村内部资源的整合，也离不开外部因素和力量的引导和催化，重点是把现代产业发展理念和组织管理方式引入到农业农村，用交叉共融的产业体系改造和提升农业，抓住融合点、贯通融合线、形成融合面、构建融合体。融合的过程将不仅是"一产＋二产＋三产"的物理变化，更能产生"一产×二产×三产"的化学效应，通过创业创新，催生一批新产业、新业态、新模式、新主体，激发乡村发展活力，增强发展动能。

要促进产业深入融合，形成立体交叉融合经济生态圈，重点是提升农业生产标准化、规模化、集约化水平，实现一二三产纵向融合，种养加横向融合，延长产业链、提升价值链、打通供应链，培育农业品牌，全面提升农业质量效益竞争力。产业融合要把握四个关键点：一是农业规模越雄厚越容易融合。实践证明，没有适度发展的农业生产规模就没有产业融合的基础，缺少农业产业支撑的融合也是不可持续的融合。二是特色越突出越容易形成品牌。我们发现，凡是产业发展有亮点的地方都是特色非常突出的地方，都是与当地的自然资源、人文环境和传承的农耕文明紧密衔接的，都能够很快形成品牌效应，都很有竞争力。三是越向基层延伸越容易产生效益。打造最基础的特色镇、特色园区，发展"一村一品"、"一乡一业"，引领带动效果最好、农民受益最直

接。四是越坚持市场导向越有生命力。产业融合首先是市场行为，只有做到政府引导、市场主导，充分发挥市场主体的作用，才能实现可持续发展。

因地制宜推动产城深度融合、城乡全面融合，培育县域地方经济发展的增长极，推动走中国特色的新型城镇化道路。习近平总书记指出，"城镇化是解决农业农村农民问题的重要途径"。城乡联动能够打破城乡二元结构，把发展块状经济与推进城市化结合起来，与加快农业农村现代化结合起来；把城市和乡村作为一个整体统筹谋划，促进城乡在规划布局、要素配置、产业发展、公共服务、生态保护等方面相互融合和共同发展，形成以工促农、以城带乡、工农互惠、城乡一体的新型工农城乡关系，逐步实现城乡居民基本权益平等化、城乡公共服务均等化、城乡居民收入均衡化、城乡要素配置合理化、城乡产业发展融合化。

建设农业产业强镇将是推进城乡融合发展的重要平台。乡镇作为我国最基层行政机构，具备政治、经济、社会、文化等综合性功能，具有完整的农业农村经济形态，是乡村振兴的实践者、组织者和引领者，更是城乡融合发展的契合点和关键点。结合乡镇农业产业特色和发展优势，扶持壮大主导产业，并在乡镇建立以当地农产品为生产原料、较大规模的核心农产品加工龙头企业，因地制宜发展电子商务、休闲旅游、康养产业等新业态，创造稳定的就业创业空间，吸引农民就地就近就业和创业创新。在此基础上，完善镇级基础设施条件，有效对接发展城市教育、医疗等公共服务并向乡村延伸，实现上承县城、下联乡村，城乡基础设施互联互通、共建共享，建立形成一批以农业为主题的经济繁荣、绿色美丽、宜业宜居小镇，吸引城市资源要素的流入集聚，承接城市消费的外溢延伸，实现小空间大集聚、小平台大纽带、小载体大创新，实现以产兴城、以城促产、产城融合，解决"就业在城市、户籍在农村，劳力在城市、家属在农村，生活在城市、根基在农村"的"半城市化"问题和乡村凋敝问题，破解城乡二元结构难题，从根本上增强乡村的内生发展能力，培育县域经济的增长极。

四、实施乡村振兴战略应培育质量兴农和绿色兴农两个新动能

习近平总书记强调，要坚持质量兴农、绿色兴农，加快推进农业由增产导向转向提质导向。强调质量不仅是指农产品质量的提档升级，更包括了农业发展质量的转型升级之意，绿色不仅是农业可持续发展的基础，也是农业农村向全社会提供的重要产品。因此，质量兴农、绿色兴农是实施乡村振兴战略的重要举措，也是深入推进农业供给侧结构性改革、提高我国农业综合效益和竞争力的必由之路。推动实施质量兴农、绿色兴农战略，需要创新理念，抓住关键。

坚持推动形成激励相容、多方共赢的发展格局。无论是提升农产品质量还是农业发展质量，最根本的是要营造能够发挥市场配置资源决定性作用的公平竞争市场环境，要培育规范生产经营的市场主体，要建立起质量的市场价值实现机制。政府重在制定完善质量评价标准体系和奖惩规则，完善农业绿色发展绩效评价机制，探索生产者相关补贴与耕地养护、生态保护、绿色生产等责任挂钩机制，将评价结果与补贴安排挂钩，奖优罚劣，尽量减少和避免劣币驱逐良币的现象；大力支持改善农业生产生态环境，夯实质量兴农、绿色兴农的物质基础；对完善产业链、培育品牌等公共服务和薄弱环节给予适当支持，增强发展动力，激活内生活力；建立健全利益联结和分享机制，推动建立订单农业履约保障机制，实现多方共赢，调动全社会积极性。

质量兴农、绿色兴农需要循序渐进、常抓不懈，既要在点上支持开展试验示范，又要在面上推动建立质量兴农、绿色兴农的激励约束机制，不断提高发展效能。当前应重点抓住四个关键领域。一是全力推动优势特色农产品提质增效，改善农产品供给结

构，满足人民不断升级的消费需求。要立足"产得好"，推进农业标准化绿色生产，大力推广高效低毒农药兽药、绿色防控技术，支持农牧结合、种养循环农业发展；要实现"卖得好"，实行品牌化经营，着力打造一批有市场影响力、有文化内涵的区域农产品公共品牌；支持发展产后加工、鼓励发展订单农业，帮助农民实现优质优价订单销售；要确保"吃得好"，支持提升农产品质量安全监管水平，加快建立产地质量证明和质量安全追溯制度，确保消费者买的放心、吃的安心。二是支持新型农业经营主体规范壮大，走绿色生产和质量效益发展之路。加大新型职业农民培育力度，支持制度健全、管理规范、带动力强的农民合作社和家庭农场发展绿色生态农业，开展标准化规模化生产；健全农业社会化服务体系，鼓励发展绿色高效的专业化农业生产社会化服务，实现小农户和现代农业发展有机衔接。三是深入推进农村产业融合发展，促进农业转型升级。要推动整合做大做强一批大型农业产业化龙头企业，引领行业发展，带领农民共享发展成果；要围绕优势特色主导产业，因地制宜推进农村一二三产业融合发展，鼓励农民创业创新，培育发展新产业新业态新模式，推动农业大县向农业强县转变，辐射带动乡村振兴发展。四是支持加快农业面源污染治理，解决农业生产突出环境问题。加快建立健全耕地、草原、渔业水域等重点农业生态系统生态补偿机制，扩大耕地轮作休耕试点，开展长江水生生物保护区禁捕试点，加大东北黑土地保护利用力度；以农作物秸秆、畜禽粪污、农用残膜等农业废弃物资源化利用为突破口，全面实现"一控两减三基本"。

五、实施乡村振兴战略应合理发挥政府与市场两只手的作用

党的十九大报告强调要完善农业支持保护制度，这是乡村振兴战略的重要支撑保障。乡村振兴需要政府财政投入的引导激励，实现城乡公平发展，实现农业农村优先发展，更需要创新财政撬

动金融和社会资本投入农业农村的政策，引入现代治理理念和管理方式，激发广大农民的内生活力，增强社会资本和金融资本等投资动力，培育乡村经济社会持久发展的旺盛生命力。完善农业支持保护政策要围绕实施乡村振兴重大计划、重大行动、重大工程集中发力，做到四个突出：突出绿色农业发展，建立以绿色生态为导向的农业补贴制度；突出人为中心，构建保护小农户利益和支持新型经营主体发展壮大的扶持政策体系；突出融合发展，创设推动建立健全全产业链和价值链的现代农业产业体系和农业农村农民互动发展的激励引导机制；突出市场政府协同，形成财政与金融社会资本支农的投资合力。

政府首先要优先加大农业农村投入，下大力气加快补齐"三农"发展的短板。要进一步强化打基础、管长远、增后劲的农业基础设施的投入力度，重点是落实"藏粮于地""藏粮于技"战略，整合资金持续保质保量地加大高标准农田建设投入，创新机制支持育种、植保等科技取得重大突破和全面推广应用，全面提升农业的基础产能。要实现基本公共服务农村有效全覆盖，教育、医疗、社保以及农村道路、饮水、信息化等关系广大农民生活发展的服务应覆盖到每个乡村和农户，服务质量不打折扣。要建立以绿色生态为导向的农业补贴制度，将推进农业绿色发展作为农业补贴制度改革的"风向标"和政策实施的"导航仪"，将以绿色生态为导向的农业补贴制度作为推进农业绿色发展的"指挥棒"，完善农民直接补贴制度；从制约农业可持续发展的重点领域和关键环节入手，建立健全耕地、草原、渔业水域等重点农业生态系统的绿色生态补贴政策体系，扩大耕地休耕轮作试点，建立长江流域重点水域禁捕补偿制度，大力推进畜禽粪污资源化、农作物秸秆综合利用、地膜回收利用；加大产粮大县奖励力度，建立健全主产区利益补偿机制。

充分运用信贷保险等市场化工具，调动金融社会资本加大农业农村投入。实施乡村振兴战略，补齐"三农"短板需要大量的金融社会资本，实施乡村振兴战略也必将开启巨大的投资市场，蕴藏巨大的商机。要尽快解决适度规模经营新型经营主体面临的贷款难、贷款贵、保险少等难题，重点是加快建立覆盖主要农业县的农业信贷担保服务网络，全面开展以适度规模经营新型经营主体为重点的信贷担保服务。扩大农业大灾保险试点，开展价格保险、收入保险试点，加快出台优势特色农产品农业保险中央财政奖补政策，研究组建专业的农业再保险公司。全面推进新型农业经营主体信息直报系统应用，点对点对接信贷保险、补贴培训等服务。鼓励社会资本和金融机构单独或联合政府组建乡村振兴投资基金、产业投资基金，盘活农业农村资产资源，推动农村集体资产资本化、农民权益股权化，共同投资农村产业融合、乡村公共服务和农村社区建设，推动建立一批农业产业强镇，推动整合组建一批大型农业产业化龙头企业。在畜禽粪污资源化利用、农作物秸秆综合利用等领域积极探索推广政府与社会资本合作示范模式。

构建农业对外开放新格局
助力实施乡村振兴战略

隋鹏飞

　　党的十九大报告首次提出"实施乡村振兴战略",并作为新时代七大战略之一写入党章总则。这是以习近平同志为核心的党中央着眼于全面建成小康社会、全面建设社会主义现代化国家做出的重大战略决策。2018年中央1号文件对实施乡村振兴战略进行了全面部署,提出要构建农业对外开放新格局,这是党中央适应经济全球化新趋势、准确判断国际形势新变化、深刻把握国内改革发展新要求做出的重大战略部署。

　　开放是国家繁荣发展的必由之路,以开放促改革促发展是我国现代化建设不断取得新成就的重要法宝。党的十九大报告强调,要推动形成全面开放新格局。乡村振兴离不开改革开放,离不开农业农村的全面开放发展。特别是进入新时代,中国农业农村发展与国际社会的互联互动变得空前紧密,越来越成为你中有我、我中有你的命运共同体。这就要求我们必须深刻领会习近平新时代中国特色社会主义思想,深入贯彻开放发展新理念,立足国内、放眼国际,以全球视野、世界眼光、战略思维构建农业对外开放新格局,推动农业农村全面开放发展,助力实施乡村振兴战略。

隋鹏飞系农业农村部国际合作司司长。本文写于2018年4月。

一、深刻认识实施乡村振兴战略面临的对外开放新形势

进入新时代，党中央提出实施乡村振兴战略，是着眼于"两个一百年"奋斗目标和农业农村短腿短板的问题导向做出的战略安排。当前，世界正处于大发展大变革大调整时期，我国经济正处在转变发展方式、优化经济结构、转换增长动力的攻关期，我国社会主要矛盾已经转化为人民日益增长的美好生活需要和不平衡不充分的发展之间的矛盾，但最大的发展不平衡不充分依然在乡村。要解决好不平衡不充分问题，必须大力实施乡村振兴战略，加快推动农业农村经济发展质量变革、效率变革、动力变革，实现由依托国内市场资源向统筹国际国内两个市场两种资源转变，构建农业对外开放新格局。

（一）国际化成为乡村振兴的重要引擎

在经济全球化背景下，农业国际化已成为各国农业现代化的重要内容和必然选择。中国是世界上农业开放程度最高的国家之一，无论是否愿意，主动还是被动，都必须更好更深层次地融入世界经济之中，国际化已是必然选择，必须全方位地与国际接轨，不仅在市场准入方面要符合国际规则，在农业生产方式转变、结构调整、农业标准化生产、农产品国际贸易、农业对外投资、农村治理、农民发展等各方面都必须要适应国际化新要求，按国际化要求组织产、供、销的各个环节。农业国际化正是整体推动农业农村向现代化迈进的系统工程，也是将外部竞争压力转化为内生发展动力的过程，有利于推动农业全面升级、农村全面进步、农民全面发展。

（二）统筹用好国际国内两个市场两种资源成为乡村振兴的迫切需要

当前我国农业发展面临价格补贴"黄线"和资源环境"红灯"

双重约束，保障粮食有效供给和质量安全的任务艰巨，迫切需要拓展农业发展的国际空间。在国内外市场高度关联的背景下，国内外农产品形成价差，推动粮棉油糖肉奶等进口规模不断扩大，"洋货入市、国货入库"的问题愈发凸显，在国内平衡有余的背景下，生产量、进口量、库存量"三量齐增"，加剧了"卖粮难"和"去库存"、调结构的压力。实施乡村振兴战略，必须着眼于在全球范围内优化农业资源配置，统筹用好国际国内两个市场两种资源，不仅要有效调控农产品进出口，充分发挥农产品国际贸易的积极作用，保供给促增收，提高资源利用能力；更要加快推进农业"走出去"，拓展我国的农业农村发展空间，提高产能合作能力；还要主动参与制定和善于灵活运用国际规则，提高规则制定能力。

（三）构建新型农业国际合作关系成为乡村振兴的重要保障

中国的乡村振兴，离不开和平的国际环境和稳定的国际秩序，离不开国际合作与交流。随着我国综合实力的增强，国际地位和影响力日益提升，农业越来越成为我国对外交往的重点和热点领域，也是重要的优质外交资源和构建人类命运共同体的重要内容。发达国家、新兴经济体与我国开展农业合作、开拓中国市场的意愿十分强烈，越来越倚重中国的市场。发展中国家和国际组织与我国开展农业合作的期望增强，越来越希望我方提供更多的技术、人员、资金等支持。作为世界第二大经济体和农业生产大国、消费大国，中国在国际粮农治理改革与发展中的责任和作用日益增强，越来越需要提供更多的中国方案，贡献中国智慧。实施乡村振兴战略，必须强化多双边农业合作，维护世界贸易组织规则，改善国际发展环境，在谋求中国农业农村发展中促进各国共同发展，推动经济全球化朝着更加开放、包容、普惠、平衡、共赢的方向发展，为构建人类命运共同体做出积极的贡献。

二、准确把握实施乡村振兴战略提出的对外开放新要求

在2017年12月召开的中央农村工作会议上，习近平总书记指出，我们要认真总结改革开放特别是党的十八大以来"三农"工作的成就和经验，准确把握"三农"工作新的历史方位，把党中央提出的实施乡村振兴战略的战略意图领会好、领会透。实施乡村振兴战略，要顺应农民新期盼，立足国情农情，以产业兴旺为重点、生态宜居为关键、乡风文明为保障、治理有效为基础、生活富裕为根本，推动农业全面升级、农村全面进步、农民全面发展。实施乡村振兴战略也是为全球解决乡村问题贡献中国智慧和中国方案。要坚持以农业供给侧结构性改革为主线，坚持质量兴农、绿色兴农，加快推进农业由增产导向转向提质导向，加快构建现代农业产业体系、生产体系、经营体系，不断提高我国农业综合生产效益和竞争力，实现由农业大国向农业强国的转变。积极利用国内国外两个市场、两种资源，适度增加国内紧缺农产品进口，为耕地、水资源等休养生息腾出空间，优化农业资源配置，这个方向是对的，但也要把握好度。这要求我们要加快构建农业对外开放新格局，既包括开放范围扩大、领域拓宽、层次加深，也包括开放方式创新、布局优化、质量提升。

（一）坚持引进来与走出去更好结合，拓展农业发展空间，提升农业发展质量

一方面，强化外商投资农业的监管和服务，提高引进来的质量和水平，注重引进外资的先进技术、经营理念、管理经验和市场机会，服务现代农业发展，带动我国企业进入全球产业链、价值链、创新链；另一方面，支持企业积极稳妥走出去，融入全球产业链、价值链、供应链，加快培育跨国农业企业，提高全球资源和市场配置能力，助力农业产业提质增效升级。

（二）坚持进口与出口更好结合，以高水平开放促进深层次农业供给侧结构性改革，提高农业供给质量

顺应全面开放新格局的要求，推动农产品贸易由大进大出向优进优出、优质优价转变，由贸易大国向贸易强国转变。一方面，提升农产品进口综合效益，适度扩大优质农资、先进农机、高新技术和短缺农产品进口，促进国内产业结构调整和优化升级；另一方面，提升出口农产品质量、档次和技术含量，推动出口由初级产品为主向高附加值产品、技术、服务等全产业链出口转变。

（三）坚持向发达国家开放与向发展中国家开放相结合，扩大同各国的利益交汇点，实现互利共赢发展

一方面，深化新型大国农业关系，努力求同存异，妥善处理分歧，巩固与大国的农业合作，更好实现互利共赢；另一方面，拓展与发展中国家农业关系，积极开展多种形式的农业南南合作，优化大宗农产品进口来源多元化布局，扩大从"一带一路"沿线国家、新兴市场和发展中国家进口农产品，扩大对发展中国家的农业投资。

（四）坚持多边开放与区域开放更好结合，做国际粮农治理的贡献者，维护公平发展秩序

一方面，积极主动参与全球粮农治理和区域次区域合作，提出更多中国方案，增强议题设置和成果规划等方面的能力；另一方面，积极参与全球治理体系改革和建设，支持多边贸易体制，促进自由贸易区建设，推动建设开放型世界经济。

三、扎实落实构建农业对外开放新格局的新任务

党的十九大报告明确了实施乡村振兴战略的总体要求，规划了形成全面开放新格局的路线图。2018年中央1号文件提出了实施

乡村振兴战略、构建农业对外开放新格局的一系列新任务新举措。习近平总书记在参加十三届全国人大一次会议山东代表团审议时强调，实施乡村振兴战略是一篇大文章，要统筹谋划，科学推进，推进乡村产业振兴、人才振兴、文化振兴、生态振兴、组织振兴。构建农业对外开放新格局，助力乡村振兴战略实施，将围绕习近平总书记的要求，扎实抓好以下重点工作任务。

（一）扩大高附加值农产品出口，为乡村振兴增添新动能

一是以国际标准和先进技术提升农产品附加值。服务国内农业产业转型升级和农业绿色发展，组织实施中国—奥地利有机农业（茶叶）生产基地、中国—新西兰水果种植、中国—加拿大肉牛和渔业、中国—日本农业可持续发展、中国—以色列农业科技示范中心、中英科技合作等项目。

二是支持企业申请出口农产品国际认证认可。为企业申请主要国际机构、重点国家的农产品认证认可程序，提供精准信息服务。促进政府间标准互认合作，推动更多农产品获准中欧地理标志产品互认，提升出口农产品价值。利用专项资金支持一批企业，申请国际通行的体系类、产品类、国家类和宗教类认证。

三是开展中国农产品国际推介行动。整合出国（境）参展资源，打造中国农业国家展团，参与国际品牌展会，树立中国农产品良好形象。继续配合办好国际茶业博览会，提升国际化水平。组织开展年度十大农产品出口促销行动，结合重大外事活动进行宣传推介，扩大中国农产品的国际影响力。

（二）促进农产品多元化进口，为乡村振兴丰富市场供给

一是储备一批贸易技术措施。加强对重点进口产品的贸易救济、产业损害调查和检验检疫措施的协调，强化技术、标准、法规等非关税壁垒的研究运用。妥善应对中美农产品贸易摩擦，配合做好美国"301"调查等贸易限制措施的应对工作，积极推进中美合作，为我国农产品国际贸易争取更好的外部环境。

二是加强与"一带一路"国家农业贸易投资合作。做好与相关国家自贸区涉农谈判，拓展农产品进口来源，保障重要农产品供给。

三是配合办好中国国际进口博览会。以用好农业板块为契机，加强关税等政策协调，促进顺应消费升级需求的食品和农产品有序进口，满足人民日益增长的美好生活需要。

（三）推动农业产能国际合作，为乡村振兴拓展发展空间

一是深入推进农业对外合作"两区"建设（境外农业合作示范区和农业对外开放合作试验区）。集成各部门政策在"两区"平台内试验推广，促进国内农业产业转型升级、提质增效。

二是做细做实20家企业与20家部级联席会议单位精准对接的"20+20"工作机制。加快培育大型跨国农业企业，引导企业在远东、中亚、北非、中东欧等重点区域，以小麦、大豆、畜产品等为重点产品，推动一批旗舰项目落地壮大，逐步实现农业走出去地区化、项目化、企业化、配套化。

三是强化农业走出去公共服务。引导企业健康有序走出去，推动实施贷款贴息、农机购置补贴政策境外延伸、创建农业走出去企业融资担保基金等支持政策；加快农业对外合作科技支撑与人才培训基地建设，继续实施农业走出去"扬帆出海"培训工程。

（四）用好农业国际治理平台，为乡村振兴营造良好环境

一是依托联合国粮农组织信托基金项目构建南南合作新伙伴关系。加强与"一带一路"国家的农业互联互通，打造农业技术、资本、产品走出去的窗口和平台，分享中国农业农村发展的经验和理念。举办第二届全球农业南南合作高层论坛，为全球农业农村发展贡献中国智慧和方案。

二是在国际粮农治理体系中持续扩大我国影响力和话语权。提升与联合国粮农组织、世界粮食计划署、国际农业研究磋商组织等机构的合作水平，发挥二十国集团、亚太经合组织、中国—

中东欧国家（16+1）、金砖国家、中非合作论坛、中国与东盟、澜湄合作、上合组织、中阿合作论坛等机制作用，推动农业成为核心议题和合作主题，分享中国农业农村发展的理念和经验。落实澜湄合作第二次领导人会议成果，建设澜湄农业合作中心，引领澜湄农业合作。

三是支持建立世贸组织多边贸易体系和其他国际规则。推动世贸组织有关谈判取得积极成果，做好美诉我三大主粮补贴和关税配额管理案件应对，为完善国内农业支持保护政策争取空间。深入参与国际食品法典委员会、《国际植保公约》等机制下的涉农国际标准规则制定和转化运用，维护我国农业产业安全和发展空间，塑造有利于我国农业农村发展的国际规则体系。

（五）加强乡村振兴国际交流，为乡村振兴凝聚全球智慧

一是开展乡村振兴国际经验的研究。研究梳理美国、欧盟、日本、韩国等主要国家乡村振兴好的做法和经验，为实施乡村振兴战略提供实践借鉴。

二是开展乡村振兴国际交流与合作。办好博鳌亚洲论坛涉农板块、澜湄合作村长论坛、农业绿色发展国际研讨会、智慧农业论坛等，分享各国经验，促成乡村振兴合作项目。

三是实施中欧职业农民及中德农村实用人才乡村振兴交流项目。提升农民综合素质，促进产业兴旺、乡风文明。

四是加强全球重要农业文化遗产保护和价值挖掘。举办新遗产发布和推介仪式，完善遗产保护和发展管理制度，指导和监督相关地方开展遗产保护工作，传承农耕文明，弘扬优良传统，促进休闲农业发展和生态宜居乡村建设。

五是扩大同各国的农业利益交汇点。加强前瞻性、针对性、战略性研究，精准设计合作成果，推进与美、俄、欧盟、澳大利亚、巴西等发达国家（地区）和越南、泰国、乌兹别克斯坦、埃及、苏丹、拉美等发展中国家（地区）的农业合作，促进产业融合，扩大利益联结。

（六）夯实农业国际合作基础，为乡村振兴强化智力支撑

一是用好驻外农业官员。加强驻外农业官员的培养、选拔、使用和管理，促进驻外农业官员更好发挥作用。

二是实施"国际组织人才工程"。加大涉农国际组织人才的培养和推送工作力度，提高参与全球粮农治理的能力和话语权。

三是加强农业国际合作干部队伍建设。建设农业国际合作智库，建立谈判专家团队、技术支撑团队、律师团队，加大干部的培养锻炼，造就一支熟悉党和国家方针政策、了解我国国情农情、具有全球视野、熟练运用外语、通晓国际规则、精通国际谈判的懂农业、爱农村、爱农民的农业国际合作人才队伍。

大力提升农业科技水平
有效支撑引领乡村振兴

廖西元

实施乡村振兴战略，是党的十九大作出的重大决策部署，是决胜全面建成小康社会、全面建设社会主义现代化强国的重大历史任务，是新时代"三农"工作的新旗帜和总抓手。创新是引领发展的第一动力，科技创新是提高社会生产力和综合国力的战略支撑。实施乡村振兴战略，加快推进农业农村现代化，根本要靠科技创新的支撑引领。

一、新时代乡村振兴呼唤农业农村科技新突破

新时代走中国特色乡村振兴道路，促进乡村产业兴旺、生态宜居、乡风文明、治理有效、生活富裕，开启了农业强、农民富、农村美的新征程，赋予了农业农村科技新使命，迫切要求农业农村科技创新实现新跨越。

（一）围绕实现"农业强"，迫切需要依靠科技补短板、促变革

乡村振兴根本上要靠产业发展。从我国农业发展情况看，既需要立足当前解决生产成本高、结构不合理等问题，又需要立足长远依靠科技实现产业转型升级。在促进节本增效方面，由于受

廖西元系农业农村部科技教育司司长。本文写于2018年5月。

农业生产成本"地板"和价格"天花板"的双重挤压，农业生产的利润空间不断收窄。我国农业机械化、设施化、信息化程度与发达国家差距较大，产业核心竞争力有待提高，需要依靠科技创新降低农业生产成本，提高农业劳动生产效率。在优化产业结构方面，农产品供应难以满足消费者对多样化、优质化、个性化的需求。种养业结构匹配度还有待进一步提升，优势特色产业发展不够。农业生产还没有实现向优势区的充分集聚，以资源禀赋和环境承载力为基准布局的生产力格局尚未完全形成。需要通过调整农业农村科技创新方向和重点，依靠科技优化产品结构、产业结构和区域结构。在引领产业革命方面，新一轮科技革命正在发生，由此引发的产业变革加速推进，发达国家纷纷抢抓机遇、超前部署，抢占全球竞争制高点、赢得战略主动权，迫切需要提高我国科技创新实力，强化遗传改良、土壤质量演变等基础研究和源头创新，加快突破基因编辑、人工智能、合成生物学等前沿性颠覆性技术，创造更多引领性发展，实现农业产业革命。

（二）围绕实现"农民富"，迫切需要依靠科技强能力、拓途径

乡村振兴的出发点和落脚点，是要促进农民实现共同富裕。提高农民收入水平，归根结底是要依靠科技拓宽增收渠道，增强脱贫致富能力。在新产业新业态打造方面，针对农业一二三产业融合不紧、产业链条亟须延长、多功能拓展不足、比较效益偏低等问题，需要通过科技来促进产业融合，打造农业与互联网、旅游、教育、康养等深度融合的产业发展新业态，延长产业链，增加附加值，为农民增收提供更多的机会和途径。在提升农民致富能力方面，针对农民科学素质不高和创新创业能力不强等问题，需要为农民提供节本增效、质量安全、生态环保等方面的新品种新技术新模式，提高农民种养水平和生产经营能力。为农民提供通俗易懂的生产生活生态科普读物和快捷信息，提高农民科学素

质和创新创业能力。在助力贫困农民脱贫方面，针对老少边穷地区农民增收致富能力不足、条件环境约束、市场信息渠道不畅等问题，需要打造精干高效的农技推广队伍，通过指导开发名特优新作物，推广特色养殖品种、技术，扶持发展基于地方优势、资源禀赋的特色产业，实现精准脱贫、稳定脱贫。

（三）围绕实现"农村美"，迫切需要依靠科技强防治、促协调

实现乡村振兴，生态好、环境美是关键。建设美丽宜居乡村，必须依靠科技推动实现农业绿色发展、农村环境优美和农民安居乐业。在低碳循环发展方面，我国水土资源约束趋紧，长期以来粗放的农业生产方式，导致了农业生态系统结构失衡、服务功能退化，农业发展面临生态安全风险，需要依靠科技大力发展低碳循环发展模式，改变粗放的生产生活和经营方式，实现绿色发展。在环境综合治理方面，农业废弃物和农村生活垃圾污染环境的问题依然存在，需要依靠科技加快畜禽粪污、地膜和秸秆综合处理技术与模式研发，加快农村生活垃圾处理技术模式与设施设备研发，实现环境友好、变废为宝。在保障"三生"协调方面，农村地区人居与生态不协调的问题比较突出，需要统筹开展规划研究、山水林田湖草系统治理技术集成与推广应用，解决景观设计、文化功能开发和系统治理中的关键技术问题，促进农业生产、农村生活功能与生态景观系统的有机融合，实现人与自然和谐共生。

二、明确科技支撑引领乡村振兴战略的总体思路目标

当前和今后一个时期，围绕决胜全面建成小康社会、全面建设社会主义现代化强国的总部署和总要求，科技支撑乡村振兴的总体思路是：以习近平新时代中国特色社会主义思想为指导，全

面贯彻党的十九大和十九届二中、三中全会精神，面向世界农业科技前沿、面向国家重大需求、面向现代农业建设主战场，深入实施乡村振兴战略、创新驱动发展战略、人才强国战略，以体制改革和机制创新促进农业农村科技创新，加快构建新时代中国特色农业农村科技创新体系，不断提升农业科技自主创新能力和科技成果转化应用水平，支撑乡村全面振兴和农业农村现代化。

（一）发展路径

围绕农业农村高质量发展的要求，要推动农业农村科技来一场供给侧结构性改革，实现创新方向的重大转变和结构的优化调整。转变创新方向，实现由注重数量为主向数量质量效益并重转变，由注重粮食生产为主向粮经饲统筹和大农业转变，由注重农业种养为主向种养加、资源环境等全过程全要素转变。拓展创新领域，实现由农业生产向生态、文化、休闲等多功能转变，由农业产业向农村环境整治、生态宜居、智慧村镇等拓展，由单纯技术供给向制度建设、布局规划、决策咨询等领域拓展。提升创新成果，实现由单纯强调品种质量提升到高质量品种、高性能装备、高效率种养的统一，由单纯强调技术先进性提升到技术先进性、经济可行性、操作便捷性的统一，由单纯注重技术创新提升到新技术、新业态、新模式的统一。

（二）战略布局

立足未来，牢牢把握现代种业、智慧农业、区域生态农业、深蓝渔业、现代加工等战略领域，加快攻克基因编辑技术、合成生物学技术、干细胞技术、智能化技术等颠覆性技术，推动农业多领域实现"弯道超车"、跨越发展；针对现阶段我国农业农村发展中存在的重大科技问题，加强品种更新换代、土壤改良保育、高效健康种养、重大疫病防控、机器换人、加工增值、设施农业、农业投入品减量、农业废弃物利用、乡村环境整治等重点攻关，推进农业农村高质量发展。

（三）总体目标

力争通过一段时间的努力，农业科技进步贡献率显著提高，农业农村科技创新整体实力进入世界前列。原创成果供给水平显著增强，建成世界一流的农业科学技术中心，为提高原创成果供给水平提供源源不断的动力。产业发展现代化水平显著提高，基本实现农业投入品绿色化、生产过程机械化、生产要素集约化和产业模式循环化。农村生活环境显著改善，农业生产和农村生活废弃物得到综合利用，农村生活环境干净卫生，实现村容整洁、村貌靓丽、人与自然和谐共生。农业农村人力资源充分开发，农业农村科技人才涌现，以科研人才、推广人才和新型职业农民为主的人才体系构建完善，农民科学文化素质显著提高。专业化社会化科技服务水平明显提升，基层农技推广体系建立完善，新型职业农民培育制度全面建立，农业专业化社会化科技服务体系基本构建。

三、加快落实科技支撑引领乡村振兴的措施

依靠科技支撑引领乡村振兴，要在行动上统领、政策上激励、技术上支撑，在健全制度、打造平台、培育人才等方面精准发力，为推动乡村全面振兴、实现农业农村现代化提供更加有力、更高质量、更可持续的支撑。

（一）实施乡村振兴科技支撑行动，推进科技成果落地

围绕乡村振兴对科技的迫切需求，聚焦产业技术供给、生态功能发挥、质量效益提升等目标，强化科技创新和成果转化应用。加大核心关键技术创新集成，围绕制约乡村振兴重大问题，着力突破一批重大关键技术瓶颈，创新一批核心关键技术模式，集成应用一批先进实用科技成果。加快成果转化应用，重点转化推广

一批经济性状突出、发展潜力大的粮、棉、油等重大新品种和名特优新作物以及畜禽水产新品种；推广一批绿色高效的种养技术模式和投入品，支撑农业产业提质增效和农民持续增收。强化科技引领示范，依托农业科技园区、现代化农业产业示范区、优势特色产业示范区，打造一批推动我国农业农村产业转型升级和高质量发展的科技引领示范区。

（二）加强颠覆性技术攻关，催生新的产业变革

以全球新一轮科技革命为契机，抢抓机遇、超前部署，在引领现代农业加快发展的重大领域和关键环节，加快攻克颠覆性技术，推进农业产业变革。培育一批生物技术推动种业等领域实现新跨越。充分利用生物组学、基因编辑、合成生物学等技术手段，引领定向精准育种技术变革，全面提升种业科技创新能力和水平，推进机械化、绿色化、优质化等品种更新换代。培育一批智能技术推动信息化等领域实现新跨越。加快构建以大数据、移动互联等为基础的农业智能系统，实现农业标准化、精准化、高效化和可控化。强化农业智能技术和装备研发，实现从"机械化"到"智能化"到"无人化"的农业革命。培育一批新材料技术推动加工制造等领域实现新跨越。加强食品3D/4D打印技术研究，满足消费者对个性化和精准营养食品的需求，推动食品加工向智能互联制造转变。加快纳米材料研究，创制高效安全农兽药、智能控释肥料和高营养价值饲料等绿色投入品，缓解农业资源短缺、食品安全和环境退化等问题。

（三）开展农业农村环境整治行动，推动实现生态宜居

按照"要素投入精准环保、生产技术集约高效、产业模式生态循环、质量标准规范完备"的要求，加快构建高效、安全、低碳、循环的农业绿色发展技术体系。抓实"绿色发展行动"。在秸秆利用上，突破快速腐熟、大马力机械化还田等瓶颈，推进秸秆资源化利用、产业化发展。在地膜回收上，建立加厚地

膜推广应用与政策补贴挂钩机制，深化实施地膜生产者责任延伸制，扩大机械化捡拾规模。抓好示范带动。重点打造一批农业环境污染防治示范区、生态循环农业示范点和可再生能源综合建设示范村，总结推广一批绿色低碳循环农业产业模式。强化监督考核。完善监管全覆盖的农业环境污染和耕地土壤环境质量监测网络，建立农业生态环境评价指标体系，扩大延伸绩效考核范围。

（四）强化科技体制改革，激发创新与转化活力

围绕激发科技人员、科研机构创新创业活力，促进科技与经济紧密融合，着力推进科技体制机制改革，为科技支撑乡村振兴战略实施提供政策、制度和平台支撑。不断完善激励政策。借鉴种业权益改革经验，推动组织、纪检、科技等部门搞联合试点、出配套政策，按照"赋权、放活、让利、防腐"的要求，"放活"科技成果；赋予农业科研院所在职称评聘、引人用人、收入分配等方面的自主权，"放活"科研机构；研究建立以科技创新质量、贡献、绩效为导向的农业农村科技人员分类评价制度，"放活"科技人员。健全改进管理制度。推动建立职责明确、评价科学、开放有序、管理规范的现代科研院所制度，着力提升农业科研院所创新能力；健全创新创业制度，搭建人才项目众筹众投平台，引导资本、技术、管理等要素向创新创业人才集聚；健全人才流动制度，支持科技人员离岗创业或保留身份领办创办科技型企业，健全科技人才在科研院所和高校、企业之间顺畅流动的机制。建好用好创新平台。立足节本增效、质量安全和生态环保的发展要求，优化现代农业产业技术体系，引领产业高质量发展；着力构建产学研用紧密结合、上中下游有机衔接的国家农业科技创新联盟，推动优势科研单位与企业深度融合；促进创新要素集聚、关键技术集成、关联企业集中、优势产业集群，建设江苏南京、山西太谷、四川成都等一批现代农业产业科技创新中心，打造一批区域经济增长极。

（五）培育一批支撑乡村发展的人才队伍，夯实农业农村人力资源基础

实现乡村振兴，根本上要靠人才的引领。要努力在创新实践中发现人才、在创新活动中培育人才、在创新事业中凝聚人才，培养造就一支"懂农业、爱农村、爱农民"的"三农"工作队伍，为乡村发展提供强有力的人才支撑。打造骨干科技创新人才队伍，加强领军人才培养，做大做强农业科研杰出人才及其创新团队培养计划，打造农业领域的"千人计划"，培养一批世界级科技大师；注重青年人才培养，发挥"杰出青年农业科学家"等资助项目作用，激发创新潜力。打造农技推广队伍，遴选学历水平和专业技能符合条件的人员进入农业技术推广队伍；完善农技人员分级分类培训机制，优化培训内容，完善培训方式；全面实施农技推广特聘计划，为贫困地区培育一支精准服务产业需求、解决生产技术难题、带领贫困农户脱贫致富的农技推广服务力量。打造新型职业农民队伍。依托新型职业农民培育工程，面向粮食等重要农产品，重点培育新型经营主体带头人和专业化社会服务人员；面向名特优新产品，重点培育专业技能型产业骨干人员；面向休闲观光等新产业新业态，重点培育管理经营型人员，全面提升农业劳动者职业技能水平。

加快发展现代种植业
助力乡村振兴战略实施

曾衍德

党的十九大从全局和战略高度，明确提出实施乡村振兴战略，是着眼于"两个一百年"奋斗目标导向和农业农村短腿短板的问题导向作出的重大战略部署，是着眼于推进"四化同步"和"五位一体"发展作出的重大战略决策。实现乡村振兴，必须大力促进城乡融合发展，加快推进农业农村现代化。种植业是最传统的产业，必须在加快发展中助力乡村振兴，在助力乡村振兴中实现现代化。本文就实施乡村振兴战略、加快推进种植业现代化，谈几点认识。

一、深刻领会实施乡村振兴战略对种植业发展的新要求

乡村起源于旧石器时代中期的原始部落，是以从事农业经济活动为内容，以各种生产生活方式为基础，固定形成的一类聚集体。随着技术的进步，乡村产业不断拓展、乡土文化不断丰富、社会关系不断演变，乡村逐渐成为有区域概念的村落实体。可以说，乡村是农耕文化的发源地，人类文明进步的起始点，有着深厚的历史内涵和文化底蕴。世界各国乡村发展的历程都一样，不

曾衍德时任农业农村部种植业管理司司长，现任乡村产业发展司司长。本文写于2018年5月。

论乡村建设发展到何种程度，都承载着发展生产保供给、美丽田园保生态、乡土文化传文明的重要功能。从一定程度上讲，乡村之根在产业，乡村之魂在文化，乡村之本在生态。种植业作为传统的农业形态，起源于乡村，发展于乡村，也根植于乡村。

当前，我国农业农村经济发展进入新的历史阶段。这一阶段，既有加快供给侧改革、适应市场变化的新要求，也有加快生产方式转变、促进持续发展的新要求。这与我国社会的主要矛盾转化相适应，人民对美好生活愿望更加强烈，对乡村建设、农业发展提出了新的课题。中央审时度势提出实施乡村振兴战略，充分体现了中央对国情农情的深刻把握，是习近平总书记关于"三农"工作重要论述的集中体现。我们必须深刻领会、准确把握、坚决贯彻。

乡村振兴，最基础的产业是种植业，最有潜力的产业也是种植业。必须准确把握乡村振兴战略的科学内涵，进一步明确种植业发展的方向，加快推进种植业现代化，助力乡村振兴。

（一）实现乡村振兴，重在强基固本，必须让粮食安全的基础更牢固

发展生产保供给是农业的根本任务。无论现代农业发展到何种程度，确保国家粮食安全仍是首要任务。党的十八大以来，中央始终高度重视粮食生产，采取一系列有效措施，实现了粮食连年丰收，粮食产量连续5年保持在12 000亿斤以上，仓满库盈，供给充足，为经济发展和社会稳定发挥了"压舱石"和"定海神针"的作用。但发展也是不充分的，体现在面临的挑战更大、困难更多。主要表现在两个方面：一个是，粮食需求量"超大"。目前，我国粮食消费量达到13 000亿斤。未来一段时期，随着人口增加和消费结构升级，粮食需求仍呈增加趋势。另一个是，人均耕地等资源占有量"超小"。目前，我国农业人口人均耕地2.34亩，几乎是世界上最少的，大约是美国的1/200、阿根廷的1/50、巴西的1/15，也仅为印度的1/2。水资源短缺的问题更为突出，我国人均淡水占有量只有2 100立方米，仅为世界平均水平的1/4，美国的

1/5，是全球13个人均水资源最贫乏的国家之一。未来农业用水空间还将进一步收窄。在这样的背景下，实施乡村振兴战略，最根本的还是要把粮食稳住，把中国人的饭碗端牢。

（二）实现乡村振兴，重在产业提升，必须让农业供给体系更高效

当前，农业的主要矛盾已经由总量不足转变为结构性矛盾，主要表现为阶段性的供过于求和供给不足并存。现在看，数量和质量还不平衡，质量发展不充分。主要表现在三个方面：一是品种结构还不优。当前，粮食库存压力较大，特别是玉米库存高企，东北粳稻库存也比较大。同时，市场需求量大的优质绿色产品供应不足。适应这种变化，要减少无效供给、增加有效供给、拓展高效供给，满足消费者多元化、个性化的需求。二是区域布局还不适。主要是一些园艺作物生产盲目引种、盲目扩种，影响产量，也影响品质，特色不突出，效益也不好。像一些水果、茶叶等具有独特生物学特性的作物，对土壤和光温水等条件有特殊的要求，近几年面积扩大较快，不适宜区域也大面积种植，需要改变这一状况。三是产业结构还不顺。现在，农产品初级产品比重较大，产后处理、精深加工以及储藏物流等水平还较低。目前，我国农产品加工率比发达国家低40多个百分点，精深加工比例比发达国家低60个百分点。实施乡村振兴战略，要紧紧围绕供给侧结构性改革这一主线，调整优化种植结构，让品种结构调优，区域结构调适，产业结构调顺。

（三）实现乡村振兴，重在绿色引领，必须让田园乡村更美丽

"中国要美，农村必须美。"建设生态宜居的美丽乡村，既是乡村振兴的重要任务，也是满足人民日益增长的美好生活需要的根本要求。过去为保障粮食等重要农产品有效供给，主要靠资源的过度开发、要素的大量投入，生态环境承载能力逼近极限，农业生产与生态功能不平衡，农业生态功能发挥不充分。主要体现

在两个方面：一方面，农业资源长期透支。全国有近1/3的土地面积存在不同程度的水土流失，其中包括3.6亿亩耕地。长期高强度开发利用，耕地质量下降，耕地退化面积占40%以上，目前我国耕地土壤有机质平均含量仅为1.8%，比20世纪90年代初下降0.35个百分点。东北黑土层变薄，比开垦之初下降了20多厘米。另一方面，环境污染日益加重。出现这一状况，有外部的原因，主要是工业"三废"和城市生活污染向农业农村扩散，污水灌溉带来重金属超标等问题。也有内部的因素，目前我国化肥使用量占世界的1/3，利用率比发达国家低20个百分点。农药使用量居世界第一位，利用率比发达国家低15～20个百分点。农膜回收率不到50%。化肥的过量使用造成南方地表水富营养化和北方地下水硝酸盐污染。此外，畜禽粪污资源化利用率低造成环境污染，西北等地农膜残留造成面源污染。需要大力推行农业绿色生产方式，留住干净的水源、肥沃的耕地、美丽的田园。

（四）实现乡村振兴，重在要素聚集，必须让农民生活更富裕

近年来，农村优质资源过多流向城市，农村自我发展能力弱化，城乡居民收入差距过大，公共基础设施建设和公共服务水平落后，与农村居民对美好生活的向往落差较大。城乡居民收入不平衡、农民增收渠道拓展不充分，城乡资源配置不平衡、农民权益享受不充分。一是收入差距较大。这些年，农村居民收入增速均高于城镇居民收入增速，城乡居民收入相对差距持续缩小。2011—2016年，尽管城乡居民收入差距比由3.13∶1下降到2.72∶1，但绝对差距由14 833元扩大到21 253元，农村居民消费水平仅为城镇居民的36.8%。同时，地区间农民收入差异也很明显，东部地区达到15 498元，西部地区不到1万元，贫困地区仅8 452元。到2016年底，全国农村贫困人口还有4 300多万人。二是基础设施差距较大。近年来，农村基础设施有了很大改善，但与城市相比差距仍然较大，还有很多村没有通自来水、天然气，生活污水没有集中处理。三是公共服务差距较大。近些年，农村社保医保等制度逐

步建立，农村义务教育逐步实现，农村社会事业快速发展。但由于欠账较多，城乡公共服务的差距仍然较大。人均年卫生费用农村居民不到城市居民的1/2。普通小学生人均公共财政预算事业费支出农村与城市相差近700元，普通初中农村与城市相差近900元。就农民收入来说，种植业仍是重要来源。迫切需要挖掘种植业内部增收潜力，促进增产增效、提质增效、产业融合、功能拓展，助力生活富裕。

（五）实现乡村振兴，重在组织创新，必须让乡村治理更有效

小农是我国农业经济的基本单元，在我国经济社会发展中发挥着稳定器的作用。改革开放以来，乡村社会逐步由相对封闭的静态转型到流动加剧的动态。目前，单家独户的生产经营仍占主体地位，农村各类主体发展不平衡，小农户分享农业现代化成果不充分。主要表现在两个方面：一个是，农业生产组织化程度较低。目前加入各类农民专业合作经济组织的农户比例依然较低，而且其中一半以上的合作组织是没有产权关系、松散的技术服务性团体，既无法带动农业生产实现规模化、标准化、机械化、品牌化，又使农民面对市场时处于被动地位，缺乏市场话语权，难以分享现代农业发展成果。另一个是，农村空心化趋势明显。随着工业化、城镇化快速推进，乡村劳动力不断向城市转移，一些地方出现了空心村。据统计，过去十年，每天大概消失80～100个自然村落。山东省反映，自然村空心化率占20%～30%。一些地方农耕文明正在消失，给乡村治理带来挑战。需要构建现代种植业经营体系，培育新型经营主体和服务主体，完善小农户与现代农业的利益联结机制，让小农户融入现代农业、分享发展成果。

二、准确把握实施乡村振兴战略推进现代种植业发展的目标和思路

振兴，寓振发兴举、活力增强之义，彰显的是一种决战决胜

的气魄、执着追求的品格、奋发向上的力量。实施乡村振兴战略，体现了中央对推进"四化同步"的坚定决心，也展现了中央推进农业农村现代化的坚定意志。乡村是一个广域的范围，内涵极其丰富，既有生产的、也有生活的，既有生态的、也有文化的。实现乡村振兴，产业兴旺是基础，这是最根本的。种植业作为农业基础的基础，是发展生产保供给的重点产业、是农民增收的重要渠道、是乡村美丽的原本底色，需要加快发展、加力推进、加速提升，助力乡村振兴战略实施。

总的考虑：全面贯彻落实党的十九大精神和习近平新时代中国特色社会主义思想，牢固树立新发展理念，紧紧围绕实施乡村振兴战略，坚持目标导向和底线思维，强化绿色引领、主攻质量效益，推进改革创新，着力推动种植业发展质量变革、效率变革、动力变革，加快构建现代种植业产业体系、生产体系、经营体系，守住国家粮食安全底线，持续推进种植结构调整，大力推进种植业绿色发展，努力走出一条供给优质、产出高效、绿色安全、环境友好的现代种植业发展之路。

发展路径：就是实现"四个转变、四个提升"。

（一）加快以数量为主向量质并重的高效型农业转变，提升产业发展效能

现代种植业的发展已经由数量增长阶段转向高质量发展阶段，必须坚持质量第一、效益优先，以供给侧结构性改革为主线，提高供给体系质量，增加投入产出效益，提升产业竞争力。一是优化要素配置。坚持农业农村优先发展，引导和推动更多的资本、技术、人才等要素向农业农村流动。促进农业技术、装备、设施、服务、加工和流通等水平提升，加快节水、节肥、节药、节电、节油等技术应用，实现增产增效、节本增效、提质增效。二是优化区域布局。根据资源禀赋、生态条件和产业基础，进一步调整优化作物品种结构和区域布局，划定粮食生产功能区和重要农产品生产保护区，建设特色农产品优势区，做到适区适种，避免对

抗种植、越区种植，实现产量和品质的提升。三是优化产品结构。顺应多元化消费需求，积极发展优质水稻、强弱筋小麦、高蛋白大豆、双低油菜，有区域特色的杂粮杂豆、风味独特的特种瓜果、有地理标识的农产品，以及道地中药材、食用菌等。推进质量兴农、品牌强农，增加绿色优质农产品供给，带动农业增产增效。四是延伸产业链条。加快构建生产、加工、物流、营销一体化发展新格局，形成比较优势充分发挥、竞争力明显增强的现代农业产业体系。拓展农业的多种功能，大力发展休闲农业、乡村旅游和电子商务，推进农业与旅游、教育、文化等深度融合，让产区变景区、产品变礼品、农房变客房，把青山绿水变成金山银山，实现经济潜能的释放。

（二）加快粗放经营向绿色引领的循环型农业转变，提升持续发展能力

种植业多为大田生产，作物与土壤、气候、水分等自然环境相互影响。生态友好是现代种植业发展追求的目标，也是一条红线。用绿色发展的新理念引领生产，转变过去依靠拼资源消耗、拼要素投入的发展方式，遏制环境透支的态势，发展循环型农业，做到资源节约、环境友好，让山更青、水更绿、田更美。一是促进减量增效。实施化肥农药使用量零增长行动，推进精准施肥、调整使用结构、改进施肥方式、有机肥替代化肥，推进病虫绿色防控、推广新农药新器械替代、推行精准施药、推进统防统治，力争到2020年主要农作物化肥使用量实现零增长，化肥农药利用率达到40%以上。二是促进地力提升。加快建设集中连片、旱涝保收、高产稳产、生态友好的高标准农田，"十三五"期间确保建成8亿亩、力争建成10亿亩。深入开展耕地质量保护与提升行动，改良土壤、培肥地力、治污修复，抓好东北黑土地保护利用试点和湖南重金属污染区综合治理试点，总结经验，集成一批可复制推广的模式。三是促进资源节约。实施国家节水行动，推广节水品种，推广喷灌、滴灌、测墒补灌、水肥一体化等高效节水技术，

提高水资源利用率。四是促进用养结合。严格保护耕地，扩大轮作休耕试点，集成推广种地养地和综合治理相结合的生产技术模式，健全耕地休养生息制度，建立市场化、多元化生态补偿机制，促进生态环境改善和资源永续利用。

（三）加快人工劳作向机艺融合的替代型农业转变，提升劳动生产效率

目前，农业机械化水平有了大幅提升，大宗粮食作物耕种收机械化率达到66%。但是随着工业化城镇化快速推进，还将进一步转移农村劳动力，"谁来种地"的问题更加突出，需要发展以机械为载体的替代型农业。一是加快培育适宜机械作业的新品种。促进种业科技体制改革，激发种业创新活力。加快推动基础性源头创新和商业化应用创新"双轮"驱动发展，突破种质创新、新品种选育、高效繁育和加工流通等关键环节的核心技术，加快培育适宜全程机械化的品种，用育种手段攻克全程机械化"第一关"。二是加快集成农机农艺融合的技术模式。以提高机械作业适应性为重点，大规模开展绿色高产高效创建，加快推进农机农艺融合，集中力量攻克影响全程机械化作业的技术瓶颈，集成组装一批以农业机械为载体的绿色生态环保、资源高效利用、生产效能提升的标准化技术模式。三是加快培育机械作业为主的服务组织。大力培育农机服务组织，用先进的农机装备农业，用先进的管理方式提升农业，大力开展机耕机收、秧苗统育统栽、病虫统防统治、肥料统配统施等农机作业服务。此外，推进"互联网+"现代种植业，应用物联网、云计算、大数据、移动互联等现代信息技术，提升种植业信息化服务水平。

（四）加快分散经营向利益联结的规模型农业转变，提升组织化程度

没有规模就没有效率，也难以提高效益。实现农业农村现代化，必须要建立合理的利益联结机制，发展多种形式的适度规模

经营。一是加快培育新型经营主体和服务主体。积极引导规范土地流转，大力培育新型经营主体。发展多元社会化服务组织，探索政府购买公益性服务，开展全程托管服务，形成新的统分结合的服务带动型规模经营。二是加强小农户与新型经营主体的利益联结。我国人多地少，小农户在较长的时期内仍将是农业生产经营的主体，必须完善利益共享机制，让小农户与现代农业实现有机衔接，实现生产的集约化规模化，提高农业整体规模化水平。要完善土地入股、股份合作、订单带动、利润返还等"风险共担、利益共享"的利益联结机制，引导和组织小农户参与新型经营主体的经营活动，将新型经营主体对小农户的带动作为扶持政策的重要衡量标准，推动更多惠农政策和资金资源向小农倾斜。三是加快构建农业产业化联合体。推进龙头企业、农民合作社和家庭农场等新型农业经营主体建立以分工协作为前提，以规模经营为依托，以利益联结为纽带的一体化农业经营组织。完善利益共享机制，探索成员相互入股、组建新主体等联结方式，促进资源要素共享，引导资金有序流动，加快科技转化应用，加强市场信息互通，推动品牌共创共享，推动龙头企业、农民合作社和家庭农场互助服务，实现深度融合发展。

三、以实施乡村振兴战略为统领，加快推进种植业现代化

实现乡村振兴，大幕已经拉开、号角已经吹响。种植业要敢为人先、奋勇向前，在创新中发力、在发展中推进，力争项项有突破、年年有进展，为建设美丽中国、实现乡村振兴作出贡献。在工作上，重点是做到"五个加力推进"。

（一）加力推进结构调整，在强基固本产业兴旺中推进种植业现代化

立足我国的资源禀赋、生产基础和市场需求，在调整优化结

构上，要把握好以下两点：一是守住一条底线，巩固提升粮食产能。解决13亿多人口的吃饭问题，始终是治国安邦的头等大事，也是实施乡村振兴战略的首要任务。发挥政策稳粮作用。坚持并完善稻谷、小麦最低收购价，落实玉米、大豆市场化收购＋生产者补贴政策，调动农民务农种粮和地方政府重农抓粮的积极性，守住8亿亩水稻、小麦面积和14亿亩谷物面积的底线。实施"藏粮于地"战略。划实永久基本农田15.46亿亩，尽快划定并建设好9亿亩粮食生产功能区。到2020年，确保建成8亿亩，力争建成10亿亩集中连片、旱涝保收、稳产高产、生态友好的高标准农田。深入开展耕地质量保护与提升行动。改良土壤、培肥地力、修复治理，突出抓好东北黑土地保护利用试点，保护提升耕地质量，巩固提升粮食产能。二是坚持一条主线，调优"三个结构"。紧紧围绕推进农业供给侧结构性改革这一主线，综合考虑资源禀赋、生态类型和生产基础，努力提升农业供给体系的质量和效率。调优品种结构。构建适应市场需求的品种结构，减少无效供给，调减库存较多的玉米面积；增加有效供给，扩大市场需求量大的优质蛋白大豆、优质饲草等作物；拓展高效供给，发展优质稻米、强筋弱筋小麦、双低油菜、高赖氨酸玉米、高淀粉马铃薯等产品，满足多元化的消费需求。调优区域结构。构建生产生态协调的区域结构，提升粮棉油糖主产区，建立粮食生产功能区，建立重要农产品保护区，形成科学合理、专业化的生产格局。重点调减"镰刀弯"地区玉米面积，调减华北地下水超采区、西南小麦条锈病菌源区、江淮赤霉病易发区小麦面积，控制东北井灌稻面积，推进适区种植。调优产业结构。大力推进"粮改饲"，发展稻田综合种养，发展订单生产促进产销衔接，加快发展玉米深加工等产业，延长产业链条，实现一二三产业融合发展。

（二）加力推进绿色发展，在环境友好生态宜居中推进种植业现代化

强化绿色引领，转变发展方式，加快构建生产、生活、生态

"三生共赢"新格局。着力在"减、提、节、轮"四个字上下功夫。一是"减",就是大力推进化肥农药减量增效。深入开展化肥农药使用量零增长行动,促进化肥农药减量增效。在化肥减量上,重点推行调优结构减量、有机肥替代减量、精准施肥减量、新型经营主体示范带动减量。扎实开展果菜茶有机肥替代化肥行动,选择一批既是果菜茶生产大县又是畜禽养殖大县开展示范,发挥新型经营主体示范作用,加快有机肥推广应用。在农药减量上,重点推行绿色防控减量、统防统治减量、精准施药减量、高效药械减量,提高农药利用率。二是"提",就是提升耕地质量。深入开展耕地质量保护与提升行动,在全国主要粮食产区选择一批重点县,集中连片推广秸秆还田、增施有机肥、种植绿肥、施用石灰和深松整地等综合技术模式。重点抓好南方重金属污染区、北方地下水超采区的综合治理和西北生态退化区的修复,总结经验,创造一批可复制推广的模式。突出抓好东北黑土地保护,选择一批重点县开展整建制推进。加强耕地质量调查监测与评价,健全监测评价体系,建立耕地质量大数据平台。三是"节",就是加快发展节水农业。结合实施国家节水行动,推进品种节水、农艺节水、设施节水、机制节水,加快推广喷灌、滴灌、水肥一体化技术,积极探索奖补结合的水价综合改革,增强农民节水意识。四是"轮",就是推行耕地轮作休耕。按照中央的部署,扎实开展耕地轮作休耕制度试点。2018年要扩大试点规模,充实试点内容,完善试点功能,提升试点水平,加快形成一套可复制可推广的组织方式、技术模式和政策框架。

(三)加力推进科技创新,在培育动能增强活力中推进种植业现代化

以市场需求和产业发展为导向,找准切入点,提高科技创新针对性和有效性,走内涵式发展道路。一是加快基础研究创新。力争在生物基因调控、抗逆机理等基础研究方面取得突破,在节水灌溉、农机装备、农药研制、肥料开发、加工贮运、循环农业

等应用技术研究方面全面升级，储备一批引领农业技术革命的成果。二是加快种业科技创新。整合资源，集中力量，加快选育一批适销对路、品质优良的粮棉油糖和果菜茶等作物新品种。推进现代生物技术与常规育种技术有机结合，引导企业加快选育一批适应机械化生产、设施化栽培、轻简化管理等现代农业发展需要的突破性新品种，满足多样化、多层次、多元化市场需求。建设一批国家级制种基地、果树无病毒良种繁育基地、茶叶无性系繁育基地和蔬菜集约化育苗基地，促进品种更新换代。三是加快技术集成创新。深入开展绿色高产高效创建和模式攻关，集中力量攻克影响单产提高、品质提升、效益增加和环境改善的技术瓶颈，分区域、分作物集成组装一批高产高效、资源节约、生态环保的成熟技术模式。推进农机农艺融合，以先进适用的农机装备为载体，以绿色增产的农艺技术为内容，集成推广全程机械化生产模式。

（四）加力推进质量兴农，在提质增效生活富裕中推进种植业现代化

以满足人民群众对优质农产品的需求为导向，以提质增效增加农民收入为目标，挖掘种植业增收潜力，努力让农民的"钱袋子"鼓起来。一是推进棉油糖标准化生产，促进增产增效。整建制开展棉油糖绿色高产高效创建，推进标准化生产，组装推广集约化育苗、轻简化栽培等区域性、标准化绿色技术模式，发挥新型经营主体示范带动作用，促进棉油糖增产增效。二是提升园艺产品质量，促进提质增效。培育大企业。支持龙头企业到优势区域建设生产基地和贮藏加工设施，并通过兼并收购、联合重组及合资合作等方式，整合中小企业。鼓励有实力的企业跨区域整合资源，组建产销集团，形成资源集中、生产集群、营销集约的格局。打造大品牌。通过地理标志、公用品牌、企业品牌等形式，培育一批品质好、叫得响、占有率高的果菜茶品牌。通过举办博览会、展销会、推介会等多种形式，宣传推介品牌，提升品牌知

名度，提高市场占有率。建设大市场。依托国家级农产品批发市场，打造果菜茶物流集散、价格形成、产业信息、科技交流、会展贸易等平台。特别是借助"一带一路"倡议的实施，拓展茶叶市场，弘扬中国茶文化，做大做强茶产业。大力发展道地中药材和食用菌生产。三是开发农业多功能，促进聚合增效。推进农业与旅游、文化、健康等产业深度融合，拓展农业的多种功能。发展休闲农业和乡村旅游，建设生产休闲一体化观光旅游示范基地，举办赏花、采摘、品鉴、加工体验等活动，把产区变景区，配套吃住行等设施，挖掘种植业外部增收潜力。

（五）加力推进改革强农，在机制创新体系完善中推进种植业现代化

培育新型经营主体和多元服务主体，构建集约化、专业化、组织化、社会化相结合的新型农业经营体系，为种植业发展注入强大动力。一是积极发展土地流转型规模经营。重点在"空心村"、兼业农户较多的地区，引导土地自愿有序流转，推进适度规模经营。鼓励种粮大户、家庭农场、合作社等新型农业经营主体发展，重点在财政、金融、保险、用地等方面加大扶持和引导力度。充分发挥新型经营主体在使用新品种新技术、生产优质安全农产品等方面的示范带动作用，提升种植业生产水平。二是积极发展服务引领型规模经营。积极发展多元社会化服务组织，实施农业社会化服务支撑工程，扩大政府购买农业公益性服务机制创新试点，加快发展农业生产性服务业，推行代耕代种、统配统施、统防统治。加快构建以农户家庭经营为基础、合作与联合为纽带、社会化服务为支撑的立体式复合型农业经营体系，提高社会化服务水平，让分散农户搭上规模经营的"快车"。三是大力推进产业化经营。结合"五区一园四平台"建设，建设规模化生产基地，聚集现代生产要素，加快构建生产、加工、物流、营销一体化发展新格局。推进农业产业化龙头企业发展，培育具有国际竞争力的现代农业产业集团。积极发展农社对接、农商对接、电子商务，

推进物联网、云计算、大数据、移动互联等现代信息技术应用，促进全产业链改善升级。完善利益联结机制，支持农民通过股份制、股份合作制等多种形式参与规模化、产业化经营，使农民获得更多增值收益。

加快现代种业发展　服务乡村产业振兴

张延秋

党的十九大提出实施乡村振兴战略的重大任务，这是新时代"三农"工作的主旋律、大布局。种业作为国家战略性基础性核心产业，是农业发展的源头，是粮食安全和农业长期稳定发展的根本，在乡村振兴战略中具有不可替代的独特作用。2018年4月，习近平总书记在海南调研时再次强调，要把我国种业搞上去，抓紧培育具有自主知识产权的优良品种，从源头保障我国粮食安全。在总书记眼里，小小的种子一直是与伟大的事业联系在一起的。种业人牢记总书记的重托，增强使命感和责任感，为乡村振兴战略提供源头支撑。

一、深刻认识实施乡村振兴战略的新内涵

实施乡村振兴战略，确立了"产业兴旺、生态宜居、乡风文明、治理有效、生活富裕"20字总要求，是落实"五位一体"总体布局在"三农"领域的具体体现，是新时代"三农"工作的总抓手。习近平总书记指出，乡村振兴关键是产业要振兴。种业是农业的"芯片"，是支持农业、服务农村、致富农民的重要产业，是乡村产业振兴的重要源头支撑。种业服务乡村振兴战略，必须立足乡村产业发展，深刻理解乡村振兴战略的内涵，把握对种业

张延秋时任农业农村部种子管理局局长，现任种业管理司司长。本文写于2018年5月。

的新要求，主动融入乡村振兴，以种业振兴推动乡村产业兴旺，以产业兴旺促进乡村振兴。

（一）实施乡村振兴战略，就是要始终确保国家粮食安全

习近平总书记多次强调，解决好十几亿人的吃饭问题，始终是治国安邦的头等大事，是现代农业发展的首要任务。实施乡村振兴战略，必须坚守国家粮食安全战略底线，把中国人的饭碗牢牢端在自己手中。种业是国家粮食安全的基石，是落实"藏粮于技"的关键，种业安全有保障，粮食安全的根基才能稳固。良种对促进粮食增产发挥着关键作用。种业必须着眼于粮食安全，提升自主创新能力，抓紧培育具有自主知识产权的优良品种，从源头保障国家粮食安全。只有将种子攥在自己手里，农业实现良种化，才能确保中国人的饭碗主要装中国粮、中国粮主要用中国种。

（二）实施乡村振兴战略，就是要加快推进农业供给侧结构性改革

习近平总书记指出，实施乡村振兴战略，走中国特色社会主义乡村振兴道路，必须深化农业供给侧结构性改革。实施乡村振兴战略，要以满足人民日益增长的美好生活需要为目标，以市场为导向，调整优化农业产品结构、产业结构和布局结构，补齐特色经济作物短板，促进粮经饲统筹、一二三产业融合发展，延长产业链，提升价值链。良种是促进农业结构调整的先手棋，在推进农业供给侧结构性改革中具有先导作用，种业要通过品种创新，培育符合市场需要的特色优良品种，满足人们对农产品多元化、优质化需求，以特色优良品种推动乡村特色产业振兴。

（三）实施乡村振兴战略，就是要加快推动农业绿色发展

习近平总书记指出，推进农业绿色发展，是农业发展观的一

场深刻革命。实施乡村振兴战略，必须贯彻绿色发展理念，推动农业空间布局、资源利用方式等变革，构建与资源环境承载力相匹配的农业生产格局，改变过去以大水大肥夺高产的粗放生产方式，加快推广绿色新品种新技术，推动农业发展方式转变，做到资源节约、环境友好，实现农业可持续发展。通过发展绿色种业，来一场种业绿色革命，加快选育以节水节肥节药为代表的绿色品种，实现新一轮绿色品种更新换代，推动种业由产量数量型向绿色效益型、由资源消耗型向创新驱动型转变，促进农业绿色发展。

（四）实施乡村振兴战略，就是要加快实现农业高质量发展

习近平总书记指出，我国进入了由高速增长阶段转向高质量发展阶段。农业正处在转变发展方式、优化经济结构、转换增长动力的攻关期，要坚持走质量兴农之路。实现农业高质量发展，要推动由增长导向转向提质导向，加快产品创新、科技创新、制度创新和管理创新，调优调高调精农业产业，推进优质化、特色化、品牌化互动发展，提升农业质量效益和国际竞争力。优良品种在丰富产品结构、改善产品品质、促进节本增效等方面大有作为，尤其在名特优、专用型品种和适宜机械化品种选育推广上潜力巨大。种业要推动新一轮质量变革，促进农业高质量发展。

二、实施乡村振兴战略为种业发展带来了新机遇

党的十八大以来，种业坚持深化改革创新，完善顶层设计，强化政策扶持，在品种创新、企业发展、基地建设、法治建设等方面取得了明显成效，为农业供给侧结构性改革做出了贡献，进入以创新为动力的发展新阶段。一是种业安全保障能力显著增强。种子质量合格率保持在98%以上，良种覆盖率超过97%，自主选育品种面积占比达95%以上，对农业增产的贡献率为45%，做到了中国粮主

要用中国种。二是种业自主创新能力显著提升。通过推进种业成果权益改革、良种联合攻关和"放管服"改革，建立了人才激励、成果转化新机制，形成了政产学研结合的种业创新体系，激发了创新活力。三是企业竞争力显著提高。随着种业兼并重组加快，市场集中度明显提高，企业研发投入明显增多，创新能力明显增强，主体地位不断强化，逐步成为育种创新主体。四是种业发展环境显著改善。政策支持体系不断完善，法律法规更加健全，行政推动和行业管理机制有效确立，知识产权保护和市场监管力度持续加大，营造了种业发展的良好环境。

但同时种业发展还有许多不平衡不充分问题，作物结构上，主粮作物与非主粮作物发展不平衡，经济园艺作物种业发展不充分；品种选育上，产量数量增长与质量效益提高不平衡，资源节约、环境友好的绿色品种选育不充分；在市场发育上，主要农作物与非主要农作物种子市场发育不平衡，常规作物特色种子种苗市场发育不充分；科研创新上，科研单位研究创新实力与企业研发技术力量不平衡，商业化育种应用研究不充分；产业布局上，种业对国内国际两个市场两种资源利用不平衡，"走出去"还处在产业链中低端，对国外资源利用和市场开发不充分。种业面临的主要矛盾仍是创新特别是品种创新不能满足农业现代化的需要，根本原因是种业创新长期以产量为导向，重在数量增长，作为创新主体的企业还不够强。

实施乡村振兴战略，对种业发展提出了新要求，也为新时期种业发展带来了新机遇。一是推进农业供给侧结构性改革为种业发展创造了新的增长点。随着人们对优质特色农产品需求日益增长，为种业发展提供新的市场空间。全国每人吃一根甜玉米，就需要40万亩鲜食玉米；乡村特色产业、休闲旅游等新业态快速发展，为经济园艺特色种子种苗推广创造了有利条件。二是推动农业绿色发展为种业市场提供了巨大增长空间。随着绿色发展理念深入人心，以大肥大水为特征的资源消耗型品种已不适应发展要求，加快选育节水节肥节药绿色优质新品种，加快更新换代步伐，推动生产上农作物品种大更新、大换种，为种业市场腾出新的增长空间。三是加快农业现代化建设为种业创新发展集聚更多的创新资源。国家将加大农业农村的政策支持和倾斜力度，向农业农村领域投入大量资本、技术、人才等资源，有利于种业集聚和优化配置更多的创新要素，将为种业发展注入新活力，支持种业现代化建设。四是扩大农业农村改革开放有利于推动种业统筹利用全球市场资源。通过统筹国内国际两个市场两种资源，引进国外先进品种资源、技术成果、先进理念和优秀人才，同时开发利用全球创新资源，加速种业企业"走出去"，拓展国际市场空间，提升我国种业竞争力。

三、种业服务乡村产业振兴中应把握的关键问题

在实施乡村振兴战略过程中，种业要认清发展形势，以服务国家战略为目标，瞄准国际前沿，抢抓历史机遇，保持定力抓关键，理清思路抓重点，加快推进种业科技革命、绿色革命和管理变革、质量变革，推动种业发展再上新台阶。

（一）在根本任务上，种业要紧扣保障国家粮食安全不动摇

确保国家粮食安全，始终是种业工作的首要任务。实施乡村振兴战略，推进绿色兴农、质量兴农、品牌强农，种业要发挥源头支撑的优势，既要加快农业由总量增长向质量提升转型升级，更要坚持新时代粮食安全观，牢牢守住国家粮食安全底线，以保证种业安全、提升竞争力，夯实粮食安全的根基，将藏粮于地、藏粮于技的战略思想落实在品种创新的具体措施上，始终确保中国粮主要用中国种。

（二）在发展理念上，种业要以品种绿色革命推动农业绿色发展

农作物产量一直是品种审定主要指标，大多数品种高水高肥、

资源消耗大。种业要坚决贯彻落实绿色发展理念，突出资源节约、环境友好要求，以节水节肥节药及适应机械化为重点，挖掘绿色优异种质资源，提升品种抗性水平，加快构建中国特色绿色种业创新体系、标准体系和政策支持体系，加快绿色品种更新换代，推动种业向绿色效益型、创新驱动型转变，以种业绿色革命促进农业绿色发展。

（三）在发展动力上，种业要以新一轮科技革命强化乡村产业振兴的技术支撑

随着生物技术、信息技术、智能技术迅猛发展，种业正面临新一轮科技革命，育种进入了全新时代，由随机向可设计转变，品种"按需定制"逐渐成为现实，这为种业跨越发展提供了难得的机遇。种业必须加快推进科研体制机制创新，迎接新的技术革命到来，在基础理论、核心技术、重大品种创新上取得新突破，在新一轮种业科技革命中赢得主动，为乡村产业振兴提供有力的技术支撑。

（四）在发展主体上，种业要以管理变革培育一批有国际竞争力的企业

推进种业现代化建设，必须坚持和强化企业主体地位，加快落实"放管服"改革，促进种业管理观念、职能和方式创新，提升现代种业管理水平，为企业发展营造良好环境，促进种业快速健康发展。同时企业要找准自身发展定位，按照产权清晰、权责明确、运行规范、管理科学的要求，朝着做强做大、做专做精的目标，加快建立现代企业管理制度，加强企业文化建设，提升竞争力和影响力。

（五）在发展路径上，种业要以质量变革促进农业高质量发展

随着人民对优质农产品多样化消费需求提升，迫切需要加快推动种业质量变革，完善品种鉴定标准和种子质量标准，推进种

业质量标准体系建设，强化企业质量意识，提升企业质量管理水平，加快培育推广一批高品质的品种、高质量的种子，形成一批叫得响的知名品牌，改变我国优质品种不多、质量标准体系不适应的局面，以高质量标准创造出精品种子，加快提升农业质量和效益。

四、当前推进现代种业发展的重要举措和建议

种业工作服务乡村产业振兴，要以农业供给侧结构性改革为主线，坚持问题导向，聚焦种业自主创新和体制机制创新，发挥市场的决定性作用和政府的组织推动作用，挖掘现代种业发展新动能，加快构建以企业为主体、产学研政结合的中国特色种业创新体系，培育一批龙头企业，增强支撑乡村产业发展能力。到2035年，种业迈入现代化行列，自主创新能力和国际竞争力显著增强，一批企业跻身全球种业前列，种业在产业振兴的引领作用充分彰显。

（一）抓好农作物良种科研联合攻关

继续推进水稻、小麦、玉米、大豆四大作物联合攻关，发挥集中力量办大事的制度优势，坚持产业需求导向，坚持体制机制和全产业链一体化创新。在已探索形成的可复制、可推广良种攻关新模式、新机制和新经验基础上，继续深化研究、借鉴推广，通过部省联合，启动甘蔗、马铃薯等特色作物良种联合攻关，充分调动各地积极性，发挥集群优势，高效聚合技术、装备、智力等种业创新要素，形成品种创新的强大合力。

（二）推进种业人才发展和成果权益改革

健全种业领域科研人员分配政策，推动种业科研人员分类评价机制改革。落实种业科技成果公开交易，完善国家种业成果交易平台，明确产权，加快转让。完善种业知识产权保护制度体系，保护原始创新，加大侵权打击力度。加强种质资源深度鉴定和开

发管理，构建种质资源惠益共享和激励约束机制，放活种质资源单位运营权、收益权，让育种创新材料流动起来。

（三）组织开展全国种子质量年活动

强化质量意识，加大质量在信用骨干企业认定中的比重，加快标准提档升级，制修订质量与检测标准，加快研发DNA分子检测等新方法。加强国家种子检测体系建设，开展检测机构的标准化管理。制定种子认证管理办法，培育一批种子认证机构，加强种子质量标准与国际接轨，培育种业品牌。全面实施"红黑名单"制度，强化诚信企业服务，宣传推介诚信市场主体。

（四）落实放管服改革，优化种业发展环境

全面落实《种子法》赋予的职责，全面推进依法治种，转变工作职能，制订权力清单，推动由事前审批向事中事后监管转移，构建灵活多样、全程覆盖的监管模式。强化知识产权保护意识，落实简政放权，维护公平竞争的市场秩序。转变管理方式，建设种业大数据平台，提升管理服务数字化、智能化水平，为企业和农民提供便捷高效的信息服务。

（五）支持优势企业做大做强、做精做专

在财税、金融、投资等方面加强政策创新，推动企业与科研事业单位享受同等待遇。深化科企合作，加快种业育种资源向企业聚集；鼓励企业联合成立产业创新研究机构，推进科技资源整合和产学研用深度合作。提升国际化水平，支持有实力的企业在境外建立研发中心、在境外申请知识产权保护、开拓国外种子市场；建立种业海外战略咨询智库，为种业企业和国内资本参与海外投资并购提供政策支持。

（六）立足区域优势推进种业强省强县建设

结合各地资源禀赋及特色优势，坚持规划引领，明确重点任

务，推动种业强省、强县建设。发挥中央和地方两个积极性，开展部省共建、省县共建，支持有产业基础、有发展前景且当地政府重视支持的重点省份、市县，承担建设国家重大项目，率先实现种业现代化；积极支持各地开展种业创新中心、种业小镇等建设，积极支持参与国家现代农业"三区一园"建设，加快培育和认定一批种业带动类国家现代农业产业园。

加快机器换人　促进乡村振兴

李伟国

党的十九大明确提出了实施乡村振兴战略，中央农村工作会议和中央1号文件强调要走中国特色社会主义乡村振兴道路，并对实施乡村振兴战略作出了系统部署，谋划了我国农村的宏伟蓝图。这既是新时代"三农"工作的总旗帜、总抓手，也是新时代农机化发展的新方向、新任务和新要求。广大农机化工作者要认真学习，深刻领会，深入贯彻落实。

一、实施乡村振兴战略，农业机械化大有作为

2018年的中央1号文件明确提出，要按照产业兴旺、生态宜居、乡风文明、治理有效、生活富裕的总要求，加快推进农业农村现代化，走中国特色社会主义乡村振兴道路，让农业成为有奔头的产业，让农民成为有吸引力的职业，让农村成为安居乐业的美丽家园。加快农业机械化发展，是实施乡村振兴战略的重要内容，对于提升农业综合生产能力、提高农业发展质量、提高农业竞争力和全要素生产率、增加农民收入、实现农业农村现代化都具有十分重要的促进作用。

李伟国时任农业农村部农业机械化管理司司长，现任农村社会事业促进司司长。本文写于2018年3月。

（一）加快农业机械化发展，是加快实现农业现代化的必由之路

中央1号文件明确提出，到2035年基本实现农业农村现代化。农业机械装备是现代农业发展的重要物质技术基础。农业机械化是实现传统农业向现代农业转变的重要手段，也是农业现代化最重要的标志之一。纵观各国农业现代化历程，无论是人均耕地多的美国、加拿大，还是土地规模适中的欧洲国家，或者是小规模经营的日本、韩国，尽管选择的发展模式和途径各有不同，但共同点都要首先解决农业机械化问题，才能步入农业现代化。大多数西方发达国家在20世纪40—60年代实现了农业机械化，在70年代后先后实现农业现代化。美国早在20世纪40年代就实现了农业机械化，并由机械化技术的广泛应用引发了农业生产经营方式的根本性变革，促进了现代农业科技的发展和规模化应用，大幅度提高了农业劳动生产率，提高了农业综合生产水平，实现了农业现代化。也正由于此，美国工程技术界在20世纪末把"农业机械化"评为20世纪对人类社会进步起巨大推动作用的20项工程技术的第七位。可以说，农业机械化既是建设现代农业的重要内容，也是农业现代化的必由之路。

（二）加快农业机械化发展，是推进农业供给侧结构性改革、提高农业竞争力的重要途径

中央1号文件提出"要以供给侧结构性改革为主线，提高农业创新力、竞争力和全要素生产率，加快实现由农业大国向农业强国转变"。经过改革开放40年的发展，我国农业综合生产能力有了大幅度提升，但农业大而不强、竞争力弱的问题依然存在，在某些方面甚至有进一步加重的趋势。当前影响我国农业竞争力的因素，主要集中在两方面：一是农业生产成本高，农产品价格竞争力弱。目前我国大宗农产品价格普遍高于国际市场，主要是生产成本高，如玉米、大豆生产成本比美国高近一倍。一个重要

原因是我国主要农作物生产成本构成中，人工费用占比较大，平均在45%左右，而发达国家人工费用不到10%，部分农产品生产的人工成本比美国高近20倍。因此，迫切需要加快发展农业机械化，通过机械化生产替代人工劳动，提高劳动生产率，降低生产成本，化解生产成本"地板"和市场价格"天花板"双重挤压的困局。据湖北省农机局调查分析，水稻播栽和收获两个环节实现机械化生产每亩可节约成本110元，油菜机播与人工播种相比亩均增产19.7千克，小麦深松可增产9%。二是农产品质量不高，品质和品牌竞争力弱。主要因素是生产的标准化程度。尽管近些年，我国陆续研究制定了一批农业生产标准，但由于大量的小农户分散生产和手工操作，标准执行水平还很低，生产控制的随机性还很大。因此，迫切需要加快发展农业机械化，通过机械操作代替人工操作，利用机械作业的规范性、规模性，来提高生产操作的精准性和一致性，实现农业生产的标准化，进而提升农产品质量。

（三）加快农业机械化发展，是推动农业科技进步的重要手段

科技进步是推动经济社会发展的不竭动力，乡村振兴离不开科技，建设现代农业关键要靠科技。现代农业机械装备，本身就是现代科技发展的产物，是现代农业科技集成物化的载体。现代农业机械装备突破了人力畜力所不能承担的农业生产规模的限制，机械作业可以实施人工所不能达到的现代科学农艺要求。因此，任何一项先进农业技术要大面积、高速度地推广，离开农业机械是做不到的。近年来，一批科技含量高、促进农业高产稳产、节本增效的现代农业技术如深耕深松、节水灌溉、精量播种、化肥深施、秸秆还田、高效植保等大面积的推广应用，主要得益于大规模地采用机械化作业。现代先进农机化技术的推广应用，既提高了我国农业生产水平，也推动了农业生产要素的集约化、资源化利用，改善了农业农村生态环境，促进了农业可持续发展，又为农业机械化的发展开辟了广阔的空间。

（四）加快农业机械化发展，是推动农业规模经营、促进农民增收的重要支撑

乡村振兴的出发点和落脚点，是为了亿万农民生活得更加美好。拓展农民增收渠道，提高农民收入，是实施乡村振兴战略的一项关键任务。农业机械的使用，大幅度提高了农业生产效率，加快了农业生产进度，使得大量的农村劳动力得以从繁重的农业劳动中解放出来，转向发展非农产业和向城镇转移，拓展了农民增收的渠道。农业机械的使用，突破了人畜力的局限，使得农业经营规模的扩大成为可能，可以显著降低生产成本、提高农业生产经营的收入。据湖北省农机局和华中农业大学联合研究的结果表明，农机化水平与农民人均收入呈显著正相关关系。2004—2015年，农机化对湖北省农业产出的平均贡献率达26%，农机化水平每提高1个百分点，农民人均纯收入增加270元。现代农业机械装备的应用，也有助于改变农业生产的自然属性和弱质特性，如设施农业可以有效抵御自然灾害，可以有效降低农业生产的自然风险，从而稳定农业经营者收入。

（五）加快农业机械化发展，是提高农业农村吸引力、培育"新农人"的重要抓手

乡村振兴关键在人。农业农村现代化，离不开具有现代化素养的"新农人"的参与。实施乡村振兴战略，既要做减法，积极推进新型城镇化，把农村人口减下来；又要做加法，做大新农人群体，培育新型职业农民，吸引社会成功人士回乡创业，让更多的青年人主动投入乡村振兴的热潮，激发乡村发展的内生动力，为乡村振兴引入清泉活水。经过多年的工业化和城镇化，目前我国农业劳动力供给出现了新的趋势，由原来的无限供给转变为有限供给，由绝对过剩转变为相对过剩，农业劳动力结构性、季节性、区域性短缺矛盾日益突出。随着农村劳动力向二、三产业转移速度加快，如何防止农村人口过度流失，化解"谁来种地"的困局？如何吸引高素质的人才特别是年轻人到农村投身现代农业、

发展其他产业，让农民成为有吸引力的职业？在着力提高农业和农村产业的比较收益、提高从业经营者收入的同时，必须加快机器换人步伐，大幅度减轻农业劳动强度，彻底改变传统农业"面朝黄土背朝天"的局面，真正让农民成为体面的职业，实现更具人文关怀的现代农业文明生产。

此外，农业机械化在改造传统农业生产方式的同时，也带动农民整体素质和农业生产组织化程度的不断提高，造就了一大批懂技术、有文化、会经营的新型农民，对于推动农民全面发展、现代农业文明的社会进步都具有十分重要的促进作用。

总之，让农业强起来、农村美起来、农民富起来，农业机械化大有作为。

二、实施乡村振兴战略，为加快农业机械化发展指明了方向、创造了机遇

近些年在中央强农惠农富农政策的强有力支持下，在社会各方面的共同努力下，我国农业机械化持续快速发展，成为中国农业现代化发展进程中的突出亮点。

（一）农机装备总量迈上新台阶

2017年底我国农机总动力接近10亿千瓦，比2012年增长了23%；拖拉机保有量达到2 300多万台，联合收获机、插秧机保有量分别达到190万台和77万台。装备结构持续改善，大马力、高效率、高性能和多功能作业机具占比持续提高，设施农业、农产品初加工、养殖业、林果业机械稳定增长。规模以上农机工业企业主营业务收入接近4 300亿元，中国已成为世界第一农机制造大国和使用大国。

（二）农机作业水平实现新提高

全程机械化加快推进，农机作业由耕种收环节为主向产前、

产中、产后全过程拓展，由种植业向养殖业、农产品初加工等领域延伸。2017年，我国农作物耕种收综合机械化率达到66%以上，比2012年提高近10个百分点。小麦基本实现了全程机械化生产，水稻、玉米耕种收综合机械化率超过80%，棉油糖等主要经济作物生产机械化取得新突破，150个县率先基本实现主要作物生产全程机械化。我国农业生产方式已经由千百年来以人力畜力为主进入以机械作业为主的历史性新阶段。

（三）农机社会化服务能力有了新提升

目前，农村出现了一大批从事农机作业的专业化、社会化服务组织，跨区作业、代耕代种、土地托管、订单作业、"互联网＋农机作业"等服务模式不断创新，服务规模不断扩大，服务能力不断提升。2017年，我国农机作业服务组织和农机大户总数达到520万个，其中农机专业合作社超过7万个，农机服务总收入达到5 500亿元。以农机合作社为代表的新型专业化、社会化服务已经成为我国农业生产性服务业的主力军，成为农村新的产业业态。

但是，与现代农业发展新需求相比，我国农业机械化发展不平衡、不充分的问题还比较突出。

发展不平衡主要表现为"三高三低"：从作物上看，小麦水稻玉米三大主粮的综合机械化水平较高，棉油糖等经济作物的综合机械化水平较低；从区域上看，北方平原地区的机械化水平较高，南方丘陵山区的机械化水平较低；从产业上看，种植业机械化水平较高，而畜牧业、渔业、农产品初加工、果菜茶、设施农业的机械化水平较低。

发展不充分表现为"三多三少"：小马力、中低端机具多，大马力、高品质机具少；粗放型的单项农机作业多，精细型的复式农机作业少；小规模自用型农机户较多，大规模专业化农机服务组织较少。

制约我国农业机械化发展的"瓶颈"主要集中在三个方面：一

是农机装备有效供给不足。目前我国能生产的农机产品近4 000种，仅为世界农机种类的一半，缺门断档和中低端产品产能过剩并存，核心技术缺乏，机具的可靠性、适用性有待进一步提升，关键部件、核心技术和高端产品主要靠国外进口，一些领域特别是经济作物生产"无机可用""无好机用"的问题突出。二是机械化生产技术体系不配套。推进农业机械化是个系统工程，受多方面制约，我国还存在农机和农艺融合不够等情况，品种选育、栽培制度、种养方式、产后加工与机械化生产的适应性有待加强，集成配套的全程机械化技术体系研究刚刚起步。三是适宜机械化的基础条件建设滞后。我国许多地方特别是丘陵山区，田块比较细碎，机耕道路缺乏，加上种植经营分散，导致"有机难用"和机具使用效率低。机具停放库棚设施缺乏，常年风吹日晒雨淋，影响了机具使用寿命。农机"下田难""存放难"和"保养难"问题比较突出。

为解决上述问题，中央1号文件明确提出"推进我国农机装备产业转型升级，加强科研机构、设备制造企业联合攻关，进一步提高大宗农作物机械国产化水平，加快研发经济作物、养殖业、丘陵山区农林机械，发展高端农机装备制造。""大力发展数字农业，实施智慧农业林业水利工程，推进物联网试验示范"。虽然只有100多字，但从四个方面明确了我国农机化的发展方向和任务：一是要从农机装备供给侧发力，推进我国农机装备产业转型升级，着力在增强我国农机产品研发制造国产化水平上下功夫，提高农机装备的有效供给能力；二是要通过科研机构、制造企业等联合和集中攻关，突破核心技术和关键部件、关键产品的"瓶颈"制约；三是既要推进大宗粮食作物生产的全程机械化，也要推进经济作物、养殖业和丘陵山区农业生产的全面机械化，着力解决当前农机化发展不平衡的问题；四是要注重农机化、农业现代化与信息化的融合，通过发展高端农机装备和信息化手段等，在进一步推进数量增长的同时，提升农机化发展质量。同时，中央1号文件提出的"加快建设国家农业科技创新体系""加快发展现代农作物种业""优化农业从业结构,加快建设知识型、技能型、创新型农业经营者队伍",也必将进一步推动农机农艺融合,促进农机化技术的集成配套应用。中央1号文件提出的"坚持农业农村优先发展","大规模推进农村土地整治和高标准农田建设"等,必将进一步改善农机化发展条件。因此说,中央1号文件,既指明了未来一段时间农业机械化发展方向和发展任务,也为加快农业机械化发展提供了良好的机遇。

三、实施乡村振兴战略,农业机械化发展必须善作为

适应新形势、新要求,今后一段时期,要深入贯彻党的十九大精神,以农业机械化转型升级为主要任务,积极推进质量变革、效率变革、动力变革,加快农业生产全程、全面、高质、高效机械化发展,为推进农业供给侧结构性改革、实施乡村振兴战略提供有力支撑。

(一)以科技创新为动力,加快提升农机产品的研发制造水平

认真组织实施好《中国制造2025农机行动方案》,以"产业急需、农民急用"为导向,积极推进产学研结合,突破关键部件和关键技术的瓶颈制约,加快研发高效、低耗、智能农机装备,加快先进农机装备和技术的引进,不断地丰富农机装备产品,着力解决当前农业生产中存在的"无机可用"的问题;加快提升农机制造业水平,提升产品质量,着力解决"无好机用"的问题,尽快使农业各个产业、各个生产环节都有适合的机具可用。同时,进一步完善农机购置补贴等政策措施,充分调动农民购机用机的积极性。

(二)强化农机农艺融合,着力推进农业生产全程全面机械化

继续突出重点,抓好主要作物全程机械化推进行动,着力补

齐短板、提高作业质量，强化技术集成配套，积极选育适合机械化作业的品种，探索轻简栽培技术模式，大力推广绿色高效机械化技术，实现农机与农艺融合，促进全程、绿色、高效机械化生产，稳定提升农业综合生产能力。重点是在提高量的发展的同时，提高质的发展。适应农业结构调整，围绕促进区域性、规模化优势特色农产品的发展，积极开展果菜茶、养殖业、农产品初加工等领域和丘陵山区关键机械化技术的试点示范，实现点和量的突破，以关键环节突破推动全面机械化，为调整优化农业产业结构、一二三产融合提供装备技术支撑。强化农机化与信息化融合，加强智能农机装备和技术的创新推广，努力提高农业劳动的体面程度，以此来吸引更多的年轻人从事农业、投身农村，提高农业农村的活力，促进乡村的振兴。

（三）整合资源，不断地改善农机作业的环境条件

围绕促进良田良种良法良机配套，统筹各方力量，整合各种资源，完善机耕道等耕地建设标准，积极推进土地整治和高标准农田建设，特别是借鉴日韩土地整治经验，积极开展丘陵区耕地"宜机化"整治，破解农机"下田难""作业难"难题。加快机耕道、场库棚等农机化基础设施建设，为农业机械装备的广泛应用创造更好的基础条件。

（四）培育新型经营主体，大力发展农机社会化服务

着力推动农机服务模式和业态创新，积极培育专业化、综合性的农机服务组织，探索完善跨区作业、订单作业、农业生产托管、"互联网+农机"、"全程机械化+综合农事"等农机服务新模式和新业态，强化农机农事融合和机械化与多种形式适度规模经营融合，大力推进农机社会化服务体系建设，加快形成总量适宜、布局合理、经济便捷、专业高效的农机社会化服务体系，提升农机服务全程全面供给水平，引领农业生产性服务业发展。通过发展社会化服务，提升农机化发展质量。

（五）加强培训教育，努力打造一支新型农机化队伍

加强高等院校农业工程学科建设，健全人才培养体系，积极引进国际农机高端人才，推动实施产教融合、校企合作，努力培养一支高素质的顶尖人才队伍。加强农民职业教育，通过新型职业农民培训、实用技能培训、基层农机推广人员岗位培训等，强化农机实用人才培养，培养造就一批"土专家"，努力培育一支懂农业、爱农村、爱农民的农机人才队伍。

力争到2020年，全国农作物耕种收综合机械化率达到70%，主要粮食作物基本实现生产全程机械化，大宗经济作物生产全程机械化取得明显突破，建成500个全程机械化示范县。到2025年，中国农作物耕种收综合机械化率达到75%，农产品优势产区主要作物生产全程机械化基本实现，农业全面机械化取得显著进展。

加快畜牧业转型升级
努力推动乡村振兴

马有祥

实施乡村振兴战略，是以习近平同志为核心的党中央着眼党和国家事业全局，顺应亿万农民对美好生活的期待，对"三农"工作作出的重大决策部署，是坚持"两个一百年"奋斗目标导向和农业农村短腿短板问题导向作出的战略安排，是新时代"三农"工作的新旗帜和总抓手。实施乡村振兴战略，对畜牧业发展既是重要任务，也是重大机遇。要充分发挥畜牧业在产业链条中融合种养、前拉后带、转化增值的独特优势，加快转型升级步伐，促进产业增效、农民增收、环境增绿，为乡村振兴提供有力支撑。

一、准确把握实施乡村振兴战略对畜牧业发展的总体要求

习近平总书记在党的十九大报告中指出，农业农村农民问题是关系国计民生的根本性问题，必须始终把解决好"三农"问题作为全党工作的重中之重，坚持农业农村优先发展，加快推进农业农村现代化。农业稳则国本固，乡村兴则国家兴，农民富则天下安。2018年的中央1号文件对实施乡村振兴战略作出系统安排，明确目标任务、具体路径和政策措施，强调要走中国特色社会主

马有祥时任农业农村部畜牧业司司长，现任农业农村部总畜牧师、畜牧兽医局局长。本文写于2018年3月。

义乡村振兴道路，让农业成为有奔头的产业，让农民成为有吸引力的职业，让农村成为安居乐业的美丽家园。习近平总书记关于"三农"工作的重要论述，是新时期做好畜牧业工作的根本遵循。

畜牧业是农业农村经济的重要组成部分，乡村振兴离不开五谷丰登、六畜兴旺的产业格局，少不了鸡犬相闻、水丰草美的田园风光，还要靠种养结合、融合发展的产业带动。新时代推进实施乡村振兴战略，畜牧业责无旁贷，大有可为。畜牧部门要切实提高思想认识，坚持以习近平新时代中国特色社会主义思想为指引，全面把握实施乡村振兴战略对畜牧业发展的总体要求，主动入位，准确对标，奋力作为，加快推进畜牧业转型升级，为确保乡村振兴战略落实落地作出积极贡献。

（一）要把畜牧业打造成推进农业现代化的先导产业

我国农业发展总体滞后，是现代经济体系建设的短板和短腿，实施乡村振兴战略，最终目标就是要实现农业农村现代化。在农业各产业中，畜牧业受土地等要素的制约比种植业小，市场化发育更充分，集约化规模化程度相对较高，有基础、有条件、有能力率先实现现代化。规模化是现代畜牧业生产的重要载体，是畜牧业现代化的最根本特征。当前，畜禽养殖规模化率已经达到58%，畜牧业生产实现了由分散养殖为主向规模养殖为主的历史性跨越，装备水平、管理水平大幅度提升，标准化生产体系和质量保障体系初步建立，绿色发展方式加快推进。按照当前规模化率每年提升2个多百分点的趋势，到2030年就能达到80%以上，基本可以与中等发达国家看齐。要发挥好畜牧业的独特优势，大力加强现代畜牧业建设，加快推进畜牧业从分散饲养、粗放经营向规模饲养、集约经营的加速转变，带动小散户加快转型升级，示范带动农业农村现代化。

（二）要把畜牧业打造成优化农业产业结构的纽带产业

推进农业供给侧结构性改革，提高农业供给体系的质量效益，对加快调整优化农业产品结构、产业结构、区域结构提出了突出要求。畜牧业链条长、联结广，一头连着种植生产，一头连着屠宰加工，是一二三产融合发展的桥梁和纽带，是承农启工的中轴产业。特别是在优化种养关系、发展循环农业、增强种养区域适配性方面，畜牧业的作用不可或缺。近年来，各地按照农业部关于减玉米、调生猪等方面的统一部署，大力推进粮改饲，积极引导生猪区域布局调整，取得了积极成效。今后还要加大工作力度，加快重构新型种养关系，促进粮经饲统筹、农牧渔结合、种养加销一体、一二三产融合发展，延长农业产业链，提升农村价值链。要通过畜牧业的桥梁纽带作用，推进农业供给侧结构性改革向纵深发展，推动农业结构进一步优化、供给质量全面提高。

（三）要把畜牧业打造成促进农牧民脱贫增收的富民产业

乡村振兴，生活富裕是根本。习近平总书记多次强调，全面建成小康社会，一个不能少；共同富裕路上，一个不能掉队。"小康不小康，关键看老乡"。全面建成小康社会，实现共同富裕，最繁重的任务就是农牧民群众脱贫致富。发展畜禽养殖，一直以来就是农民增收的重要渠道，更是贫困地区产业脱贫的首选产业。不可否认，传统畜牧业的增收贡献在下降，但差异化、特色化畜禽养殖蓬勃发展，畜牧业的旅游观光、体育竞技、康养保健等功能不断拓展，未来畜牧业在富农增收方面仍然大有潜力。现阶段我国2亿多农户中，还有超过1/3的农户仍然在从事畜牧业生产。要充分发挥好畜产品生产的比较效益优势，把现代生产方式、经营理念引入农业农村，加快改造提升中小养殖场户，健全完善现代畜牧业服务体系，逐步引导农牧民融入现代畜牧业体系，全面拓宽农民增收渠道，让小农户充分分享农业现代化成果。

（四）要把畜牧业打造成改善乡村人居环境的绿色产业

乡村振兴，生态宜居是重要方面。习近平总书记指出，推进农业绿色发展是农业发展观的一场深刻革命。当前，畜禽养殖带来的粪污问题日益突出，逐步成为畜牧业发展和农村环境治理的重大制约问题。污水横流不是美丽乡村，臭气熏天不是小康社会，环境友好才是现代畜牧业的基本特征。要通过肥料化、能源化等资源化利用手段，处理好畜禽养殖粪污等废弃物，让粪污变肥料、猪场变花园，实现变废为宝，还农村居民良好的生产生活环境。要进一步加大畜禽养殖粪污资源化利用政策支持力度，强化责任追究和绩效考核，着力建立畜禽粪污资源化利用长效机制。加快推进畜牧业生产方式转变，做到源头减量、过程控制、末端利用、全程监管，推动畜牧业生产集约化绿色化发展，既要保障肉蛋奶等"菜篮子"产品供给，还要增加绿色优质生态产品供给。

二、深刻认识畜牧业在实施乡村振兴战略中的机遇和挑战

（一）实施乡村振兴战略是畜牧业发展的重大历史机遇

纵观改革开放以来我国畜牧业的发展脉络，先是用20年左右基本解决了"不够吃"的问题，肉类和禽蛋自20世纪90年代末实现了基本自给；又用了15年左右基本解决了"吃得安全"的问题，至"十二五"末期基本建立起了系统的质量安全保障体系。从发展阶段看，我国畜牧业已经从家庭副业发展成为一个大产业，综合生产能力、质量安全保障体系都具备了相当的基础，正处于加快实现现代化的新的历史方位，进入了从扩量到提质、从增产到增效、从粗放到集约、从结构失衡到种养协调、从粪尿处理难到生态再循环的关键转型期。实施乡村振兴战略，迎来了畜牧业"脱胎换骨"、加快产业素质提升的重大历史机遇。

一是发展理念与政策导向的变化为畜牧业转型升级提供了有力支撑。过去发展畜牧业，一条基本原则和重要前提是"不与人争粮，不与粮争地"，现在农业农村经济的基础条件和主要矛盾发

生了深刻变化，工作导向和工作重心都在进行重大调整。习近平总书记指出："现在讲粮食安全，实际上是食物安全"，要"树立大农业观、大食物观，向耕地草原森林海洋、向动物植物微生物要热量、要蛋白"。深入推进农业供给侧结构性改革，走质量兴农之路，赋予了畜牧业更高的使命、更大的空间。

二是粮食生产连年丰收为畜牧业转型升级提供了有力支撑。 饲草料是畜牧业发展最主要的物质条件。过去口粮压力大，发展畜禽养殖主要用农业的下脚料和副产品，生产效率低、规范化程度低，质量安全隐患大。随着粮食生产不断跨上新台阶，畜牧业也有了更坚实的发展基础、更广阔的腾挪空间。2017年，我国工业饲料产量已经达到2.2亿吨，加上养殖自配料，大约有2.4亿多吨粮食实现了过腹转化。随着饲料工业发展和粮改饲面积扩大，种植业对畜牧业发展的支撑力越来越强，畜牧业也成为粮食产能的"蓄水池"和保障粮食安全的"缓冲带"。

三是食品消费结构升级为畜牧业转型升级提供了有力支撑。 全面建成小康社会，食物需求更加多样化。在食品消费方面，2016年我国恩格尔系数为30.1%，接近联合国划分的20%～30%的富足标准，这也意味着我国将进入农产品消费结构升级的重要时期，口粮消费下降，动物性产品消费还将较快增长。同时，随着人口增长、农村人口城镇化，未来畜产品消费仍将持续增长，尤其是乡村振兴带来的消费水平提升，将大幅增加对优质安全畜产品的需求，畜牧业还有较大的增长空间。

（二）深入分析畜牧业发展面临的问题和挑战

随着乡村振兴战略的实施，畜牧业在赶上大发展新机遇的同时，也面临着多重困难和挑战。一是养殖竞争力不够强。国际化大背景下，我国畜牧业面临全球竞争的挑战，同台竞技时我们畜产品的生产成本、生产效率还有较大差距。散户养殖水平低，部分规模场标准化程度不高，拉低了畜牧业生产的整体水平，每头母猪每年提供的上市肥猪比国际先进水平少6～8头，畜禽饲料转化率比发达国家低10%以上，奶牛养殖成本比发达国家高40%以上。二是生产方式不够绿色。目前，全国每年畜禽粪污产生量约38亿吨，综合利用率不足60%，已成为农业面源污染的重要来源。根本原因是传统种地养猪、粪便肥田的良性循环被打破，种养结合不紧、农牧循环不畅，粪污没有出路，土地没有肥源，一些地方养殖环境越来越差，地力越来越薄，与生态宜居的要求还有一定差距。三是牧区发展滞后。受自然、地理和历史等多方面因素影响，牧区人草畜矛盾突出、牧民增收脱贫难度大的问题尚未得到有效解决，草原生态仍然是欠账较多的陆地生态系统，草原畜牧业仍然是推进现代畜牧业建设的短板产业，草原牧区仍然是全国经济发展的薄弱地区，牧区是乡村振兴"难啃的硬骨头"。四是小散养殖户提升难。我国还有8 200多万畜禽养殖户，兼业养殖户多、提供商品量少，小生产没有配套大服务、对接大市场，既存在养不好的问题，又存在卖不了、卖不好的问题，跟上现代畜牧业进程、共享产业发展成果难度大。差距就是方向，短板也是潜力，畜牧业在乡村振兴战略中大有作为。

（三）明确实施乡村振兴战略大背景下畜牧业发展的主要思路

今后一个时期，畜牧业发展的主要思路是：全面贯彻党的十九大精神，认真学习贯彻习近平新时代中国特色社会主义思想，按照实施乡村振兴战略的总要求，以新发展理念为指导，以"优供给、强安全、保生态"为目标，坚持质量兴牧、绿色兴牧、效益优先，大力构建现代畜牧业产业体系、生产体系、经营体系，大力发展新主体、新产业、新业态，大力推进质量变革、效率变革、动力变革，持续提升劳动生产率、资源利用率、畜禽生产力，推动畜牧业高质量发展，在农业中率先实现现代化。

落实这一总体思路，关键是要在"三快、三增"上下工夫。一是加快转变生产方式，推进畜牧业"增效"。产业要强，关键是生产有效益。要优化生产布局，调整产业和产品结构，强化现代要素集成运用，生产出质量高、品牌响、销路好、效益优的畜产品。二是加快塑造产业新形态，推进畜牧业"增值"。现代畜牧业既要养殖业、畜产品加工业"两头都大"，也要前拉后带、接二连三。要大力发展生态环保、生产服务、休闲体验、电子商务等新产业新业态，增添畜牧业发展后劲和动能。三是加快重构新型农牧关系，推进畜牧业"增绿"。建设现代畜牧业，振兴乡村，既要六畜兴旺，也要环境友好。农区要以畜禽粪污综合治理与资源化利用为重点，草原牧区要以草原生态保护和建设为重点，努力开创种养结合、绿色发展的新局面。

三、突出重点推进畜牧业高质量发展

加快推进畜牧业高质量发展，要坚持问题导向和目标导向相结合，重点抓好以下六方面工作。

（一）推进畜牧业转型升级

以供给侧结构性改革为主线，以提高畜牧业劳动生产率、资源利用率、畜禽生产力为重点，全面提升畜产品供给质量和水平。调整优化产业布局，以资源环境承载能力为基础，引导生猪从南方水网地区向东北等潜力大的地区转移、蛋鸡从传统北方主产区向南方延伸，鼓励肉牛肉羊牧繁农育，推动形成产业合理布局、资源有效利用的生产新格局。积极推进现代畜禽种业建设，深入实施遗传改良计划，扶优扶强大型畜禽育种企业，提升自主育种创新能力。优化产品供给渠道，丰富产品结构、提高产品档次，拓展畜牧业的食疗、旅游、休闲、娱乐、文化等功能。着力培育新型经营主体，开展现代化示范牧场创建，加大对龙头企业、专业合作社、家庭牧场的支持力度。坚持产管结合、源头治理，建立健全畜禽标准化生产体系，强化饲料和生鲜乳质量安全监管，推进饲用抗生素减量使用，健全质量安全可追溯体系，确保畜产品质量安全。

（二）加快重构新型种养关系

打通种养循环通道，是现代种养业可持续发展的关键。做大做实粮改饲，以畜定需，以养定种，让草料有来源。重点在"扩"上做文章，扩大政策实施区域，将牛羊养殖基础好、粮改饲发展有潜力的省区全部纳入政策支持范围；扩大收贮补助主体，将大、中、小养殖场户和专业收贮公司全部纳入政策支持范围；扩大饲草料支持品种，将苜蓿、燕麦、甜高粱等优质饲草料品种全部纳入政策支持范围。全面推进粪污资源化利用，以地定畜，种养配套，让粪肥有出路。完善落实制度，进一步健全环评、监管、责任、考核制度，强化绩效考评和责任追究，启动运行畜禽规模养殖场直联直报信息平台，实现动态监测，确保场场过关、不留死角。抓好整县治理，按照政府支持、企业主体、市场化运作的方式，支持近600个畜牧大县配套建设畜禽粪污收集、贮存、处理、利用等基础设施建设，整县开展畜禽粪污资源化利用。健全运行机制，通过政策激励和购买服务等方式，大力推行第三方集中开展畜禽粪污处理和资源化利用，支持社会化服务组织提供粪肥还田利用服务，全方位打通种养循环发展通道。

（三）持续推进奶业振兴

奶业振兴必须久久为功，积小胜为大胜，不断提高奶业发展质量效益和竞争力。优化乳品结构。坚持市场导向，大力发展液态奶生产；修订灭菌乳国家标准，明确生产全部以生鲜乳为原料；加强复原乳管控，稳定国内市场。提升发展水平。完善奶牛生产性能测定，继续实施振兴奶业苜蓿发展行动，支持奶牛养殖场转型升级和家庭牧场发展，大力推广数字化智能化奶牛养殖技术模式，推进奶牛养殖高质量发展。完善产销机制。推动建立奶农和乳品企业稳定的利益联结机制，完善政府引导和乳品企业、奶农、行业协会参与的生鲜乳价格协商制度，形成风险共担、共享共赢的产业结构；推进生鲜乳目标价格保险试点，推动建立生鲜乳价

格红线机制，稳定奶牛养殖收益预期。引导市场消费。以奶业20
强（D20）企业联盟为平台大力推介民族奶业企业品牌，加大国家
学生饮用奶计划推广力度，持续开展中国小康牛奶行动和奶酪推
广行动，推介休闲观光牧场，组织乳品企业公众开放日活动，扩
大奶业公益宣传。

（四）加强草原保护建设

牧区是全面建成小康社会"短腿中的短腿""短板中的短板"，
结合牧区的发展基础和现实条件，在加强草原生态保护的前提下，
大力推进牧区振兴。加强草原生态文明体制改革。深入开展草原
资源清查，落实和完善草原承包经营制度，研究制定国有草原资
源资产有偿使用制度方案，编制草原资源资产负债表。开展大美
草原守护行动，强化草原执法检查，严格草原征占用审核审批，
全面落实草原补奖政策，加强草原管护员队伍建设。扎实推进退
牧还草等重大工程项目建设，集中治理退化沙化草原，保护和修
复草原生态环境。加快发展草原畜牧业，发挥牧区资源优势，在
特色产业、特色文化、特色产品上做文章，支持牧区加强基础设
施建设，推行以草定畜、划区轮牧和适度规模标准化养殖，提高
畜产品生产和销售组织化水平，促进草原畜牧业提质增效、提档
升级。

（五）促进特色畜牧业发展

适应市场消费转型升级，以蜜蜂、马、驴、奶山羊、兔等市
场成长稳定、产业发展有力的"小畜种"为重点，推动优质特色
畜牧业又好又快发展，把小品种做成大产业。生产规范化。加大
畜禽遗传保护和开发利用支持力度，推进标准化规模养殖，提高
先进设施装备比率和机械化养殖水平。产品品牌化。重点培育一
批以特色畜禽资源利用和特色畜产品开发为主导的大型企业集团，
打造一批具有市场竞争力的特色畜产品品牌，扩大品牌影响力。
功能多样化。结合乡村振兴战略实施和旅游产业发展，促进特色

畜禽产业一二三产业融合发展，建立特色畜禽产业发展园区、小镇，拓展特色畜禽产业的旅游、休闲、娱乐、文化功能。

（六）改造提升中小养殖场户

在当前和今后相当长一段时间内，中小养殖场户仍然是我国畜牧业发展的重要力量。要积极创造条件，让中小养殖场通过多种途径和方式参与现代畜牧业建设，分享现代畜牧业发展成果。技术上示范，搭建专门的技术服务平台，建设养殖示范基地，开展订单式、保姆式的精准技术推广服务。资金上支持，采取政策性资金补贴、贷款优惠、保险保障等专门措施，帮助分散养殖户解决融资难、融资贵、风险高的问题。组织上提高，提升合作化组织服务能力，提高生产组织化水平，支持分散养殖户做优做强，抱团发展；鼓励龙头企业引领带动，解决技术落后、产品销售、市场对接等难题。

四、创新现代畜牧业建设的工作举措与政策

（一）创新政策支持保护体系

建立和完善以绿色生态为导向的农业补贴制度，推动实施有机肥生产使用补贴政策，对以养殖废弃物为原料生产的有机肥进行补贴，切实解决有机肥需求不旺、使用成本高的问题。开展畜禽规模养殖用地政策改革试点，在严控建设数量和面积、不破坏耕作层的条件下，在粮食主产区利用基本农田配套建设适度规模养殖场，促进畜禽粪污就地就近还田利用，提升土壤有机质含量，解决种养布局不匹配、粪肥储运成本高的问题。借鉴内蒙古、甘肃将苜蓿等牧草纳入绿色运输通道免除过路费的成功做法，推动出台全国性政策，将苜蓿等饲草纳入鲜活农产品绿色通道，切实降低牧草运输成本。采用政府、企业等多种渠道融资，设立畜禽种业基金，实施畜禽育种重点研发计划，支持大型育种企业完善设施设备，全面提升育种创新能力。

（二）强化科技创新和适用技术推广

立足现代畜牧业发展的现实科技需求，重点围绕畜禽种业创新、养殖废弃物资源化还田利用、抗生素等药品饲料添加剂替代、畜牧业节本增效等关键环节，整合调动畜牧技术推广部门、大专院校、科研单位、行业协会和龙头企业等的科技力量，开展协同攻关。加强国家畜牧业产业技术体系建设，充分发挥岗位科学家和综合试验站的优势，加强技术集成创新配套与推广应用，促进实用技术落地见效。依托国家畜牧科技创新联盟、畜禽养殖废弃物资源化处理科技创新联盟、草产业科技创新联盟等，充分利用行政资源和科技资源，推动在畜牧业新技术、新工艺、新产品上取得突破，为现代畜牧业发展提供有力的科技供给。通过承担项目、定向委托、购买服务等方式，利用社会科技资源为现代畜牧业转型升级提供科技创新与推广支持。

（三）加强畜牧行业人才队伍建设

人才兴、行业兴。人才队伍是畜牧业发展的第一资源，当前畜牧业进入一个新的发展阶段，加快现代畜牧业转型升级比以往任何时期都渴望人才。瞄准畜牧业科技制高点，加强领军人才培养，充分发挥其在畜牧业科技成果转化应用中的骨干作用。加强畜牧业实用人才队伍建设，鼓励和支持职业技术院校的毕业生扎根生产一线，解决畜禽养殖雇工难的问题。加强畜牧业专业技术和管理人才培训，培养一支爱畜牧、懂专业的专业技术人才队伍。加强基层畜牧管理和推广机构队伍建设，充实人员，保障经费，解决人员队伍老龄化、知识单一化的问题。

（四）提升现代化管理能力

畜牧业现代化不仅体现在设施装备水平的现代化，还体现在管理能力的现代化。从企业层面看，一方面要适应现代化物质装备的需求，着力加强配套软件能力建设，注重提升生产管理人员操控先进设备的能力，使现代化生产设备发挥最大的生产潜力；另一方面要充分利用现代信息化技术手段，逐步推行生产企业育种信息化、饲料配方信息化、饲养管理信息化、环境控制智能化、疾病辅助诊疗智能化，实现养殖场全过程精细化、精准化管理。从行业管理层面看，要加强管理机制创新，加快建设规模养殖场直联直报信息平台，实施身份编码管理制度，一场一码，全国联网，统一管理不同规模场生产管理、政策支持、执法监管等信息，实现规模养殖场监管全覆盖和养殖信息可追溯，提高管理效能。

提高兽医卫生水平
促进乡村振兴战略高效实施

冯忠武

党的十九大报告强调，农业、农村、农民问题是关系国计民生的根本问题，提出坚持农业农村优先发展，实施乡村振兴战略。兽医卫生工作在促进乡村振兴战略高效实施，维护养殖业生产安全、动物源性食品安全、公共卫生安全、生态安全等方面具有不可替代的作用。广大兽医工作者应深入贯彻落实党的十九大精神，着力提高兽医卫生水平，在实施乡村振兴战略中发挥应有作用，努力在实现"农业强、农民富、农村美"的目标中贡献力量。

一、高效实施乡村振兴战略需要提高兽医卫生水平

实施乡村振兴战略是新时代"三农"工作的大布局、大逻辑，兽医卫生工作要主动融入其中，找准坐标、发挥作用。总体上看，就是要发挥兽医卫生工作的专业优势和资源优势，有效防范和控制可能影响农牧民人身健康、畜牧业健康发展、农村生态养护的兽医卫生一系列风险，为谱写新时代乡村全面振兴新篇章提供有力支撑。

冯忠武时任农业农村部兽医局局长，现任畜牧兽医局副局长（正局级）。本文写于2018年3月。

（一）做好动物疫病防控是维护养殖业生产安全，促进养殖业兴旺的前提条件

产业兴旺是乡村振兴战略的主要内容和重要前提。我国畜禽养殖产业体量大，中小规模养殖和散养是传统养殖结构的基本面，也是动物疫病防控的关键环节。受国内动物卫生状况影响，传统养殖风险高、能耗高、效率低的问题突出。做好兽医卫生工作，既是夯实产业兴旺基础的重要基石，也是促进养殖产业提质增效、提高农民收入的重要举措。一方面，减损就是增效。据联合国粮食农业组织（FAO）和世界动物卫生组织（OIE）测算，动物疫病给养殖业造成的年均损失超过20%，在我国当前的养殖结构和防疫条件下，动物疫病更是制约养殖业健康高效发展的主要瓶颈。随着人民生活水平不断提升，动物产品需求将继续保持刚性增长，而资源环境约束日益趋紧，通过扩大规模提升供给能力的空间有限，加强动物疫病防控，提高养殖业生产效率显得更加迫切。做好动物疫病防控工作，有效降低动物疫病风险，就是提高养殖效率、增产增收。通过综合防治措施，有效降低畜禽病死率，可以大幅提高养殖效率，补齐产业效益低下的短板。另一方面，降低成本、提高质量就是提升产品的市场竞争力。在畜禽产品供求总量基本平衡的新阶段，畜禽产品质量安全与养殖业持续发展的关系更加密切，畜禽产品质量高低日益成为市场竞争力的核心要素，直接影响养殖业健康发展和畜禽产品国际贸易发展。纵观美国、澳大利亚等畜牧业强国的发展经验，在通过规模生产增加产量、降低成本的基础上，实施全链条的兽医卫生管理，提升畜禽产品质量，增强国际市场竞争力是至关重要的一环。从国内市场来看，当前城乡居民消费结构快速升级，"吃的安全、吃的健康、吃的丰富"成为新的消费需求，但供给侧动物源性食品质量良莠不齐，品牌支撑不够，市场竞争力整体不强。解决动物健康这个根本问题，打造优质安全的动物源性食品，显得刻不容缓。

（二）做好全链条兽医卫生风险管控是维护动物产品卫生和质量安全，促进养殖业兴旺的关键措施

养殖业是动物产品的供应源头，发达国家经验和我国实践表明，维护养殖源头卫生和质量安全，是维护动物源性食品安全、促进养殖业兴旺的关键措施。前些年发生的各类涉农公共卫生和食品质量安全事件，不仅直接毁掉了个别养殖场或食品加工厂，更严重波及养殖业及产业链上的其他产业，不仅影响产业增效，更直接影响农牧民增收。产业发展尚且受影响、产业兴旺更难实现。而相对于蔬菜、谷物等种植业农产品，动物产品生产资源消耗更多，产业链条更长，卫生风险和质量风险更高，影响更深。一是动物的养殖、运输、屠宰和动物产品的生产、加工过程，一般也是以致病微生物为代表的生物性风险和以药物残留为代表的化学性风险形成、聚集、传播、扩散的过程。二是受利益驱使，在动物源性食品的生产加工链条中还存在诸多乱象，如养殖环节乱用药、不规范用药和使用违禁物质的问题，屠宰环节的注水、注胶，甚至非法屠宰加工病死动物的问题。这些卫生质量风险，消费者"看不见、摸不着、鉴别不了"，通过一般性的行政监督执法也很难发现。因此，从促进养殖业兴旺、推动乡村振兴和保障动物源性食品安全的需要出发，应坚持"产出来"和"管出来"相结合的原则，做好从养殖到屠宰全链条兽医卫生风险管控，更加高效地消除动物产品的卫生和质量风险。

（三）做好兽医卫生工作是维护公共卫生安全，促进乡村全面振兴的有力举措

实现乡村的全面振兴，必须注重工作的协同性、关联性，协调推进事关农业农村发展的各项事业。兽医卫生工作不仅管"病"、管"药"，也处在统筹协调推进乡村振兴的重要节点上。在产业融合方面，屠宰行业作为前连养殖、后连肉品消费的关键环节，其发展水平的提升能够有效促进一二三产业的融合发展，推动畜牧业延长产业链、提升价值链。此外，屠宰环节的品牌经营和肉品"优质优价"，也有利于农民合理分享全产业链增值收益。兽医卫生工作是保障屠宰行业健康发展的基础性工作，国内和国外的经验都表明，只有产好肉，才能卖出好价，而屠宰环节从畜禽进场到肉品出场的全过程质量安全，都需要以兽医卫生为核心内容的屠宰检验检疫把关。在工作协同方面，卫生部门和农业部门历来都高度重视人畜共患病的防治，协同采取一系列措施，取得明显成效。但人畜共患病的危害仍不容忽视，特别是在广大农区、牧区，布病、包虫病、血吸虫病等人畜共患病仍然是导致农牧民失去劳动能力，因病致贫、因病返贫的重要原因。历史经验显示，仅对患病及易感人群采取治疗或公共卫生防治措施，无法从根本上解决人畜共患病问题，必须按照预防为主的原则，抓好动物源头干预，才能收到事半功倍的成效、实现标本兼治的目的。国内外狂犬病防治等公共卫生成功实践也证明，控制动物感染风险是构筑起控制人畜共患病疫情的第一道防线，也是净化消灭人畜共患病的关键环节，只有控制好动物这个源头，协同采取卫生防治措施，才能从根本上消除人畜共患病风险。

二、乡村振兴战略下做好兽医卫生工作的目标任务和路径选择

真正实现乡村振兴的目标，需要一代又一代人的接力奋斗。为此，我们必须瞄准2020年、2035年和21世纪中叶这三个重要时间节点，清楚地设定目标任务。我们的初步考虑是：

到2020年，动物疫病防治能力显著增强，从养殖到屠宰全链条兽医卫生监管能力大幅提高。具体表现在：16种优先防治的国内动物疫病达到《国家中长期动物疫病防治规划（2012—2020年）》确定的考核标准。动物疫病区域化管理取得显著进展，新

建一批无疫区、无疫小区，在养殖大县建成一批健康示范牧场。动物疫病绿色防控科技支撑体系基本建成。外来动物疫病以及对人群健康危害较大的人畜共患病防范和处置能力明显提高，动物公共卫生风险显著降低。兽医信息化水平明显提升。活畜禽长距离大范围调运逐步规范。病死畜禽无害化处理机制不断完善。兽药产业竞争力显著增强，养殖安全用药水平显著提升，兽药残留得到有效控制。屠宰行业基本实现分级分类管理，规模以上生猪屠宰企业屠宰量占比超过75%，动物源性食品安全保障能力大幅提升。

到2035年，兽医卫生治理能力和治理体系基本实现现代化，兽医公共卫生保护水平达到世界中高水平，"四个安全"保障能力显著增强。具体表现在：兽医管理体制机制基本完善，兽医监管能力明显提高，兽医社会化服务充分发展，从养殖到屠宰全链条兽医卫生监管服务体系全面形成，能够为全社会提供较高质量的兽医卫生服务。兽医科技自主创新能力显著增强，兽药产业和屠宰行业竞争力处于世界中高水平，全国规模养殖场普遍达到健康牧场建设标准，动物疫病防治能力、动物产品质量安全风险管理水平和兽医工作国际影响力达到世界先进水平。

到21世纪中叶，兽医卫生治理能力和治理体系实现现代化，兽医公共卫生保护水平和"四个安全"保障能力达到世界领先水平。具体表现在：兽医管理体制机制科学合理，兽医卫生法律制度体系健全完善，兽医科技自主创新能力世界领先，兽药产业和屠宰行业具有强大的国际竞争力，覆盖全产业链、全价值链和全利益链的兽医卫生监管服务体系全面形成，能够为全社会普遍提供高质量的兽医卫生服务。重大动物疫病和主要人畜共患病得到有效净化，主要动物疫病实现全国无疫。动物疫病防治能力、动物产品质量安全风险管理水平和兽医工作国际影响力世界领先。

为了实现2020年的目标任务，并为完成后两个时间节点的目标任务打好基础，当前和今后一个时期，应在《关于创新体制机制　推进农业绿色发展的意见》框架下，重点推进以下工作。

（一）深入推进动物疫病净化

贯彻新发展理念，全面推进"绿色防控、健康养殖"。坚持"政府引导、市场协同、社会共治"原则，实施源头防治，抓好动物疫病净化工作。实施动物疫病净化，优先开展布病等主要人畜共患病和垂直传播动物疫病净化工作。鼓励具备条件的养殖场扩大净化病种范围，选择净化条件好、积极性高的地区或养殖场，率先建成一批健康牧场，示范带动健康养殖行动在全国范围内深入开展。选择净化效果显著的养殖场、养殖区，打造一批动物疫病净化精品工程，提高疫病净化企业市场知名度和竞争力。强化科研攻关，推进净化关键技术研发、集成，科学评估、集成、推广成熟高效的净化技术方法。建立养殖场所生物安全管理制度，严格动物移动管理，切实落实免疫、监测、消毒、隔离、淘汰、扑杀和无害化处理措施，提高生物安全管理水平。积极培育和发展社会化服务机构，鼓励疫病检测、免疫等各类兽医技术服务主体发展，为养殖场（户）提供技术支持和服务。

（二）深入推进质量兴药绿色兴牧品牌强牧

着力打好"产好药""用好药""少用药"三张牌。一是围绕兽药产业兴旺，做好"放管服"改革文章，实现"产好药"。"放"就是要激发产业发展活力。持续推进简政放权，进一步取消和下放兽药行政审批事项，切实减轻企业负担，提高审批效能，增添产业发展新活力。"管"就是要强化事中事后监管。厘清监管职责、夯实监管责任，进一步明确兽药行业不可触碰的红线底线，继续实施飞行检查、检打联动、从重处罚、双随机一公开等监管利器。"服"就是要支持创新促发展。改革兽药评审制度，优化评审程序，鼓励产业创新，对养殖业急需的兽药优先评审，持续提升服务标准。二是围绕兽药残留超标治理，加强科学规范的安全用药管理，实现"用好药"。坚持"动物不与人争药"，遵循人用重要药物品种不批准作为兽药生产使用的基本原则，推动人兽共用抗菌药替代药物研发，支持对疗效确切的传统中兽药进行"二次开发"，鼓励研制新型动物专用药。落实养殖用药主体责任，推动实施兽用处方药管理制度，构建安全用药责任体系。出台《食品动物用抗菌药临床应用管理办法》及分类管理目录、《兽用抗菌药临床使用指南》；加强从业人员宣传培训，组织开展"科学使用兽用抗菌药"百千万接力公益行动，提高科学规范安全用药意识、能力和水平。三是围绕兽用抗菌药使用减量化，支持规模养殖企业开展示范创建，实现"少用药"。对已经批准使用的人兽共用抗菌类药物，开展风险评估和安全评价，淘汰存在安全隐患的品种。支持龙头养殖企业开展兽用抗菌药使用减量化示范创建，带动各类养殖主体科学使用抗菌药。引导养殖者以中兽药、微生态制剂等安全、高效、低残留的兽药为重点，替代抗菌药用于养殖生产。

（三）加强从农场到餐桌全链条兽医卫生风险管控

从养殖到餐桌全程风险管理是破解动物源性食品安全保障难题的有效措施。在我国养殖屠宰产业结构复杂、流通消费方式落后的特殊国情下，加强从养殖到屠宰全链条兽医卫生风险控制具有更加重要的意义，应大力推动、深入实施。在养殖环节，应着力提升养殖场所生物安全水平，分类明确动物健康标准，加强优先病种防治，促进病死畜禽无害化处理、资源化利用，推动形成绿色健康养殖新模式。在畜禽移动环节，应强化流通环节风险控制，推动建立风险评估与动物卫生证书相衔接的管理制度，将疫情监测、流行病学调查和动物卫生风险评估结果作为允许动物移动的主要依据，促进活畜禽规范有序流通。在屠宰环节，应推行畜禽屠宰质量安全风险分级管理，严格落实屠宰检疫措施，加强屠宰企业兽医公共卫生检验能力建设，密切屠宰后动物产品准出管理与市场、加工环节准入管理的衔接。引导屠宰企业向上下游延伸产业链，全面推进"集中屠宰、品牌经营、冷链流通、冷鲜上市"，用卫生措施升级、产品消费升级反向倒逼养殖场、屠宰场转型升级，提升兽医卫生安全保护水平。

三、稳步提升兽医卫生水平的措施保障

为保障乡村振兴战略的顺利实施，兽医领域应紧紧盯住不断提升兽医卫生水平，更好地维护养殖业生产安全、动物源性食品安全、公共卫生安全和生态安全的任务要求与兽医体系整体效能不高、监管服务能力不足这一主要矛盾，着力优化制度设计，统筹产业链、价值链和信息链，加快形成科学高效的从养殖到屠宰全链条兽医卫生风险管理体系。

（一）强化法治建设

健全的法律制度是稳步提升兽医卫生水平的根本保障。从目前我国的兽医法律制度体系看，需要重点抓好三方面工作。一是制定涉及根本和长远的法律制度。当前的重点是推进《兽医法》的制定工作，为兽医职业化、专业化发展奠定更加坚实的法律基础。二是完善《动物防疫法》配套规章，特别是强化动物疫病区域化管理、活畜禽跨区域调运、动物流通检疫监管、强制隔离与扑杀等方面的管理规定。三是修订《生猪屠宰管理条例》《兽药管理条例》和《病原微生物实验室生物安全管理条例》等法规，为规范开展兽医卫生公共管理和社会化服务工作提供法律保障，进一步规范我国屠宰行业、兽医药品、兽医生物制品和兽医实验室管理，促进有关产业转型升级。

（二）强化人才队伍建设

人才队伍是确保事业科学永续发展的基础。提升兽医公共卫

生保护水平必须加强人才队伍建设。当前和今后一个时期，应加快官方兽医和执业兽医制度建设，以资格确认为基础，以提升水平为目标，稳步充实和壮大官方兽医队伍；以资格准入为抓手，以规范行为、提升能力为核心，建立执业兽医诚信体系，营造良好市场环境和从业环境，构建执业兽医队伍发展的长效机制。

（三）强化基础设施建设

兽医卫生工作离不开必要的兽医基础设施。应全面贯彻落实《全国动植物保护能力提升工程建设规划（2017—2025年）》，在充分整合利用现有资源的基础上，加强动物防疫基础设施建设，重点加强动物疫病监测预警、动物防疫技术支撑、动物卫生监督、动物疫病预防控制、兽药质量监察等方面建设，完善相关设施装备水平，为构建上下贯通、横向协调、运转高效、保障有力的兽医体系，提升科学决策和公共服务能力，提供坚强的装备保障。

（四）强化经费保障

充足的经费保障是做好新时代兽医卫生工作的重要前提。应从兽医卫生工作的公益属性出发，按照"扩大总量、突出重点、优化结构、注重预防"的原则，加大财政支持保障力度，进一步完善疫苗采购和补贴方法，增加动物卫生风险防范、流通监管、监测预警经费，建立与市场价格挂钩的动物疫病扑杀补偿标准，形成有利于动物疫病预防、控制和根除的财政支持政策体系。应研究建立"动物疫病防控基金"或"防控基金＋养殖业保险"制度，由政府和养殖户共同建立动物疫病防治基金，共同补偿相关疫病损失，通过利益联结，促进生产经营者改善动物防疫条件；通过政府与市场的协同作用，提高动物疫病防治能力和动物源性食品安全管理水平。应推动养殖场与屠宰厂"场厂对接"，在养殖者与屠宰者之间形成更加紧密的利益联结机制，更好地管理兽医卫生风险，更好地对冲市场价格波动引发的经营风险，提高养殖业、屠宰业的风险调控能力和我国动物产品的市场竞争力。

实施乡村振兴战略
促进农村一二三产业融合发展

宗锦耀

党的十九大报告是我们党跨入新时代、开启新征程、续写新篇章的政治宣言和行动纲领。报告明确指出，实施乡村振兴战略，促进农村一二三产业融合发展，支持和鼓励农民就业创业，拓宽增收渠道。这为我们做好工作指明了方向，明确了新目标新任务新要求。我们要认真学习深刻领会，学懂弄通做实，用习近平新时代中国特色社会主义思想武装头脑、指导实践、推动工作。

一、促进农村一二三产业融合发展的时代背景

党中央国务院高度重视农村产业融合发展。党的十八届三中全会提出要推进粮经饲统筹、农牧渔循环、产加销一体、农文旅结合和一二三产业融合发展。2015年中央1号文件提出"推进农村一二三产业融合发展"，并明确了相关具体要求，这标志着党的"三农"理论和政策又一次创新发展。同年，国务院办公厅印发了《关于推进农村一二三产业融合发展的指导意见》（国办发〔2015〕93号），进一步明确了推进农村一二三产业融合的指导思想、基本原则、主要目标和具体工作措施。2016年和2017年的中央1号文件都提出，要在现代农业建设中引进全产业链全价值链，推进

宗锦耀时任农业农村部农产品加工局局长，现任法规司司长。本文写于2018年3月。

农村产业融合发展试点示范，财政支农资金要与农民分享二三产业增值收益挂钩。在以习近平总书记为核心的党中央正确领导下，我国农村产业融合发展态势良好，农产品加工业稳中向好，休闲农业和乡村旅游风生水起，农村电商蓬勃发展，农村创业创新活力迸发，新产业新业态新模式大量兴起，培育和壮大了农业农村经济发展新动能。

什么是农村一二三产业融合发展？简单地说，就是以农业农村为基础，通过要素、制度和技术创新，让农业不单局限在种养业生产环节，还要前后延伸左右拓展，与加工流通、休闲旅游和电子商务等有机整合、紧密相连、协同发展的方式方法。其特征是在产业边界和交叉处催生出新的业态和模式，重点是构建全产业链全价值链，关键点是融合之后产生的利润比单纯每个产业之和要大，核心是让农民分享二三产业增值收益。

农村一二三产业融合发展是产业之间的高度融合，是有机交融，不是简单结合。农村一二三产业融合不是农业产业化的简单"翻版"，与农业产业化相比，其内涵更加丰富、功能更加多样、链条更加延伸、边界更加模糊、经营主体更加多元、业态创新更加活跃、利益联结程度更加紧密。农村一二三产业融合是农业现代化发展的必然趋向，是我国农业农村经济发展的高级形态和升级版。如今，工业4.0的概念已广为人知，实际上，我国农业和农村经济发展也存在从1.0版本到4.0版本的升级过程。农业农村经济1.0版本是主要依靠人力畜力的规模农业，2.0版本是主要依靠农业机械装备的工业化、产业化农业，3.0版本是主要依靠互联网和智能化技术的信息化农业，4.0版本是主要依靠农村一二三产业融合催生的诸多新产业新业态新模式农业。如果说农业产业化只是把产加销三个"鸡蛋"并放在一起的话，农村产业一二三产业融合发展则是把"鸡蛋"打碎重新炒出一盘新菜来。

农村一二三产业融合发展契合了当前我国农业农村经济发展面临的形势，具备了进一步快速发展的基础条件。2017年，农产品加工业加快提档升级，全国农产品加工业产值达21万亿元，与农业产值之比由2012年的1.9∶1提高到2.2∶1，农业产业链条加快延伸。休闲农业和乡村旅游蓬勃兴起，营业收入达6 200亿元，吸引22亿人次到农村休闲体验、旅游度假。农村电子商务发展如火如荼，农村网络零售额达9 000多亿元，农产品网络零售额达1 600多亿元。农业生产性服务业快速发展，农资供应、产品集聚、物流配送等广泛开展，产值超过2 000亿元。新型农业经营主体大量出现，累计达到290万家，新型职业农民超过1 000万人，农民工、中高等院校毕业生、退役士兵、企业主、科技人员等返乡下乡双创人员累计达到740万人。同时也要看到，我国农村一二三产业融合发展还存在不平衡不充分的问题，主要是：农村产业融合中产业链价值链供应链的建设不平衡，新产业新业态新模式发展不充分；初加工、精深加工和综合利用发展不平衡，优质绿色加工发展不充分；乡村休闲旅游中各种业态发展不平衡，个性化特色化的中高端产品服务发展不充分。

党的十九大报告指出，中国共产党人的初心和使命就是为人民谋幸福、为民族谋复兴，永远把人民对美好生活的向往作为奋斗目标。解决新时代人民日益增长的美好生活需要和不平衡不充分的发展之间的矛盾，要求我们必须坚持以人民为中心的发展思想，深入贯彻新发展理念，大力推进农村一二三产业融合发展，着力解决融合发展中不平衡不充分的问题，不断满足人民群众对物质、文化和生态等方面的美好生活需要。

一是满足人民美好生活的物质需要。大力推进农产品加工业转型升级，为人民群众提供营养安全、美味健康、方便实惠的食品和质优价廉、物美实用的加工制品，不断提高人民生活质量和健康水平。

二是满足人民美好生活的文化需要。不断提升休闲农业和乡村旅游发展水平，传承农耕文明，发掘民俗文化，拯救村落文化，弘扬乡贤文化，讲好乡村故事，复兴乡风文明，让人民群众有更多的获得感和幸福感。

三是满足人民美好生活的生态需要。 积极推进美丽乡村建设，尊天重地，道法自然，美化山水林田湖草，构建天人共美、相生共荣的生态共同体，打造望山看水忆乡愁的好去处，提供更多优质生态产品，不断满足人民日益增长的优美生态环境需要。

满足以上需要，都需要大力推进农村一二三产业融合发展，使农业成为令人追求的幸福产业、农民成为令人羡慕的体面职业、农村成为令人向往的美丽家园。

二、促进农村一二三产业融合发展的重要意义

从近年来的发展实践看，推进农村一二三产业融合发展，使我国一些地区的农业农村经济发展已具有4.0版本的明显特征，并涌现出一批农村一二三产业融合发展的先进典型，展现出农业生产蒸蒸日上、农村各业兴旺发达、农民生活富足安康的繁荣景象，农业农村经济发展新动能正在广阔天地中不断形成、蓄势迸发，正在推动农业农村经济新旧动能转换，提高了质量效益和竞争力，对于解决"三农"问题、促进我国经济社会发展产生了十分重大的意义。

一是构建现代农业产业体系生产体系经营体系的迫切要求。 推进农村一二三产业融合发展，可以延伸农业产业链、价值链，构建产加销、贸工农一体化的现代农业产业体系，引领一产按照市场消费需求组织生产，增强产业竞争力；同时为一产注入现代生产要素，构建良种良法配套、农机农艺融合的现代农业生产体系，促进农业设施装备建设，助推农机服务、农资供应、农产品流通等农业生产性服务业发展；还可以促进农业的规模化、专业化、标准化和集约化，通过分工分业催生出农业的新型经营主体，构建适度规模经营和社会化服务的现代农业经营体系，化解"千家万户小生产"与"千变万化大市场"的矛盾。通过构建现代农业产业体系、生产体系、经营体系，实现农业技术集成化、劳动过程机械化、生产经营信息化和质量环保法治化，不断提高土地

产出率、资源利用率和劳动生产率。

二是促进农民持续较快增收的重要支撑。当前，我国农业生产承受着成本"地板"不断抬升、价格"天花板"不断下压的双重挤压，农民单靠种植、养殖获利十分有限。通过农村一二三产业融合发展，可以创造出更多新型业态，产生更多增值的环节、增加就业岗位，实实在在开辟农民增收的新环节、新渠道和新途径，为农民增收创造新的增长点。并且，通过农村一二三产业的融合发展，可以推动农民专业合作社、龙头企业等新型农业经营主体与农户建立利益分享机制，让农户分享产业链、价值链延伸后的增值收益，实现农民持续较快增收，为我国全面建成小康社会提供支撑。

三是培育农村新产业新业态新模式的有效途径。推进农村一二三产业融合发展，可以吸引现代生产要素，构建产业跨界融合的产业体系，将传统产业改造成为现代产业；拓宽传统"农食农业"的狭窄发展领域，通过不同产业之间的技术融合、功能融合和价值整合，催生新的产业和新的经济增长极，从根本上确立"大农业"发展定位，把生产、加工、流通和消费联系起来，实现农业"接二连三、隔二连三"全产业链发展，获得更大的产业链增值空间。还可以推动新技术、新理念和新思路渗透到传统产业中，促进农业与工业、商业、旅游业、信息产业、养生养老产业、文化产业、教育产业等嫁接融合，催生出农产品加工业、中央厨房、休闲农业、农村电商、康养农业、创意农业、亲子体验等大量的新产业新业态新模式，扭转农村单纯依靠发展第一产业和拼资源、拼人力、拼投入的做法，使农业农村的多功能性价值得到充分挖掘。总之，有利于加快培育农业农村经济发展新动能。

四是推动城乡融合发展的必然选择。推进农村一二三产业融合，将拉长的产业链条细分出更多的生产环节和就业岗位、增收机会，将增值利润留给农民，将农村资源要素和人气留在农村，有利于增强农村发展新动能和新活力，建设社会主义新农村；有利于激活城乡闲置资源、闲暇时间和闲散劳力，同时吸引城市和工业资源要素向农村流动，促进城乡之间资金、人才、信息和产品双向合理流动和平等交换，构建以工促农、工农互惠、以城带乡、城乡互动的新型工农城乡关系。发展休闲农业和乡村旅游作为产业融合的重要载体，不仅能促进农民增收、美化农村环境，而且能促进城市和乡村融合、市民和农民互动，促进社会和谐稳定，可以说是中国特色的政治经济学。农村产业融合发展有可能会催生我国农业农村发展的又一次历史性变革，这也许是继农村土地家庭承包经营责任制、乡镇企业、村民自治、进城务工、乡村休闲旅游之后，中国农民的又一伟大创造，极有可能再次给农业农村发展注入新的强大动力，使农业农村真正成为大有作为的广阔天地。

三、推进农村一二三产业融合发展的思路目标

党的十九大报告指出，我国已由高速增长阶段转向高质量发展阶段，正处在转变发展方式、优化经济结构、转换增长动力的攻关期。必须坚持质量第一、效益优先，以供给侧结构性改革为主线，推动经济发展质量变革、效率变革、动力变革，提高全要素生产率，把新时代新战略转化为促进农村一二三产业融合发展的新任务新要求。

（一）总体思路

按照"基在农业、惠在农村、利在农民"的总体要求，以让农民分享二三产业增值收益为核心，以构建现代农业产业体系、生产体系、经营体系为基础，以延长产业链、提升价值链、组合供应链为关键，以培育农村新产业新业态新模式为重点，促进产业兴旺和城乡融合，为农业农村现代化提供有力支撑。

（二）目标要求

一要推动提质增效发展。把高质量发展作为根本要求，引导

产业由数量增长向质量提升转变。弘扬企业家精神和工匠精神，降成本、补短板、强弱项，增品种、提品质、创品牌，提升企业效益和竞争力。二要推动创新驱动发展。把创新作为产业发展的第一动力，引导产业由要素驱动向创新驱动转变。建立以企业为主体、市场为导向、产学研推深度融合的技术创新体系，加强技术集成，促进成果转化，建设人才队伍，提升产业科技创新能力和企业技术装备水平。三要推动绿色引领发展。把绿色发展作为指导产业可持续发展的主攻方向，引导产业由资源消耗型向环境友好型转变。践行"绿水青山就是金山银山"重要思想，建立低碳、低耗、循环、高效的绿色加工体系，大力发展绿色休闲旅游，实现增效增绿增收，经济社会生态效益有机统一。

（三）基本路径

一要多主体培育。构建农村产业融合的经营体系，支持新型经营主体发展融合项目，激发多种主体生机活力。二要多业态打造。构建农村产业融合的产业体系，以加工流通、休闲旅游为引领，促进产业相互渗透和交叉重组。三要多要素发力。构建农村产业融合的生产体系，将产业发展由依靠单要素发展转变到依靠资金、技术、管理、企业家等多要素协同发力上来。四要多利益联结。积极发展合作制、股份合作制、股份制等组织形式，构建多种类型的融合模式，打造利益共同体和命运共同体。五要多模式推进。积极探索融合发展模式，打造产城（镇）融合型、农业内部循环型、农业产业链延伸型、农业多种功能拓展型、新业态向农业渗透型、园区前延后展型等多种类型。

四、推动农村一二三产业融合发展的政策措施

习近平总书记强调，新时代要有新气象，更要有新作为。乡村振兴的关键是人才，动力是双创，重点是产业，出路是融合。农业部门要履职尽责、把握机遇、锐意进取、埋头苦干，努力推

动农村一二三产业融合发展取得新进展新突破新成效。

（一）以落实政策为重点引导融合

继续推动落实国办《关于推进农村一二三产业融合发展的指导意见》（国办发〔2015〕93号）、《关于进一步促进农产品加工业发展的意见》（国办发〔2016〕93号）、《关于支持返乡下乡人员创业创新促进农村一二三产业融合发展的意见》（国办发〔2016〕84号）和农业部等14部委《关于大力发展休闲农业的指导意见》（农加发〔2016〕3号）精神，推动扶持农村产业融合发展的各项政策措施落地生效。继续与有关部门协调合作，争取财税、金融、用地、用电、科技、信息、人才、运输等政策支持。联合有关部委制定促进农产品精深加工若干政策，促进初加工、精深加工和综合利用加工协调发展。认真组织实施农村产业融合发展项目，扶持一批带动力强、影响力大的产业融合发展主体。继续与农发行、农行等金融机构合作，为产业融合发展提供优惠信贷支持。

（二）以创业创新为动力促进融合

实施乡村就业创业促进行动，按照政府搭建平台、平台聚集资源、资源服务双创的总体思路，搭建平台、完善机制、培育主体、强化服务、树立典型，以创新带创业，以创业带就业，推动农村创业创新蔚然成风。支持农民工、中高等院校毕业生、退役士兵、企业主、科技人员等返乡下乡人员结合自身优势和特长，根据市场需求和当地资源禀赋，利用新理念、新技术和新渠道，开发农业农村资源，发展优势特色产业，繁荣农村经济。重点支持发展特色农业、农产品加工业和农产品流通、乡村休闲旅游等服务业，以及其他新产业新业态新模式。建立健全双创推进协调机制，召开现场会、对接会，引导双创与优势区域和农村产业融合发展对接。实施"农村双创百县千乡万名带头人培育行动"，利用3年时间培训40万名农村双创人员和导师。

（三）以产业发展为基础支撑融合

促进农村产业优化升级，加快培育发展新动能，着力实现技术集成、要素集聚、企业集中和产业集群。做优农村第一产业，发展绿色循环农业，推进优质农产品生产，优化农业发展设施条件，夯实产业融合发展基础；做强农产品加工业，实施农产品加工业提升行动，大力支持发展初加工，全面提高精深加工水平，积极推动综合利用加工，不断增强产业融合发展带动能力；做活农村第三产业，大力发展各类专业流通服务，积极发展电子商务等新业态新模式，加快发展休闲农业和乡村旅游，拓宽产业融合发展途径。实施休闲农业和乡村旅游精品工程、农耕文化保护传承工程，推进休闲旅游主体多元化、业态多样化、设施现代化、发展集聚化、服务规范化，提高中高端乡村休闲旅游产品供给能力。打造产业融合领军型企业，鼓励一批在经济规模、科技含量和社会影响力方面具有引领优势的企业突出主业，带动产业链前延后伸，挖掘各环节潜力，创新多种业态，增强核心竞争能力和辐射带动能力。

（四）以树立典型为示范带动融合

注重典型引路开新局，加强分类指导，因地制宜，围绕产业融合模式、主体培育、政策创新和投融资机制等方面，积极探索和总结产业融合发展的好经验好做法，树立一批典型，形成一批可复制可推广的案例模式。加强农产品加工业典型范例的宣传推介，特别是主食加工示范企业、中央厨房典型模式、副产物综合利用加工典型模式和农产品加工示范园区（基地）等的宣传推介。大力宣传推介全国休闲农业和乡村旅游示范县（区、市）、中国美丽休闲乡村、精品线路和景点，大力宣传中国重要农业文化遗产保护传承的好经验好做法。宣传推介一批全国农村双创典型范例、优秀带头人和企业家。充分利用各种媒体，宣传推介先进人物和典型案例，典型引路，以点带面，营造氛围，激发和调动各地干部群众推进农村产业融合发展的积极性、主动性和创造性。

（五）以公共服务为手段推动融合

推进农产品加工投资贸易、展示展销、科企对接平台建设，加强政策咨询、融资信息、科研开发、人才对接等公共服务。创建全国农产品加工业示范园区（基地），打造一批融合先导区和示范园。加快制修订一批农产品加工标准和追溯标准。办好一年一度的中国农产品加工业投资贸易洽谈会。分类分层开展休闲农业管理和服务人员培训，建立一批乡村休闲旅游设计研究中心、规划中心、创意中心，加快构建线上线下网络营销服务平台。办好全国休闲农业和乡村旅游大会。打造农村双创公共服务平台，加强农村双创园区（基地）建设，推动市县政府设立联合服务窗口，依托现有的各类公益性农产品市场和园区（基地），为返乡下乡人员提供创业创新场所和高效便捷服务。通过优化公共服务，推动农村一二三产业融合蓬勃发展。

推进质量兴农　助力乡村振兴

广德福

质量发展是兴国之道、强国之策。党的十九大指出，我国经济已由高速增长阶段转向高质量发展阶段，必须坚持质量第一、效益优先，以供给侧结构性改革为主线，推动经济发展质量变革、效率变革、动力变革，提高全要素生产率。这一重要论断明确了我国经济发展的阶段性特征和主要任务，为我们推进质量兴农、实施乡村振兴，实现农业农村经济发展从增产转向提质导向提供了重要遵循。我们要按照中央部署要求，深入推进质量兴农、绿色兴农、品牌强农，突出加强农产品质量安全监管，切实保障农业产业发展和公众"舌尖上的安全"，不断满足人民群众对美好生活的新期待。

一、充分认识推进质量兴农的重要意义

当前，我国农业农村发展已站上新起点、进入新时代，开启了加快农业农村现代化的新征程。农产品质量安全关系农业产业发展，关系公众身体健康，关系农村生态环境和农民切身利益。实施乡村振兴战略，推进农业转型升级和高质量发展，都对做好质量兴农工作提出新的更高要求。我们要统一思想、积极行动，全力以赴推进质量兴农工作。

广德福时任农业农村部农产品质量安全监管局局长，现任办公厅主任。本文写于2018年5月。

（一）推进质量兴农是贯彻中央决策部署的重要举措

党中央、国务院高度重视农产品质量安全工作。党的十八大以来，习近平总书记对农产品质量安全做出产管并举、"四个最严"等重要指示，李克强总理要求既打攻坚战，又打持久战。中央政治局第23次集体学习把农产品质量安全作为重要内容进行研讨，习近平总书记指示要加强政策引导扶持，把确保质量安全作为农业转方式、调结构的关键环节，让人民群众吃得安全放心。在2017年年底召开的中央农村工作会议上，习近平总书记强调，我国农业正处在转变发展方式、优化经济结构、转换增长动力的攻关期，要坚持以农业供给侧结构性改革为主线，走质量兴农之路，实施质量兴农战略，加快实现由农业大国向农业强国的转变。中央高度重视和明确要求，是推进质量兴农、做好农产品质量安全工作的动力和鞭策，我们必须站在讲政治的高度，进一步增强责任感、使命感和紧迫感，把农产品质量安全工作切实抓紧抓好。

（二）推进质量兴农是满足人民群众美好生活需要的内在要求

党的十九大指出中国特色社会主义进入了新时代，我国社会主要矛盾已经转化为人民日益增长的美好生活需要和不平衡不充分的发展之间的矛盾。现在，老百姓最期盼的就是清新的空气、干净的饮水、安全的食品。人们在吃饱的基础上，要求吃好，吃得安全、优质、营养、健康。与人民群众更高层次的美好生活需要相比，近年来我国农产品质量安全水平虽然在不断提升，但农兽药残留超标、非法添加、制假售假、环境污染等风险隐患仍然存在，在一些地区、一些行业还比较突出。特别是处于互联网时代，人人都有麦克风，随手都是朋友圈，个别问题很容易放大炒作，谣传信息很快扩散传播，老百姓对食品安全还不满意，有些反应还比较强烈。我们要想群众之所想，急群众之所急，清醒地认识到我们所肩负的责任，"干"字当头，"实"字为先，强化属地责任，落实"四个最严"，加大监管力度，下决心解决好农产品质量安全问题，给老百姓一个实实在在的交代。

（三）推进质量兴农是实现农业产业兴旺的重要支撑

产业兴则百业兴，只有实现产业兴旺，才能为农业农村全面发展提供坚实的物质基础。现阶段中国农业正在从偏重规模和数量的"吃饭农业"向更加倚重质量和效益的"品牌农业"迈进。与农产品供应的数量相比，当前质量效益还是农业发展的短板，这与特殊的国情农情有关，也与农业发展方式落后有关。实际上，发展现代农业、提升农产品市场竞争力，质量安全是关键，农产品质量安全水平的高低将直接影响农业产业的健康发展。2010年"海南豇豆"事件，导致海南豇豆价格从6元/千克，降到0.6～1.0元/千克，直接经济损失近10亿元。2011年河南生猪瘦肉精事件，导致双汇公司的市值在半个月内蒸发超过百亿元。2015年北京草莓乙草胺事件，虽然只是一个虚假报道，但还是给草莓产业带来巨大损失。可以看出，一旦发生农产品质量安全问题，不仅影响到一个企业、一个产业，甚至会波及整个行业。我们要树立管行业必须管质量、抓产业必须抓安全的理念，坚定不移推进标准化生产、法制化监管、绿色化发展、品牌化引领，使农产品质量安全成为农业产业兴旺的重要引领。

（四）推进质量兴农是应对激烈的农业国际竞争的需要

近年来，随着农产品国际市场的融合加深，我国农产品国际竞争力不强的问题愈加凸显。虽然这两年玉米进口压力有所缓解，但稻米、大豆、油菜籽进口持续增长，2017年进口量均居世界第一。其中，稻米进口近400万吨，产量、库存量、进口量"三量齐增"；大豆进口9 553万吨，创历史新高，进口依存度达86%。这次特朗普挑起的中美贸易战，我方一个重要的反制措施就是对美输华的水果、猪肉等农产品及初级产品中止减税，可以说从侧面也印证了一个事实，就是提升我国农产品国际竞争力、保护国内产业健康发展已迫在眉睫。

可以说，推进质量兴农、绿色兴农，实现农业高质量发展，既是中央的明确要求，也是农业自身发展的内在需要，更是推进农业供给侧结构性改革、提高农业国际竞争力的紧迫任务。

二、准确把握农业高质量发展的内涵

推进质量兴农，实现农业高质量发展，就是更好满足人民日益增长的美好生活需要的发展，就是体现新发展理念的全方位发展。直白地讲，就是从"有没有"转向"好不好"。我们要牢牢把握高质量发展的要求，坚持以农业供给侧结构性改革为主线，坚持质量兴农、绿色兴农，深入推进结构调整，优化生产力布局，突出农业绿色化、优质化、特色化、品牌化，实现农业生产既要产得出、产得优，也要卖得出、卖得好，不断提升我国农业综合效益和竞争力。所谓"高质量"，归纳起来，可以描绘为"六个高"。

（一）产品质量高

就是生产的农产品在保障人的健康安全的基础上，口感更好、品质更优，营养更均衡、特色更鲜明。这就要求大幅提升绿色优质农产品供给，不断丰富农产品的种类、花样，更好满足个性化、多样化、高品质的消费需求，实现农业供需在高水平上的均衡。

（二）产业效益高

就是搞农业不仅要有赚头，还要有奔头，与从事二三产业相比，农业经营的收入水平大体相当。这就要求全面构建现代农业产业体系、生产体系、经营体系，加快推进农村一二三产深度融合，充分挖掘农业多种功能，促进农业业态更多元、形态更高级、分工更优化，农业增值空间不断拓展。

（三）生产效率高

就是生产更加绿色，资源更加节约，环境更加友好，劳动生产率、土地产出率、资源利用率全面提高。这就要求加快推进资源利用方式由粗放向节约集约转变，增强科技创新的驱动作用，释放农业农村改革发展活力，推动农业绿色低碳循环发展。

（四）经营者素质高

就是从事农业生产的主体不再是老人妇女儿童，而是有一批爱农业、懂技术、善经营的新型职业农民；农民不再是身份的象征，而是成为有吸引力的职业。这就要求以吸引年轻人务农、培育职业农民为重点，加快培育新型经营主体，壮大农业社会化服务组织，发展多种形式的适度规模经营，示范引领农业高质量发展。

（五）国际竞争力高

就是我国的农业生产，与国外相比，要实现同样的产品我们价格有优势，同样的价格我们品质有优势，同样的品质我们服务有优势。这就要求因地制宜实施差别化发展，大宗农产品要在上规模、降成本上下功夫，特色农产品要在增品种、提品质上下功夫，做到人无我有、人有我优、人优我特，实现由农业贸易大国向农业贸易强国的转变。

（六）农民收入高

就是要让农业发展成果更多惠及广大农民，不仅让新型经营主体受益，还要让小农户平等分享农业高质量发展的成果。这就要求既要发挥新型经营主体的示范引领作用，又要引导推动他们与小农户建立紧密的利益联结机制，通过保底分红、股份合作、利润返还等，带动农民分享农业产业链增值收益，实现小农户与现代农业发展有机衔接。

三、积极推动农业发展理念的全方位转变

推进质量兴农，实现农业高质量发展，是一场深刻的革命，

绝不是对现有发展路径的小修小补，而是要实现工作导向的重大转变和工作重心的重大调整。具体讲，要加快实现"四个转变"。

（一）转变思想观念

过去我们吃不饱，发展的指导思想是数量优先、越多越好，工作的导向主要是围着增产转；现在，农业生产连年丰收，数量已经不是问题了，质量已经成为主要矛盾。推动农业高质量发展，首先要转变思想观念，牢固树立质量第一、效益优先的理念，坚持质量就是效益、质量就是竞争力，所有的工作都要围绕着提升质量来谋划。

（二）转变政策导向

过去，我们的政策目标大多是扶持增产，支持领域大多是生产环节，支持方式大多是给钱给物，这对于推动农业增产增收发挥了很大作用；现在，农业发展形势变了，政策也要随之调整。推动农业高质量发展，要加快制定相应的政策体系，推动科技研发、农业补贴、项目支持等主要投向绿色发展、质量提升、效益提高等方面。

（三）转变工作方法

当前，我们的工作对象、内容、领域等发生了深刻变化，传统管理服务模式已难以适应高质量发展的要求，必须不断创新工作方法，转变工作方式。我们要更加注重运用市场办法推动工作，用市场机制、价格手段倒逼农业发展变革；要更加注重运用信息化手段推动工作，推进互联网、大数据、人工智能等与农业深度融合；要更加注重发挥农民群众的主体作用，深化农业领域"放管服"改革，创新优化政府服务，因地制宜，充分发挥农民的积极性主动性和创造性，让广大农民放开手脚大胆闯、大胆试。

（四）转变考核方式

过去，我们是以产量论英雄，谁能育出高产品种、谁能拿出增产措施，谁就是英雄；现在，推动农业高质量发展，要改变这种考核评价方式。我们要加快构建推动农业高质量发展的考核评价体系，把绿色发展、质量安全、带动小农户增收等作为重要考核指标，引导人才、科技、装备等各方面力量聚合到农业高质量发展上来。

四、以"农业质量年"推动质量兴农良好开局

新时代要有新气象，更要有新作为。按照中央经济工作会议、农村工作会议要求，农业农村部提出了当前和今后一个时期推进质量兴农工作的总体思路，即坚持以习近平新时代中国特色社会主义思想为指导，认真学习党的十九大精神和习近平"三农"工作思想，按照高质量发展的要求，以实施乡村振兴战略为总抓手，以推进农业供给侧结构性改革为主线，坚持质量兴农、绿色兴农、品牌强农，加快转变农业生产方式，加快农业转型升级，加快推进农业农村现代化；并将2018年确定为"农业质量年"，印发了关于开展"农业质量年"工作的通知，部署启动八大行动，发出了全面推进农业高质量发展的动员令；正在研究编制质量兴农战略规划，争取质量兴农支持政策，努力建立一套与质量兴农工作相适应的工作体系、政策体系、支持体系和考核体系。这些都是农业农村部党组贯彻中央部署要求，立足当前实际、破解突出问题、推进农业加快转型升级做出的工作安排。我们要深刻认识其重要意义，以"农业质量年"活动推动质量兴农良好开局，加快实现农业转型升级。主要是抓好五个方面。

（一）加强农业标准化生产，把优质"产出来"

优质安全的农产品，首先是产出来的，抓手是按标生产。要按照环境友好、产品安全、生产规范的要求，加快农兽药残留限量、畜禽屠宰、饲料安全、畜禽粪污排放等标准制修订进程，实现重点品种、重点行业、重点环节全覆盖，支持地方将国家标准

和行业标准转化为简便易懂的操作规程和明白纸，确保农产品生产有标可依、按标管控。大力推进农业标准化生产，强化投入品使用管控，建立生产记录台账，推行综合防控和减量化生产，确保农产品质量安全。加强实施示范，推行种植业良好农业规范（GAP）、养殖业产品危害分析和关键控制点（HACCP）管理，在"菜篮子"大县规模种养基地、新型生产经营主体和农业示范园区率先推行全程标准化生产，不断增加绿色优质农产品供给，让老百姓的餐桌更丰富、吃得更健康。

（二）加强执法监管，把安全"管出来"

要加快农产品质量安全法、生猪屠宰等法律法规修订进度，为强化执法监管提供法律依据。提高年度例行监测和监督抽查的质量，扩大监测的范围和参数，丰富发现问题的方法和手段，及时发现风险隐患，增强风险预警能力。坚持问题导向，针对问题隐患组织开展专项治理和突击检查，严厉打击非法添加、制假售假、私屠乱宰等违法违规行为。建立农产品质量安全全程追溯体系，加大国家农产品质量安全追溯平台推广应用，加快实现主要农产品生产过程可控制、产品流向可追溯，让老百姓有实实在在的获得感。深化国家农产品质量安全创建，鼓励有条件的地方以省（市）为单位整建制创建，总结提炼推广好经验好做法，带动提升全国农产品质量安全监管能力和水平。

（三）加强品牌打造，把品牌"树起来"

农产品品牌是农业发展质量效益和竞争力提高的重要载体。要突出抓好品牌建设、品质管理，再遴选推介一批富有特色、优质安全的农产品品牌。强化品牌质量管控，建立品牌目录制度，实行动态管理，确保品牌"含金量"。积极稳妥做好"三品一标"工作，加快推进无公害农产品管理方式调整改革，将产品认证与产地认定合二为一，统一下放地方农业部门组织实施，充分发挥无公害农产品标志在产地准出和市场准入过程中的合格评定功能。进一步扩大绿色食品发展规模，积极发展有机农业和有机农产品，培育一批知名度、美誉度和市场竞争力强的农产品知名品牌。深入挖掘农产品地域特色，加快推进国家农产品地理标志保护，培育一批环境良好、生产规范、质量受控、品质优异的区域公共品牌。

（四）提升产业素质，把产业"强起来"

我国农业大而不强、多而不优，农产品质量安全水平、综合效益和竞争力与农业大国地位相比不匹配，最根本的原因是产业素质不高，因此推进质量兴农，需要在政策、科技、人才等方面综合发力。坚持和完善承包地"三权"分置制度，积极扶持种养大户、家庭农场、合作社、龙头企业等新型经营主体发展壮大，发展多种形式的适度规模经营，推进土地经营权有序规范流转，引导发展土地入股、土地托管等多种经营形式，把一家一户生产纳入规模化、组织化、标准化生产轨道。强化科技支撑，继续实施现代种业提升工程，推动现代农作物、畜禽、水产良种质量提档升级。加强"一品一策"和绿色防控等农产品质量安全全程控制技术研究，研发快速、精准、便捷的农产品质量安全监测评估技术、分析方法、分级标准和仪器设备。组织实施新型职业农民培育工程，每年培训100万人以上。强化技术指导和宣传引导，推进农产品质量安全知识进村入户，落实生产者主体责任。

（五）加强科普宣传，把信心"讲出来"

坚持正面引导、共享共治，凝聚和调动各方面的积极因素，形成全社会关心、关注、支持农产品质量安全良好氛围。积极发挥媒体、企业和行业协会力量，加大绿色优质农产品市场宣传推介力度，树立我国农产品安全优质放心的形象。加强农产品质量安全科普宣传，对农产品质量安全热点问题，通过科普文章、图书画册、网页视频等多渠道多形式开展解读，对各类谣言或不实信息依托专家队伍及时发声辟谣，提升公众质量安全意识和科学识别能力。扎实开展农产品质量安全万里行宣传活动，通过"食品安全宣传周"、论坛、发布会、政策解读、新闻采访、署名文章等形式开展正面宣传，展示农产品质量安全工作进展和成效，增强人民群众的获得感和满意度。

需要特别指出，推动质量兴农、实现农业高质量发展的底线是确保农产品质量安全。如果连这个起码的底线要求都做不到，老百姓对"舌尖上的安全"都不放心，质量兴农就无从谈起。因此，各级农业部门一定要站在讲政治的高度，抓紧抓好农产品质量安全工作，严防、严管、严控风险隐患，特别要重视敏感产品安全监管，确保不发生重大农产品质量安全事件。

推进质量兴农，恰逢其时，前景广阔。我们要紧密团结在以习近平同志为核心的党中央周围，认真学习贯彻习近平新时代中国特色社会主义思想，以奋发有为、只争朝夕的精神状态，以改革创新、真抓实干的工作举措，推动质量兴农各项措施落地生根，确保"农业质量年"活动取得显著成效，为加快推动农业转型升级步伐、实施乡村振兴战略做出积极贡献。

摒弃封建宗法思想
健全"三治结合"的乡村治理体系

胡乐鸣

乡村治理历来在国家治理体系中占有十分重要的基础性地位，乡村治理现代化是国家治理现代化的重要组成部分。梳理我国古代乡村治理制度，去其糟粕、取其精华，对于我们更好地学懂弄通做实党的十九大关于"健全自治、法治、德治相结合的乡村治理体系"精神，实施乡村振兴战略，是大有裨益的。

一、封建宗法制度在我国古代乡村的运用

如下画面，文学作品中经常出现：

封建家族的族长召集全体村民，宣布：某男与某女违反了族规，应予惩罚。结果——该男女被处死。

杀人偿命，历朝历代都是如此。族长为何如此目无法纪？官府为何也不追究？

要说清楚这个问题，还得从封建宗法制度说起。

宗法制度在周代已渐趋完备，后来就更为完善和严密——国家承认家法和族规的法律效力，把它们作为国家法律的重要补充。

宗法制度的核心是将家族中全体人员划分等级，主要包括以下内容：

（1）**尊长卑幼**。按辈分、依排行，长者尊、幼者卑。祖父或

胡乐鸣系中国农业出版社总编辑。

父亲作为家长，拥有至高无上的权力，如财产权、惩罚权、仲裁权、主婚权，等等。为保证家长、族长的绝对权威，隋代以来法律均规定，对尊长的忤逆言行属"不孝"，乃"十恶不赦"之七。唐律规定：殴打祖父母、父母者，斩；咒骂祖父母、父母者，绞。①

（2）**夫主妻从**。夫妻是主从关系。唐律规定，如夫妻间发生过失伤害的：夫伤妻，不问；妻伤夫，依律论处。妻不能当家长，丈夫死后，家长和财产的继承权归男性后裔。

（3）**嫡贵庶贱**。妻及其所生子女为嫡，妾及其所生子女为庶。《红楼梦》中的贾宝玉，是贾政妻王夫人所生，为嫡子；贾环，是贾政妾赵姨娘所生，为庶子。贾环与贾宝玉的地位待遇差异很大，不可僭越。妾的身份近似或略高于奴婢，不是家庭的正式成员。庶子因跟父亲有血缘关系，其地位高于自己的生母，是家庭的正式成员；贾环地位高于其生母赵姨娘，也算是主子。在封建家庭中，"立嫡以长不以贤，立子以贵不以长"。也就是说，在诸多嫡子中，以长子为继承人，不论其他嫡子有多贤能；如无嫡子，在诸多庶子中，以生母地位高贵的为继承人，不论其他庶子年龄有多大。

（4）**亲贵疏贱**。在家族中，与宗子的血缘关系越近，地位就越高，权力也越大。宗法制度规定：同一始祖的嫡系长房继承系统为大宗，其他儿子为小宗；大宗的嫡长子叫宗子，宗子是大宗的家长，是各个小宗的族长。大宗、宗子也就是老百姓说的长房长孙，这一支地位最高、权力最大，其他子孙依与宗子的血缘关系远近确定身份地位。可以说，家族中等级很多，每个人生下来就不平等。

（5）**亲亲相隐**。《论语》上记载了这么一个故事。叶公对孔子说，我家乡有个品行正直的人，他父亲偷了羊，他去告发了。孔子不以为然，说，我家乡品行正直的人却不是这样的，"父为子隐，子为父隐"，品行正直就表现在这里。后来，"亲亲相隐"就由儒家的道德规范上升为法律规范。法律规定，亲属之间有相互

---

① 中国大百科全书·法学[M]. 北京：中国大百科全书出版社，1984：136.

隐瞒罪行的义务：不告发、不作证者，无罪；反之，则有罪。[①]

我国乡村幅员广阔，人口众多，朝廷直接进行统治，成本巨大，难以善治。因此，历朝历代都采取了间接统治的办法——依靠家族宗族对广大农民进行统治，一方面，国家所需赋税、劳役，由家长、族长负责收缴；另一方面，赋予其社会管理甚至生杀予夺的权力。族长处死违反族规的家族成员，官府不会追究。朝廷给予族长这么大权力，换来的是族长对朝廷的忠心。皇权止于县政，乡村没有吃皇粮的朝廷命官，县政府对于民间事务一般是不管的。例如：

《儒林外史》里有这么一个故事，严监生死后，留下大量田地和房产。早已分家几十年的哥哥霸占其财产，把严监生遗孀赵氏赶出去。赵氏到县衙告状，知县批示："仰族亲处覆。"

当然，有的朝代也在乡村设立一些组织，如明朝就在乡村设立了里甲制度，110户为一里，10户为一甲，丁粮多的10户轮流担任里长，本质上还是依靠地主大户来统治。

这种间接统治，由于避免了朝廷与广大农民的直接对立，维护了社会的稳定，也有一些开明乡绅得到农民的拥护，从而延长了王朝的寿命。但由于人与人之间不是平等的，农民没有民主权利，劣绅豪强对农民的盘剥难以得到抑制，农民逐渐把对劣绅豪强的仇恨转化为对朝廷的仇恨，封建王朝最终也就难逃被推翻的命运。

当然，古代有些做法是值得肯定的，如用乡规民约作为行为准则，依靠包括还乡的官员、秀才举人在内的乡绅乡贤对农民进行道德教化等，从而提高了整个乡村的文明水平。

二、封建宗法思想对我国现代农村的影响

毛泽东在《湖南农民运动考察报告》中指出："农民的主要攻击目标是土豪劣绅，不法地主，旁及各种宗法的思想和制度"，

---

① 中国大百科全书·法学[M]. 北京：中国大百科全书出版社，1984：137.

"政权、族权、神权、夫权，代表了全部封建宗法的思想和制度，是束缚中国人民特别是农民的四条极大的绳索"。

新中国成立后，宗法制度虽然进入了历史的垃圾堆，但宗法思想并没有销声匿迹，几千年的封建宗法思想已经成为传统习惯，根深蒂固，在某些方面对人的影响力甚至超出了法律约束力。《中华人民共和国继承法》规定"继承权男女平等"，但在农村，女儿特别是出嫁女，很难获得继承权。宗法思想与村民自治、法治是格格不入的，也不利于德治，必须予以批判和肃清。

（一）自治方面

有学者认为，自治在我国农村"古已有之"。这是不准确的。党的十五届三中全会《中共中央关于农业和农村工作若干重大问题的决定》指出："扩大农村基层民主，实行村民自治，是党领导亿万农民建设有中国特色社会主义民主政治的伟大创造。"社会主义民主的本质是人民当家作主，我国亿万农民在中国共产党领导下，才第一次翻身得解放。自治的基本原则是民主，人人平等。而我国封建社会对乡村实行的封建家族式统治只是间接统治，其本质是专制的，剥夺了农民平等的民主权利，不是现代意义的"自治"。

《中华人民共和国村民委员会组织法》于1988年试行，1998年正式颁布实施，2010年又进行了修订，村民自治的制度日臻完善。但也存在进展不平衡的问题，一些地方落实得不够好。

可以从三个方面进行分析。

——从乡镇政府方面分析。一些乡镇为了顺利完成指标任务和维稳，干预村委会的选举，"推荐"作风霸道、群众害怕的人出任村干部。这样的村委会，很难发挥自治功能。

——从村干部方面分析。宗法思想干扰村民自治的表现主要有以下两点：

一是缺乏平等意识。一旦当上了村干部，就是"族长"、就是"官"了，潜意识中就觉得高人一等——家有千口、主事一人，因此,"一言堂"、家长作风较普遍。

二是宗族思想犹存。当选的村委会干部基本上都是本村的大姓。家族、宗族势力干预村委会工作的现象在一些地方还存在。村干部往往会按照血缘关系的远近来处理事务。

——从村民方面分析。民主选举、民主管理、民主决策和民主监督的意识还不是很强,极少数村民甚至为了几袋洗衣粉就出卖自己的选票。

民主,是村民自治的基本原则。但是,民主的实现,既需要制度的确立,也需要观念的培养,二者缺一不可。当务之急是要强化平等、自由、容异、法制等民主观念的宣传和培养,肃清封建宗法思想对自治的干扰。

(二)法治方面

乡村法治建设取得了巨大成就,但封建宗法思想的干扰在一些地方还存在。

法治意识淡漠。村里的事,不用"官府"管,崇尚"无诉",不习惯通过法律来解决纷争。如,某村发生了强奸案,村干部给"处理"了;警察来抓捕犯罪嫌疑人,竟然遭到村民的阻挠;有些村民不会通过法律来维权,以致矛盾激化,酿成悲剧。

"亲亲相隐"现象较普遍。2012年修订的《中华人民共和国刑事诉讼法》第一百八十八条规定:"经人民法院通知,证人没有正当理由不出庭作证的,人民法院可以强制其到庭,但是被告人的配偶、父母、子女除外。"法院不得强制近亲属"出庭"作证,但被告人近亲属仍有向司法机关作证的义务,该法第六十条规定:"凡是知道案件情况的人,都有作证的义务。"但在很多地方,村民如有违法行为,近亲属甚至同村其他村民一般都不会举报,也不愿意作证;村干部如果举报、作证了,会受到村民的责难。

一些村干部封建家长制思想严重。公私概念不清,认为自己替公家办事、替大家办事,多吃多占是理所当然的。

一些村干部权力缺乏监督。"小官巨贪""村官腐败"不容小觑。一些地方的村委会换届选举竞争的激烈程度超乎人们的想象，某些人为了竞选村委会主任，无所不用其极——搞贿选，利用黑恶势力恫吓村民和竞争对手。村委会主任的吸引力何以如此之大？我国著名社会学家费孝通曾有精辟的描述："人们喜欢的是从权力得到的利益。如果握在手上的权力并不能得到利益，或是利益可以不必握有权力也能得到的话，权力引诱也就不会太强烈。"①

腐败的村干部尽管只是极少数，但其危害却不容忽视。村干部腐败直接侵害了农民的合法利益，影响农村经济的发展，造成干群关系对立，败坏党和政府的形象，影响农村社会稳定。农民上访，基本上都是因为自己的合法权益受到侵害，绝大多数又都与村干部腐败有关。

（三）德治方面

相对于自治、法治，德治有深厚的群众基础和民间传统。"在正常情况下中国政府实际上是在依靠道德力量进行统治，而不是暴政。"②

费孝通先生说中国乡土社会是个"礼治"社会。"礼治"与封建宗法是密不可分的，其基本的道德规范是"三纲"（君为臣纲、父为子纲、夫为妻纲）、"五常"（仁、义、礼、智、信）。历朝历代都特别重视道德教化，秦汉时就有三老制度（三老是尊称，由一人担任）。汉高祖刘邦诏令："举民年五十以上，有修行，能帅众为善，置以为三老，乡一人"，"三老掌教化"。

在民间，还乡的官员、秀才举人、德高望重的村民等乡绅乡贤，都是宣扬儒家思想的主力军。如，北宋陕西蓝田吕氏兄弟自发组织乡约，以封建宗法思想和儒家伦理纲常约定了乡民应遵循的规范，史称《吕氏乡约》。《吕氏乡约》内容非常具体——"德

---

① 费孝通.乡土中国[M].北京：生活·读书·新知三联书店，1985：62.
② 斯塔夫里阿诺斯.全球通史[M].第7版.董书慧，王昶，徐正源，译.北京：北京大学出版社，2005：265.

业相劝"21项、"过失相规"15项、"礼俗相交"5项、"患难相恤"7项。"每月一聚，具食；每季一会，具酒食。"聚会的重要目的之一是"书其善恶，行其赏罚"。乡约设约正一至二人，值月一人（轮流担任）。乡民入约自愿、退约自由。《吕氏乡约》受到南宋著名理学家朱熹的推崇和推广，对后世影响深远。①同时，民间佛教兴盛，佛教重视道德的教化，劝人为善。

我国传统农耕文化特别注重修身养性以培养道德情操，特别是把"孝"提高到治国理政的高度——以孝治天下。在人与自然的关系方面——崇尚自然，强调天人合一，主张人与自然的和谐、统一；在人与人的关系方面——己所不欲，勿施于人，注重邻里关系，守望相助；在人与国家的关系方面——天下兴亡、匹夫有责，弘扬有国才有家的家国情怀。

"在近代以前时期的所有文明中，没有一个国家的文明比中国文明更发达、更先进。"②

到了现代，随着经济的转型，从熟人社会进入陌生人社会，很多国家居民的道德水准都曾出现——下降、低谷、再上升的现象。

我国农村改革以前，乡村是个熟人社会，爷爷曾经做过哪些好事、哪些坏事丑事，乡亲们都记得，因此，村民律己很严；在城市，街坊邻居大多也认识，算是半熟人社会。改革开放后，劳动力大规模流动，城市基本上是陌生人社会；一些经济发达的村，外来人口增加，也在迈向陌生人社会。一方面，从熟人社会转向陌生人社会，居民自律弱化；另一方面，市场经济使一些村民产生了金钱崇拜心理，甚至笑贫不笑娼，导致道德水准有所下降。

宗法思想影响德治的一个突出表现是，一些乡村干部有高人一等的思想，没有把自己摆进去，不仅没有在道德方面率先垂范，甚至对自己宽，对别人严。

---

① 董建辉.明清乡约：理论演进与实践发展[M]. 厦门：厦门大学出版社，2008：20，21，57–62.

② 保罗·肯尼迪.大国的兴衰[M]. 王保存，王章辉，余昌楷，译.北京：中信出版社，2013：5.

三、健全"三治结合"的乡村治理体系

习近平总书记在十九大报告中提出："加强农村基层基础工作，健全自治、法治、德治相结合的乡村治理体系。"乡村振兴，治理有效是基础。坚持自治为基、法治为本、德治为先，健全和创新村党组织领导的充满活力的村民自治机制，强化法律权威地位，以德治滋养法治、涵养自治，让德治贯穿乡村治理全过程。建立健全党委领导、政府负责、社会协同、公众参与、法治保障的现代乡村社会治理体制。

（一）加强农村基层党组织建设

从实践看，所有善治的村庄，都有两个共同点：一是有一个坚强的党支部，二是有一个办事公道、有威望的支部书记。

坚持农村基层党组织领导核心地位，大力推进党组织书记通过法定程序担任村民委员会主任和集体经济组织负责人，推行村"两委"班子成员交叉任职。

要通过派驻第一书记、驻村工作队等措施，选拔培养党性强、公道正派、群众拥护的村民党员担任村干部，强化村党支部的战斗堡垒作用和领导核心地位。加大在优秀青年农民中发展党员力度。

（二）深化村民自治实践

进一步宣传贯彻好《村民委员会组织法》，把民主选举、民主协商、民主决策、民主管理和民主监督的各项制度落到实处。

各地要结合实际，认真贯彻落实中共中央办公厅、国务院办公厅《关于建立健全村务监督委员会的指导意见》，从源头上遏制村民身边的腐败问题，促进农村和谐稳定。

修订完善《村规民约》，依托村民会议、村民代表会议、村民议事会、村民理事会等，形成民事民议、民事民办、民事民管的多层次基层协商格局,让广大农民通过民主的方式管理村内事务。

继续开展以村民小组或自然村为基本单元的村民自治试点工作,进一步完善村民会议和村民代表会议制度。

(三) 建设法治乡村

习近平总书记就浙江"枫桥经验"作出重要指示强调,各级党委和政府要充分认识"枫桥经验"的重大意义,发扬优良作风,适应时代要求,创新群众工作方法,善于运用法治思维和法治方式解决涉及群众切身利益的矛盾和问题,把"枫桥经验"坚持好、发展好,把党的群众路线坚持好、贯彻好。

增强基层干部法治观念、法治为民意识,将政府涉农各项工作纳入法治化轨道,提高依法办事能力。健全农村公共法律服务体系,强化农村司法所、法律服务所、人民调解组织建设,推进法律援助进村、法律顾问进村,建立重心下移、力量下沉的法治工作机制,加强对农民的法律援助、司法救助和公益法律服务。

深入开展"法律进乡村"宣传教育活动,提高农民和村干部法治素养,引导干部群众尊法学法守法用法。

(四) 提升乡村德治水平

中华文明根植于农耕文化,乡村是中华文明的基本载体。强化道德的教化作用,深入挖掘农耕文化蕴含的优秀思想观念、人文精神、道德规范,结合时代要求在保护传承的基础上创造性转化、创新性发展,引导农民向上向善、孝老爱亲、重义守信、勤俭持家,遏制大操大办、相互攀比、"天价彩礼"、厚葬薄养等陈规陋习,唾弃诚信缺失、见利忘义、为富不仁的行为,推动移风易俗,树立文明乡风。

建立道德激励约束机制。通过群众评议,对好媳妇、好儿女、好公婆、好乡贤、文明户等各类好榜样,由县乡政府予以表彰,并大力宣传,弘扬真善美,传播正能量,实现家庭和睦、邻里和谐、干群融洽。

积极发挥新乡贤的作用。倡导符合农业农村现代化、城镇化要求的生活习惯和礼仪，引导村民遵守交通规则和公共秩序，不在公共场所大声说话，克服随地吐痰、乱扔杂物垃圾等陋习。要注重发挥包括德高望重的村民在内的新乡贤在化解农村矛盾方面的重要作用。

（五）建设平安乡村

健全落实社会治安综合治理领导责任制，大力推进农村社会治安防控体系建设，推动社会治安防控力量下沉。深入开展扫黑除恶专项斗争，严厉打击农村黑恶势力、宗族恶势力，严厉打击黄赌毒盗拐骗等违法犯罪。

习近平总书记指出，法律是成文的道德，道德是内心的法律。法律是准绳，具有强制性，全体村民都必须遵守，但法治不能覆盖村民生产生活的各个方面；道德是基石，具有倡导性，但缺乏强制力；自治介于法治和德治之间，仅依靠村规民约来约束。在我国现代乡村治理体系中，必须坚持自治为基、法治为本、德治为先，自治、法治、德治缺一不可，缺一都难以善治。各地须根据本地实际，针对集聚提升类村庄、城郊融合类村庄、特色保护类村庄、搬迁撤并类村庄，分类施策，只有将"三治"紧密结合，才能确保乡村社会充满活力、和谐有序。

图书在版编目（CIP）数据

乡村振兴战略辅导读本 /《乡村振兴战略辅导读本》
编写组编. —北京：中国农业出版社，2018.10（2019.6重印）
（乡村振兴系列丛书）
ISBN 978-7-109-24174-9

Ⅰ．①乡…　Ⅱ．①乡…　Ⅲ．①农村 - 社会主义建设 -
中国 - 学习参考资料　Ⅳ.①F320.3

中国版本图书馆CIP数据核字（2018）第107598号

中国农业出版社出版
（北京市朝阳区麦子店街18号楼）
（邮政编码 100125）
责任编辑　赵　刚　潘洪洋

北京通州皇家印刷厂印刷　　新华书店北京发行所发行
2018年10月第1版　　2019年6月北京第2次印刷

开本：880mm×1230mm　1/32　印张：11.25
字数：308千字
定价：48.00 元
（凡本版图书出现印刷、装订错误，请向出版社发行部调换）